Tunisian Colloquial Arabic Vocabulary

Matthew Aldrich

with

Lilia Kachroum

lingualism

paperback: ISBN-10: 0692482679

website: www.lingualism.com

email: contact@lingualism.com

Table of Contents

Introduction iii
How to Use This Book iv
Pronunciation vi
Grammar x
1 Life and Death 1
2 Family 5
3 Love, Marriage, and Sex 10
4 Names and Addressing People 13
5 The Human Body and Describing People 14
6 Clothing, Jewelry, and Accessories 30
7 The House 38
8 Food and Drink 50
9 Work 68
10 School and Education 74
11 Health and Medicine 83
12 Technology 89
13 Getting Around 93
14 Around Town 101
15 Buildings and Construction 102
16 Bank 103
17 Post Office 105
18 Books and Stationery 106
19 Shopping 108
20 Restaurant 111
21 Recreation and Relaxation 112
22 Music 121
23 Games and Sports 124

24 Travel and Vacations 131
25 Government and Politics 138
26 Crime and Justice 141
27 Money 144
28 Business and Commerce 145
29 Agriculture 147
30 Military 149
31 The Mind 150
32 Feelings 152
33 Personality 154
34 Likes and Dislikes 155
35 Opinions and Agreement 156
36 Desires and Intentions 157
37 Religion 158
38 Language 163
39 Countries and Nationalities 169
40 Tunisia 175
41 Earth and Space 179
42 Weather 184
43 Animals 189
44 Plant Life 194
45 Colors 195
46 Shapes, Sizes, and Measurements 197
47 Quantity 199
48 Numbers 200
49 Time 206
50 Pronouns 215
51 Question Words 217
52 Adverbs 219
53 Conjunctions 223

54 Prepositions 226

55 Verbs 230

56 Adjectives 236

57 Common Expressions 240

Notebook 245

Index 256

Introduction

Vocabulary, much more than grammar, is the key to effective communication in Arabic. You need words to speak; you need words to listen and understand.

Knowing grammar inside and out won't save you if you don't have the right word to plug into the structure. You can walk into a shop armed with grammatical structures such as "I would like some __." or "Do you have any __?", but if you don't know the word for the thing you want, you may very well leave the shop empty handed. On the other hand, if you walk into that same shop and simply say "sugar", you're almost certain to get what went there for.

And without an extensive repertoire of vocabulary, you will understand very little of what others are talking about. Spoken Arabic, to your foreign ears, will remain little more than gibberish. But once you can understand the majority of what you hear, something magical happens. The input becomes manageable--you will be able to use contextual clues from what you do understand to guess the meaning of new words and start to make rapid progress in Arabic.

It is therefore very important to build up a large store of words as soon as possible. *Tunisian Colloquial Arabic Vocabulary* is an enormously effective means to this end. By presenting practical words and phrases categorized by topic and arranged with a logical flow, mental connections that assist in vocabulary retention are fostered. The page layout in parallel columns of English translation, phonetic transliteration, and Arabic script provides a variety of ways to study the vocabulary by allowing you to cover columns and test yourself.

The accompanying MP3s, free to download from the Lingualism Audio Library at **www.lingualism.com**, make up an invaluable part of the learning process, allowing you to hear and mimic native speakers' pronunciation, pitch, intonation, and rhythm.

Although extremely important, vocabulary still only makes up one aspect of learning a language. *Tunisian Colloquial Arabic Vocabulary* is the ideal supplementary tool to reinforce vocabulary acquisition. However, it is not meant to be a stand-alone course. It is expected that you have followed, are following, or plan to follow, a course in Tunisian Colloquial Arabic (TCA). Alternatively, you may have studied another dialect of Arabic, or Modern Standard Arabic (MSA), and are curious to learn more about TCA and tune your ears to the idiosyncrasies of this beautiful dialect.

I would like to extend a special thanks to Lilia Khachroum for collaborating with me to make this book possible, providing authentic Tunisian Arabic translations of the items in this book, proof-reading the text, giving me valuable feedback and insights to ensure the accuracy of the information, and recording the MP3s.

The **MP3s** can be downloaded for free

by accessing the Lingualism Audio Library at:

www.lingualism.com

How to Use This Book

Tunisian Colloquial Arabic Vocabulary is made up of 57 thematic sections, each dedicated to a different topic. Each section is numbered to facilitate references from the index and the MP3s.

You may study the sections and individual vocabulary items in any order, or you may work through the book systematically. It is encouraged that you mark up and highlight the book as you use it. Make it your own. There is also a Notebook after the last section where you can add in more words you have learned from other sources.

Many words could logically belong to more than one topic. While some words do appear in more than one section, to avoid superfluous repetition of words, most appear only once. To your surprise, you might not be able to find common animals such as *cow* and *horse* in the section "Animals", for instance. This is because farm animals appear in the section "Agriculture" instead. This might not be entirely intuitive, so to solve this, an index appears at the back of the book with English words arranged alphabetically alongside a reference to the number of the section or sections in which a word appears.

- For nouns and adjectives having an irregular plural form, the plural appears in parentheses.
- If a noun is listed in its plural ([pl.]) form, this is indicated.
- A noun ending in ـة is feminine, and a noun *not* ending in ـة is masculine. The gender is marked [m.] and [f.] for nouns which do not follow this rule.
- All countries and cities are feminine. Keep this in mind as these are not marked [f.].
- Only the masculine version of nouns denoting humans is listed when the feminine equivalent can be formed by adding ـة. For example, مُعلِّم *mu3allim* is a male teacher. A female teacher would be مُعلْمة *mu3allma.*
- For the sake of consistency and simplicity, the masculine singular form is used in expressions. You can refer to the grammar section on the following pages for information on producing feminine and plural forms.
- Each verb appears in its base form (its most basic form without any prefixes or suffixes), which is the masculine singular past tense, literally "he did"; however, the English translation appears in its standard citation form: "to do". In order to use a verb in a sentence, it must be conjugated. Refer to the grammar section for the rules of verb conjugation.
- A few words, which are vulgar or taboo, do not appear on the MP3s because of their sensitive nature. These are marked with an asterisk (*).
- Consonants written without diacritics (tashkeel) are assumed to take the vowel fatha (◌َ), unless word final, in which case the consonants is assumed to take sukuun (◌ْ). In other words, fatha is normally not written, and sukuun is not written at the end of a word.

Pronunciation

Tunisian Colloquial Arabic is a spoken dialect with no official status or rules of orthography. Tunisians tend to borrow spelling conventions from Modern Standard Arabic with some accommodations to account for TCA pronunciation. Arabic script, however, is ill suited to show the actual pronunciation of TCA and the sound changes that occur when words are inflected. Even if you are comfortable with Arabic script, it is advised that you pay close attention to the phonetic transliteration to determine a more precise pronunciation of words and phrases.

Consonants

The following sounds are also found in English and should pose no difficulties for learners:

			examples
b	ب	[b] as in **b**ed	bint بِنْت *(daughter)*
d	د	[d̪] as in **d**og, but with the tongue touching the back of the upper teeth	dem دم *(blood)*
đ	ذ	[ð] as in **th**at	đēb ذاب *(melt)*
f	ف	[f] as in **f**our	femme فمّا *(there is)*
g	ڨ	[g] as in **g**as	garn ڨرْن *(horn)*
j	ج	[ʒ] as in plea**s**ure and bei**ge**	jē جا *(come)*
h	ه	[h] as in **h**ouse	huwwe هُوّ *(he)*
k	ك	[k] as in **k**id	kul كُل *(all)*
l	ل	[l] a light ***l*** as in **l**ove	lēhi لاهي *(busy)*
m	م	[m] as in **m**oon	mēt مات *(die)*
n	ن	[n] as in **n**ice	nsē نْسى *(forget)*
p	پ	[p] as in s**p**oon	pārk پارْك *(park)*
s	س	[s] as in **s**un	sinne سِنّة *(tooth)*
š	ش	[ʃ] as in **sh**ow	šurbe شُرْبة *(soup)*
t	ت	[t̪] as in **t**ie, but with the tongue touching the back of the upper teeth	tēnīs تانيس *(tennis)*
ŧ	ث	[θ] as in **th**ink	ŧewra ثَوْرة *(revolution)*
v	ڥ	[v] as in **v**ery	vīzē ڥيزا *(visa)*
w	و	[w] as in **w**ord	wīn وين *(where)*
y	ي	[j] as in **y**es	yíktib يِكْتِب *(he writes)*
z	ز	[z] as in **z**oo	zūz زوز *(two)*

Voiced consonants, such as **b**, **d**, **đ**, **g**, **j**, **v**, and **z**, become unvoiced (**p**, **t**, **ŧ**, **k**, **š**, and **s**, respectively) when word-final or immediately before an unvoiced consonant.

ktāb (→ ktāp) كْتاب *(book)*
niktib (→ niktip) نِكْتِب *(I write)*
bārid (→ bārit) بارِد *(cold [m.])*
ktibt (→ ktipt) كْتِبْت *(I wrote)*
ktābkum (→ ktāpkum) كْتابْكُم *(your book)*
xubz (→ xups) خُبْز *(bread)*

These are still written as voiced consonants in the transliteration, to reflect the Arabic script and also because they remain voiced when a suffix beginning in vowel is added.

ktābi كْتابي *(my book)*   yiktibu يِكْتِبو *(they write)*   bārda بارْدة *(cold [f.])*

The following sounds have no equivalent in English and require special attention. However, some exist in other languages you may be familiar with.

r	ر	[ɾ] tapped (flapped) as in the Spanish cara, or the Scottish pronunciation of tree	rājil راجِل *(man)*
ɣ	غ	[ɣ] very similar to a guttural **r** as in the French Paris, or the German **r**ot	ɣāliŧ غالِط *(wrong)*
x	خ	[x] the unvoiced equivalent of **ɣ**, as in the German do**ch**, Spanish rojo, or Scottish lo**ch**	xđē خْذا *(take)*
q	ق	[q] like **k** but further back, almost in the throat, with the tongue touching the uvula	qaɦt قحْط *(drought)*
ɦ	ح	[ħ] like a strong, breathy **h**, as if you were trying to fog up a window	ɦabb حبّ *(like)*
3	ع	[ʕ] a voiced glottal stop, as if you had opened your mouth under water and constricted your throat to prevent choking and then released the constriction with a sigh	3āš عاش *(live)* bē3 باع *(sell)*
ʔ	ء	[ʔ] an unvoiced glottal stop, as **3** above, but with a wispy, unvoiced sigh; or more simply put, like the constriction separating the vowels in uh-oh	suʔēl سْؤال *(question)*

The following sounds also have no equivalent in English but are emphatic (velarized) versions of otherwise familiar sounds. An emphatic consonant is produced by pulling the tongue back toward the pharynx (throat), spreading the sides of the tongue wide as if you wanted to bite down on both sides of your tongue, and producing a good puff of air from the lungs.

ş	ص	[sˁ] emphatic **s**	xūşa خوسة *(wedding ring)*
ţ	ط	[tˁ] emphatic **t**	ɦīţ حيط *(wall)*
z̧	ظ ض	[ðˁ] emphatic **đ**	mrīz̧ مْريض *(sick)*
			naz̧z̧af نظّف *(clean)*

TCA lacks the emphatic consonant ض [dˁ] found in MSA. In TCA, ض and ظ are pronounced identically.

The quality of vowels adjacent to emphatic consonats is normally affected, as laid out in the section below. However, in TCA, emphatic consonants themselves are less *emphatic* than in other varieties of Arabic. In reality, many Tunisians tend to pronounce these more or less as they do their non-emphatic counterparts.

Vowels

The vowel qualities described below are approximate. The precise vowel quality in a given word varies depending on several factors, including adjacent sounds and the word's origins.

Because kasra (ـِ) and alif (ا) each represent two distinct phonemes (sounds), pay careful attention to the transliteration in the middle column of each page.

			<u>examples</u>
a	ـَ	[ɑ] as in f**a**ther (but shorter), often found adjacent to **ɦ, 3, q, ḑ, ş, ţ, z̧**, or **r**	ɦraq حْرق *(burn)*
ā	ـَا	[ɑ:] as with **a** above but longer	3ām عام *(year)*
e	ـَ	[æ] as in c**a**t or [ɛ] as in b**e**d or [e] as in the French word caf**é**	3mel عْمل *(do)* krē كْرا *(rent)*
ē	ـَا	[æ:], [ɛ:], or [e:] as with **e** above but longer	jēb جاب *(bring)*
i	ـِ	[ɪ] as in k**i**d; somewhat closer to [ɛ] as in b**e**d when adjacent to **ɦ** or **3**; [ɨ] with the tongue pulled back a bit when adjacent to **q** and sometimes **ş**, **ţ**, or **z̧**	jbid جْبِد *(pull)* 3inwēn عِنْوان *(address)* qirfe قِرْفة *(cinnamon)*

ī	ـي	[i:] as in ski; [ɛ:] and [ɨ:] as with **i** above (but longer)	bīt بيت *(room)* 3īd عيد *(holiday)*
u	ـُ	[ʊ] as in b**oo**k; sometimes somewhat closer to [o] as in kn**ow** (but shorter and without the glide to [w]) when adjacent to **ɧ** or **3**	ktub كتُب *(books)* ɧur حُر *(free)*
ū	ـُو	[u:] as in m**oo**n; sometimes somewhat closer to [o:] as in kn**ow** (but without the glide to [w]) when adjacent to **ɧ** or **3**	mūš موش *(not)* belɧūɧ بلْحوح *(larynx)*

The following vowels are found in words borrowed from French. Because the Arabic script does not represent the French sounds precisely, it is best to refer to the transliteration in the middle column of each page:

ã	ـان ـون	[ɑ̃] as in écr**an** or [ɛ̃] as in v**in**.	ekrã أكْرون *(screen)* vã ڤان *(wine)*
o	ـُو	[o] as in kn**ow** (but shorter and without the glide to [w])	tāblo تابْلو *(painting)*
ø	ـُو	[ø] as in vend**eur**	vãdør ڤونْدور *(salesperson)*
õ	ـون	[ɔ̃] as in marr**on**	mārrõ مارّون *(brown)*
ü	ـُو	[y] as in j**u**pe	jüp جوپ *(skirt)*

Grammar

This section provides a brief introduction to the grammar of Tunisian Colloquial Arabic. It covers the basics of noun and adjective inflections as well as verb conjugations—enough to allow you to plug in vocabulary from this book to form simple sentences. It also highlights some of the idiosyncrasies of TCA that distinguish it from other varieties of Arabic.

Nouns

Nouns in TCA are either masculine or feminine (in gender), and can be singular or plural (in number) . A noun's gender and number are significant in that they determine the form that words (such as pronouns, adjectives, and verbs) relating to it will take.

Many nouns have irregular plural forms. In this book, common irregular plurals are given in parentheses. The regular plural suffix is ـات -ēt/-āt for both masculine and feminine non-human nouns, and also for feminine human nouns. Masculine human nouns take the regular plural ـين -īn.

ɧayewēn حَيَوان (animal) → ɧayewēnēt حَيَوانات (animals)
marra مرّة (time) → marrāt مرّات (times)
mu3allim مُعلّم (male teacher) → mu3allmīn مُعلّمين (teachers)
mu3allme مُعلّمة (female teacher) → mu3allmēt مُعلّمات (female teachers)

Most feminine nouns end in ـة -e/-a. In this book, feminine nouns that do not have this ending are labeled '[f.]'. A masculine human noun can normally be made feminine by adding ـة -e/-a, as with the example 'teacher' above.

The definite article ال il- is prefixed to a noun (or adjective).

ktēb كْتاب (a book) → ilktēb الكْتاب (the book)

As in other varieties of Arabic, the ل -l- sound is assimilated before certain consonants, known as sun letters, namely ت t, ث ŧ, د d, ذ đ, ر r, ز z, س s, ش š, ص ş, ض ẓ, ط ţ, ظ ẓ, ل l, and ن n. For example, il + n- = inn-. In careful pronunciation, the definite article be not assimilate before ج j.

šems شمْس (a sun) → iššems الشّمْس (the sun)
jim3a جِمْعة (a week) → iljim3a الجِمْعة (*or* ijjim3a الجّمْعة) (the week)

In natural speech, the i- can be dropped from the definite article. Tunisians may also leave the alif (ا) unwritten to reflect this pronunciation: -lktāb لْكْتاب (the book). When preceding two consonants, this may also sound like li-: -liktāb لِكْتاب (the book).

Demonstrative pronouns agree with the noun they modify in number and gender. The plural forms are used with both human and non-human plurals.

hēđē هاذا (this, that) [m.]	hēđēke هاذاكَ (that over there) [m.]
hēđī هاذي (this, that) [f.]	hēđīke هاذيكَ (that over there) [f.]
hēđūmē هاذوما (these, those) [pl.]	hēđūkum هاذوكُم (those there) [pl.]

hēđē ktēb. هاذا كْتاب. (This is a book.) [lit. this book]
hēđī karhbe. هاذي كرْهْبة. (This is a car.)
hēđūmē ktub. هاذوما كْتُب. (These are books.)

As demonstrative adjectives, they follow the noun they modify. The noun takes the definite article.

-lktēb hēđē kbīr. الكْتاب هاذا كْبير. (This book is big.) [lit. the book this big.]
ilkarhbe hēđī kbīra. الكرْهْبة هاذي كْبيرة. (This car is big.)
-lktub hēđūmē kbār. الكْتُب هاذوما كْبار. (These books are big.)

Possessive constructions can be represented in a few ways. Possessive suffixes can be added to nouns.

kutb-**i** كُتْبي (my books)	ktub-**ne** كْتُبْنا (our books)
kutb-**ik** كُتْبِك (your books) [m.] *or* [f.]	ktub-**kum** كْتُبْكُم (your books) [pl.]
kutb-**u** كُتْبُه (his books)	ktub-**hum** كْتُبْهُم (their books)
ktub-**he** كْتُبْها (her books)	

Notice that the vowel in the example above changes position (kutb- → ktub-) when followed my a suffix beginning in a consonant. This is a common occurrence in TCA, which may notice in some vocabulary items presented in this book.

The first three suffixes above take the forms يا **-ye/-ya**, ك **-k**, and ه **-h** when suffixed to a noun ending in a vowel. However, the feminine ending ـة -e/-a changing to ـت -t in a possessive construction.

kursi كُرْسي (chair)	xāle خالة (aunt)
kursī-**ye** كُرْسيّيا (my chair)	xālti خالْتي (my aunt)
kursī-**k** كُرْسيك (your chair)	xālithe خالِتْها (her aunt)
kursī-**h** كُرْسيه (his chair)	

Another common way to form a possessive construction is by adding the possessive suffix to the word mtē3 مْتاع, which follows a noun with a definite article.

ilktub **mtē3-i** الكْتُب مْتاعي (my books)	ilktub **mtē3-ne** الكْتُب مْتاعْنا (our books)
ilktub **mtē3-ik** الكْتُب مْتاعِك (your books) [m.] *or* [f.]	ilktub **mtē3-kum** الكْتُب مْتاعْهُمْ (your books) [pl.]
ilktub **mtē3-u** الكْتُب مْتاعُه (his books)	ilktub **mtē3-hum (→ mtēɧum)** الكْتُب مْتاعْهُمْ (their books)
ilktub **mtē3-he (→ mtēɧa)** الكْتُب مْتاعْها (her books)	

The word mtē3 مْتاع can also connect two nouns. It can be thought of as meaning *of*, but often translates as a compound noun or *'s* in English.

šēn mtē3 rādyo شان مْتاع رادْيو (a radio station) [lit. station of radio]
iddār mtē3 irrājil الدّار مْتاع الرّاجِل (the man's house) [lit. the house of the man]

Two nouns may also be connected without using mtē3 مْتاع. The first noun cannot take the definite article.

šīfūr kār شيفور كار (a bus driver) [lit. driver bus]
šīfūr ilkār شيفور الكار (the bus driver) [lit. driver the bus]
kēs mē كاس ما (a glass of water) [lit. glass water]
kēs ilmē كاس الما (the glass of water) [lit. glass the water]

Prepositions can take possessive suffixes, which act like object pronouns.

minhe مِنْها (from her)	lūh لُه *or* līh ليه (to him)
quddēmne قُدّامْنا (in front of us)	m3āye مْعايا (with me)

Adjectives agree with the noun they modify in gender and number, and thus have three forms: masculine, feminine, and plural. Feminine adjectives are formed from masculine adjectives by adding ـة -e/-a. Plural adjectives regularly take ـين -īn; however, like nouns, many adjectives have irregular plural forms.

kbīr كْبير (big) [m.]	bēhi باهي (good) [m.]
kbīra كْبيرة (big) [f.]	bēhye باهْية (good) [f.]
kbār كْبار (big) [pl.] (irregular plural)	bēhīn باهين (good) [pl.] (regular plural)

Feminine adjectives are used with feminine singular nouns, of course, but also with non-human plural nouns. Plural adjectives are used with human plural nouns.

bēb kbīr باب كْبير (a big door)	rājil bēhi راجِل باهي (a good man)
bībēn kbār بيبان كْبار (big doors)	rjēl bēhīn رْجال باهين (good men)
mdīne kbīra مْدينة كْبيرة (a big city)	mrā bēhya مْرا باهْية (a good woman)
mudun kbār مُدُن كْبار (big cities)	nsē bēhīn نْسا باهين (good women)

An adjective also agrees in definiteness by taking the definite article if its noun is definite.

ilbēb ilkbīr الدار الكْبير (the big door) [lit. the door the big]
ilmdīne ilkbīra المْدينة الكْبيرة (the big city) [lit. the city the big]

In the above examples, the adjectives are used attributively, that is, as part of a noun phrase. In Arabic, adjectives follow the noun they modify. In English attributive adjectives precede nouns; however, predicate adjectives follow the verb *to be.* In Arabic, predicate adjectives do not agree in definiteness.

ilbēb kbīr. الباب كْبير. (The door is big.) [lit. the door big]
ilmdīne kbīra. المْدينة كْبيرة. (The city is big.) [lit. the city big]

Equational Sentences

Equational sentences are sentences which would have the verb *to be (am, is, are)* in English. The last two examples in the previous section are equational sentences. Notice that there is no word for *is* in the Arabic sentences. The verb *to be* is not needed in present-tense equational sentences in Arabic. Of course, the predicate is not always an adjective; it can also be a noun, location, etc.

bāba mu3allim. بابا مُولّم. (My father is a teacher.)
ilmrā hnē. المْرا هْنا. (The woman is here.)

Negative equational sentences contain the word موش mūš *not*.

ilbēb mūš kbīr. الباب موش كْبير. (The door is not big.) [lit. the door not big]
ilmdīne mūš kbīra. المْدينة موش كْبيرة. (The city is not big.) [lit. the city not big]

Interrogative sentences can be formed in several ways: 1) by simply by using a rising intonation, 2) by placing ياخي at the beginning of the question, or 3) (in yes/no questions only) by moving the predicate to the beginning of the sentence and add the suffix شي -ši onto it. Notice (in the audio) that Tunisians often tend to trail off questions with an extra syllable 'a...'.

ilbēb kbīr? الباب كْبير؟ (Is the door big?)
yēxi -lbēb kbīr? ياخي الباب كْبير؟ (Is the door big?)
kbīr-ši ilbēb ? كْبيرشي الباب؟ (Is the door big?)

Pronouns may act as the subject of an equational sentence. Notice that, unlike in most other varieties of Arabic, there is a single second-person singular pronoun ('you') used when speaking to either a man or a woman.

ēne آنا I [m.] *or* [f.]	aɧne أحْنا we
inti اِنْتِ you [m.] *or* [f.]	intūme اِنْتوما you [pl.]
huwwe هُوَّ he; it [m.] hiyye هِيَّ she; it [f.]	hūme هوما they

ēne lēhi. آنا لاهي. (I am busy. [m.])
ēne lēhye. آنا لاهْية. (I am busy. [f.])
hiyye mūš ṣāɧibti. هِيَّ موش صاحِبْتي. (She's not my (girl)friend.)

Pronouns can be used in place of a pronoun followed by موش mūš.

mēnīš مانيش I am not [m.] *or* [f.]	mēnēš ماناش we are not
mēkš ماكْش you are not [m.] *or* [f.]	mēkumš ماكُمْش you are not [pl.]
mēhūš ماهوش he is not; it is not [m.]	
mēhīš ماهيش *or* mēhēš ماهاش she is not; it is not [f.]	mēhumš ماهُمْش they are not

A negative pronoun can also be used instead of موش mūš after a noun.

mēnīš lēhye. مانيش لاهْية. I am not busy. [f.]
mēkš mizyēn barše. ماكْش مِزْيان برْشا. You are not very nice. [m.]
ilbēb mēhūš kbīr. الباب ماهوش كْبير. (The door is not big.)
ilmdīne mēhīš kbīra. المْدينة ماهيش كْبيرة. (The city is not big.)
ilmdīne mēhēš kbīra. المْدينة ماهاش كْبيرة. (The city is not big.)
hiyye mēhēš ṣāɧibti. هِيَّ ماهاش صاحِبْتي. (She's not my (girl)friend.)

Pronouns may, of course, be used in interrogative sentences, and may follow the predicate. Notice, however, that the pronoun may be dropped when it is clear from the context, as in the last examples.

hūme hnē? هوما هْنا؟ (Are they here?)
fī -ddār huwwa? في الدّار هُوَّ؟ (Is he at home?)
yēxi huwwa fī -ddār? ياخي هُوَّ في الدّار؟ (Is he at home?)
mu3allim huwwa? مُعلِّم هُوَّ؟ (Is he a teacher?)
yēxi huwwa mu3allim? ياخي هُوَّ مُعلِّم؟ (Is he a teacher?)
jī3ān? جيعان؟ (Are you hungry?)
yēxi jī3ān? ياخي جيعان؟ (Are you hungry?)
jī3ānši? اِنْتِ جيعان؟ (Are you hungry?)

Verbs

Verbs are conjugated in TCA, as they are in other varieties of Arabic. They take prefixes and/or suffixes to show tense, person, number, gender, and negation. The most basic form of a verb, without any prefixes or suffixes, is known as the *base form*. In this book, each verb is listed in its base form.

The conjugation patterns below exemplify the prefixes and suffixes used in TCA. However, there are further vowel variations that occur in the conjugation of certain types of verbs. A full treatment of the rules of verb conjugation in TCA is beyond the scope of this brief introduction to grammar.

Past tense verbs are formed by adding suffixes to the base form. Let's use the base form of the verb كْتِب ktib (to write) to model present tense verb conjugation.

ktib-**t** كْتِبْت (I wrote)	ktib-**ne** كْتِبْنا (we wrote)
ktib-**t** كْتِبْت (you wrote)	ktib-**tu** كْتِبْتو (you wrote)
ktib كْتِبْ (he wrote) [m.]	kitb-**u** كِتْبو (they wrote)
kitb-**it** كِتْبِت (she wrote) [f.]	

Notice:

- The first-person singular ('I') and second-person singular ('you') forms are identical. (Context usually clears up any ambiguity.)
- Gender is only distinguished in the third-person singular ('he/she') forms.
- The masculine third-person singular form does not take a suffix; it is, in fact, the base form, from which other past tense verbs are conjugated.
- The position of the vowel in the verb changes in the feminine third-person singular and third-person plural forms.
- The use of personal pronouns before verbs would be redundant in Arabic, as this information is already included in a verb's conjugation.

The vowel ـيـ -ī- is inserted before the suffix in the first- and second-person forms if the base form ends in a double consonant, and it replaces a final vowel.

ɧaṭṭ حطّ (he put)	mšē مْشا (he walked)
ɧaṭṭ-**īne** حطّينا (we put)	mš-**īt** مْشيت (I walked)

The negative past tense is formed by placing the negative particle ما mē before the verb and adding the suffix ـش -š (or ـشي -ši).

mē-ktib-**tš** ما كْتِبْتش (I didn't write)	**mē**-ktib-**nēš** ما كْتِبْناش (we didn't write)
mē-ktib-**tš** ما كْتِبْتش (you didn't write)	**mē**-ktib-**tūš** ما كْتِبْتوش (you didn't write)
mē-ktib-**š** ما كْتِبْش (he didn't write) [m.]	**mē**-kitb-**ūš** ما كِتْبوش (they didn't write)
mē-kitb-**itš** ما كِتْبِتْش (she didn't write) [f.]	

Imperative verbs (used to issue orders and commands) sometimes contain a different vowel from the base form. For base forms which begin with two consonants, a vowel is prefixed to the imperative. The prefixed vowel is the same vowel found inside the verb. The fourth example below does not take a prefix because it begins with a single consonant.

ktib كْتِب (to write) → **i**-kti̲b! اِكْتِب! (Write!)	mšē مْشا (to go) → **i**-mshi̲ اِمْشي (Go!)
xraj خْرج (to exit) → **u**-xru̲j! أُخْرُج! (Exit!)	ɧaṭṭ حطّ (to put) → ɧuṭṭ حُطّ (Put!)

Plural imperatives (used when giving an order to more than one person) also take the suffix ـو -u.

i-ktib-**u**! اِكْتِبو! (Write!) [pl.]	**i**-mshi-**u** اِمْشيو (Go!) [pl.]

Negative imperatives add the prefix تـ t- and ما ـش mē- -š.

mē-t-i-ktibš! ما تِكْتِبْش (Don't write!)	**mē-t-i**-mshī-**š** ما تِمْشيش (Don't go!)

Present tense verbs are based on the imperative forms. One of three prefixes is added, and for plural verbs the suffix ـو -u.

n-iktib نِكْتِب (I write)	**n**-iktb-**u** نِكْتِبو (we write)
t-iktib تِكْتِب (you write)	**t**-iktb-**u** تِكْتِبو (you write)
y-iktib يِكْتِب (he writes) [m.]	**y**-iktb-**u** يِكْتِبو (they write)
t-iktib تِكْتِب (she writes) [f.]	

Notice:

- Gender is only distinguished in the third-person singular ('he/she') forms.
- The second-person singular ('you') and third-person feminine singular ('she') forms are identical, but become clear in the context of a sentence.
- The vowel inside the verb is lost in the plural forms.

The negative present tense is formed in the same way as the negative past tense, by the particle ما mē before the verb and the suffix ـش -š (or ـشي -ši).

mē-n-iktib-**š** ما نِكْتِبْش (I don't write)	**mē-n**-iktb-**ūš** ما نِكْتْبوش (we don't write)
mē-t-iktib-**š** ما تِكْتِبْش (you don't write)	**mē-t**-iktb-**ūš** ما تِكْتْبوش (you don't write)
mē-y-iktib-**š** ما يِكْتِبْش (he doesn't write)	**mē-y**-iktb-**ūš** ما يِكْتْبوش (they don't write)
mē-t-iktib-**š** ما تِكْتِبْش (she doesn't write)	

The future tense is expressed by placing the particle باش bēš (or بِش biš) before a present tense verb. The negative is expressed with a negative pronoun or موش mūš.

bēš nimši باش نِمْشي (I will go)
mēnīš bēš nimši مانيش باش نِمْشي (I won't go)
irrājil bēš yiktib الرّاجل باش يِكْتِب (the man will write)
irrājil mēhūš bēš yiktib الرّاجل ماهوش باش يِكْتِب (the man will write) *or*
irrājil mūš bēš yiktib الرّاجل موش باش يِكْتِب (the man will write)

The continuous tense is formed with قاعِد qā3id [m.], قاعِدة qā3ide [f.], or قاعِدين qā3idīn [pl.], which agrees with the subject in gender and number for all persons.

qā3id nimši قاعِد نمْشي (I am going) [m.] qā3ide nimši قاعِدة نمْشي (I am going) [f.] qā3idīn yiktbu قاعِدين يِكْتْبو (they are writing) mēhumš qā3idīn yiktbu ماهُمْش قاعِدين يِكْتِبو (they are not writing)

Interrogative sentences:

ta3rif ismhe? تعْرف اِسْمْها؟ (Do you know her name?) yēxi ta3rif ismhe? ياخي تعْرف اِسْمْها؟ (Do you know her name?) ta3rifši ismhe? تعْرفْشي اِسْمْها؟ (Do you know her name?) ta3rifši š-ismhe? تعْرفْشي شِسْمْها؟ (Do you know what her name is?) mešīt l-ilmekteb ilbērah? مْشيت لِلمكْتب البارح؟ (Did you go to school yesterday?) yēxi mešīt l-ilmekteb ilbērah? ياخي مْشيت لِلمكْتب البارح؟ (Did you go to school y.?) mešītši l-ilmekteb ilbērah? مْشيتْشي لِلمكْتب البارح؟ (Did you go to school yesterday?) wīn t3īš? وين تْعيش؟ (Where do you live?) waqtēsh mšēu l-ilmekteb? وقْتاش مْشاو لِلمكْتب؟ (When did they go to school?) škūn šuft fī -ssehriyye? شْكون شُفْت في السّهْريّة؟ (Who did you see at the party?)

1 Life and Death

life	*ḩayēt* *3īše*	حياة عيشة
to live	*3āš*	عاش
I live in Tunisia.	*ēne n3īš fī tūnis.*	آنا نْعيش في تونِس.
alive	*3āyiš*	عايِش

to give birth to	*wlid*	وْلِد
to be born	*tūlid*	تولِد
birth	*wlēde*	وْلادة
child (0-17 years old)	*ţful (wlēd)*	طْفُل (وْلاد)
baby, infant	*bebe (bibbiyēt) (fr: bébé)*	بيبي (بِبّيات)
to be breastfed, suckle	*rẓe3*	رْضَع
to breastfeed	*reẓẓe3*	رَضّع
toddler	*ṣɣīr (ṣɣār)*	صْغير (صْغار)
diaper	*kūš (fr: couche)*	كوش

well-behaved	*mutrubbi* *3āqil*	مُتْرْبّي عاقِل
naughty, mischievous	*mūš 3āqil* *mūš mutrubbi*	موش عاقِل موش مُتْرْبّي
childish, immature	*farx*	فرْخ
mature(-acting)	*kbīr (fī muxxu)* *rzīn*	كْبير (في مُخُّه) رْزين

boy	*ţful, wled (wlēd)*	طْفُل، وْلد (وْلاد)
girl	*ţufle, bneyye (bnēt)*	طُفْلة، بْنيّة (بْنات)
adolescent, teenager	*murāhiq* *edulessã (fr: adolescent)*	مراهِق أدُلسُّون
to grow up	*kbir*	كْبِر

person	*3abd (3bēd, nēs)*	عَبْد (عْباد، ناس)
man	*rājil (rjēl)*	راجِل (رْجال)
woman	*mrā (nsē)*	مْرا (نْسا)
adults, grown-ups	*nēs kbār [pl.]*	ناس كْبار
young people, youth	*šebēb [pl.]*	شباب
young	*şɣīr (şɣār)*	صْغير (صْغار)
young man	*šēbb (šebēb)* *rājil jøn (fr. jeune)* *rājil şɣīr fī -l3mur*	شابّ (شباب) راجِل جون راجِل صْغير في العْمُر
young woman	*mrā şɣīra fī -l3mur* *mrā jøn (fr. jeune)*	مْرا صْغيرة في العْمُر مْرا جون

There is no common equivalent in Arabic for ‘middle-aged’. Instead, a more precise description, such as ‘in one’s forties/fifties/sixties’ can be used.

in one’s fifties, middle-aged	*fī -lxamsīnēt (min 3umru)* *fi -lxamsīn (min 3umru)*	في الخمْسينات (مِن عُمْرُه) في الخمْسين (مِن عُمْرُه)
old	*kbīr (kbār) fī -l3mur* *3zūz (3zēyiz)*	كْبير (كْبار) في العْمُر عْزوز (عْزايِز)
old man	*rājil 3zūz* *rājil kbīr*	راجِل عْزوز راجِل كْبير

old woman	*mrā 3zūze* *mrā kbīra*	**مْرا عْزوزة** **مْرا كْبيرة**
to age, grow old	*kbir (fi -l3mur)* *3azwiz*	**كْبِر (في العْمُر)** **عزْوِز**
Everyone gets old.	*l3bēd ilkull tikbir.* *innēs ilkull yikibru.*	لعْباد الكُلّ تِكْبِر. النّاس الكُلّ يِكِبْرو.

childhood	*işşuɣr*	**الصُّغْر**
in one's childhood	*fī şuɣru*	في صُغْره
adolescence	*murāhqa*	**مراهقة**
youth	*šebēb*	**شباب**
in one's youth	*fī šbēbu*	في شْبابه
old age	*ilkubr*	**الكُبْر**

birthday	*3īd mīlēd*	**عيد ميلاد**
Happy Birthday!	*3īd mīlēd s3īd!*	**عيد ميلاد سعيدْ!**
Happy birthday and may you have many more!, ... and many happy returns!	*3īd mīlēd s3īd w kull 3ām w inti bxīr, nšē allah!*	**عيد ميلاد سعيد و كُلّ عام و انتِ بْخير، نْشا الله!**
When is your birthday?	*waqtēš 3īd mīlēdik?*	وقْتاش عيد ميلادِك؟
My birthday is in May.	*3īd mīlēdi fī mēy.*	عيد ميلادي في ماي.

age, life span	*3mur*	**عْمُر**
all one's life	*ţūl 3umru*	**طول عمْره**
year	*3ām (3wēm, snīn)*	**عام (عْوام، سْنين)**
How old are you?	*qeddēš 3umrik?*	قدّاش عُمْرِك؟

I'm 20 years old.	*3umri 3išrīn snē.*	عُمْري عِشْرين سنْا.
to turn __ years old	*3mel __ 3ām (snē)*	**عْمل __ عام (سْنا)**
He's turning ten years old next week.	*ijjim3a -jjēye bēš yi3mil 3ašra snīn.*	الجِّمْعة الجّاية باش يِعْمِل عشْرة سْنين.
I turned thirty last month.	*3melt tlēŧīn snē iššher illi fēt.*	عْملْت تلاثين سْنا الشّْهَر اِلِّي فات.
a ten-year-old boy/child	*wled 3umru 3ašra snīn*	وْلد عُمْرُه عشْرة سْنين
a fifty-year-old woman	*mrā 3murhe xamsīn sne*	مْرا عُمْرْها خمْسين سْنا
When were you born?	*waqtēš tūlidt?*	وَقْتاش تولِدت؟
What year were you born?	*fēnu 3ām tūlidt?*	فانو عام تولِدت؟
I was born in 1980.	*tūlidt 3ām elf w tis3a mye w ŧmēnīn.*	تولِدت عام ألْف وْتِسْعمْية وْثْمانين.

death, passing	*mūt*	**موت**
to die	*mēt*	**مات**
dead	*meyyit (mūte)*	**ميِّت (موتى)**
to pass away	*itweffe*	**اتْوَفّى**
deceased	*mitwiffi*	**مِتْوِفّي**
corpse, body	*juŧŧe (juŧeŧ)*	**جُثّة (جُثث)**
funeral	*jnēze, znēze*	**جْنازة، زْنازة**
to bury	*dfin*	**دْفِن**
to be buried	*tidfin*	**تِدْفِن**
burial	*dfīne*	**دْفينة**
coffin	*tēbūt*	**تابوت**
cemetary	*jebbēne*	**جبّانة**

grave	*qbar (qbūrāt)*	**قْبر (قْبورات)**
gravestone, headstone	*pyēɣ tombāl (fr: pierre tombale)*	**پْياغ تومْبال**
to mourn	*ɦzin*	**حْزِن**
mourning	*ɦuzn*	**حُزْن**
period of mourning	*ɦidēd*	**حِداد**
to cremate	*ɦraq iljuŧŧe*	**حْرَق الجُثَة**
cremation	*ɦarq iljuŧŧe*	**حَرْق الجُثَة**

2 Family

family	*3āyle (3āylēt)*	**عايْلة (عايْلات)**
immediate family	*il3āyle -ṣṣɣīra*	**العايْلة الصّْغيرة**
(extended) family	*il3āyle -lkbīra*	**العايْلة الكْبيرة**
relative	*qrīb (qrāyib)*	**قْريب (قْرايِب)**
I have some relatives that live in New York.	*ēne 3andi qrāybi 3āyšīn fī nyūyork.*	آنا عنْدي قْرايْبي عايْشين في نيويورك.
to be related to	*yuqrub l-*	**يُقْرُب لـ**
Are you two related?	*(yēxi) tuqrbu li-b3aẓkum intume li-ŧnīn?* *(yēxi) tkūnu li-b3aẓkum intume li-ŧnīn?*	(ياخي) تُقْرْبو لِبْعضْكُم انْتوما لِثْنين؟ (ياخي) تْكونو لِبْعضْكُم انْتوما لِثْنين؟
I'm not related to him.	*(lē,) mē-nuqrublūš.* *(lē,) mē-nkūnlūš.*	(لا،) ما نُقْرْبْلوش. (لا،) ما نْكونْلوش.
father	*bu (ēbēʔ)*	**بُو (آباء)**

mother	*umm (ummehēt)*	أُمّ (أُمهات)
my mother and father	*ummi w bāba*	أُمّي و بابا
dad	*bāba* *ppā*	بابا اپّا
mom	*mamma* *mmā*	مامّا امّا
my mom and dad	*mmā w ppā*	مّا و اپّا
Hi, Dad!	*ahle bāba!*	أهْلا بابا!
Where are you, Mom?	*wīnik ammā?* *fīnik ammā?*	وِينِك امّا؟ فينِك امّا؟
parents	*ilewliyē?*	الاوْلِياء
son, (male) **child**	*wild (wlēd)*	وِلْد (وْلاد)
daughter, (female) **child**	*bint (bnēt)*	بِنْت (بْنات)
to have (children)	*3andu (şɣār)*	عنْدُه (صْغار)
Do you have any children?	*3andik şɣār?*	عنْدِك صْغار؟
How many children do you have?	*qeddēš min şɣīr 3andik?*	قدّاش مِن صْغير عَنْدِكْ؟
They had triplets.	*3andhum tlēṯe twēme.*	عنْدْهُم ثْلاثَة تْواما.
siblings	*xwēt [pl.]*	خْوات
brother	*xu (xwēt wlēd)*	خو (خْوات وْلاد)
My brother and my friend's brother came with me.	*jū m3āye xūye w xū şēḫbi.*	جاو مْعايا خويا و خو صاحْبي.
sister	*uxt (xwēt bnēt)*	أُخْت (خْوات بْنات)
older brother	*-lxū likbīr*	الخو الِكْبير

younger sister	*-luxt -lkbīra*	**الأُخْت الكْبيرة**
Do you have any brothers or sisters?	*3andik xwēt?*	عندِك خْوات؟
I have two older sisters and one younger brother.	*3andi zūz exwe bnēt ekbir minni w xū (wēɧid) aṣɣar minni.*	عنْدي زوز أَخْوة بْنات أكْبِر مِنّي و خُو (واحِد) أَصْغَر مِنّي.
I'm the youngest in my family.	*ēne eṣɣer wēɧid fī -l3āyle.*	آنا أصْغر واحِد في العايْلة.
I'm the middle child/son.	*ēne -lxū -lwisṭāni.*	آنا الخُو الوِسْطاني.
I'm an only child.	*mē-3andīš axwe. (lit. I don't have siblings.)* *ēne weɧīd ummi w bāba. (lit. I'm my mother and father's only one.)*	ما عنْديش أَخْوة. آنا وحيد أُمّي و بابا.
twins	*twēme [pl.]*	**تْوامة**
Are you two twins?	*(yēxi) intume -tnīn twēme?*	(ياخي) انْتوما اثْنين تْوامة؟
I have a twin brother.	*3andi xūye tew?em mtē3i.*	عنْدي خويا تَوْأم مْتاعي.
half-brother	*xū mi-lbū (lit. brother from (by way of) father)* *xū mi-lumm (lit. brother from mother)*	**خو مِالبو** **خو مِالأُمّ**
half-sister	*uxt mi-lbū* *uxt mi-lumm*	**أُخْت مِالبُو** **أُخْت مِالأُمّ**
He's my half-brother.	*huwwe xūye min bāba.*	هُوَّ خويا مِن بابا.

husband	*rājil (rjēl) (lit. man)*	**راجِل (رْجال)**
This is my husband.	*hēđē rājli.*	هذا راجْلي.
wife	*mrā (nsē) (lit. woman)*	**مْرا (نْسا)**
__'s wife	*mart __*	**مرْت __**
His wife came with him.	*martu jēt m3āh.*	مَرْتُو جَات مْعاهْ.

stepfather	*rājil ilumm (lit. mother's husband)*	راجِل الأُمّ
stepmother	*mart ilbū (lit. father's wife)*	مرْت البُو
stepbrother	*wild rājil ilumm* *wild mart ilbū*	وِلْد راجِل الأُمّ وِلْد مرْت البو
stepsister	*bint rājil ilumm* *bint mart ilbū*	بِنْت راجِل الأُمّ بِنْت مرْت البو
stepson	*wild irrājil* *wild limrā*	وِلْد الرّاجِل وِلْد المْرا
stepdaughter	*bint irrājil* *bint limrā*	بِنْت الرّاجِل بِنْت المْرا

grandfather	*jedd (jdūd)*	جدّ (جْدُود)
grandmother	*jedde (jeddēt)*	جدّة (جدّات)
my grandparents	*jeddi w jetti*	جدّي و جدّتي
grandpa	*3zīzi*	عْزيزي
grandma	*3zīzti* *memēti*	عْزيزْتي مماتي
great-grandfather	*bu -ljedd*	بو الجدّ
grandson	*wild ilwild (lit. son's son)* *wild ilbint (lit. daughter's son)*	وِلْد الوِلْد وِلْد البِنْت
granddaughter	*bint ilwild (lit. son's daughter)* *bint ilbint (lit. daughter's daughter)*	بِنْت الوِلْدْ بِنْت البِنْت
grandchildren	*aḫfēd [pl.]* *wlēd ilewlēd (lit. children's children)*	أحْفاد وْلاد الأوْلاد

uncle (father's brother)	*3amm (3mūmēt)*	عمّ (عْمومات)
aunt (father's brother's wife)	*mart il3amm*	مرْت العمّ
aunt (father's sister)	*3amme*	عمّة
uncle (father's sister's husband)	*rājil il3amme*	راجِل العمّة
uncle (mother's brother)	*xāl (xwēl)*	خال (خْوال)
aunt (mother's brother's wife)	*mart ilxāl*	مرْت الخال
aunt (mother's sister)	*xāle (xālēt)*	خالة (خالات)
uncle (mother's sister's husband)	*rājil ilxāle*	راجِل الخالة

cousin (father's brother's son)	*wild il3amm (wlēd il3amm)*	وِلْد العمّ (وْلاد العمّ)
cousin (father's brother's daughter)	*bint il3amm (bnēt il3amm)*	بِنْت العمّ (بْنات العمّ)
cousin (father's sister's son)	*wild il3amme (wlēd il3amme)*	وِلْد العمّة (وْلاد العمّة)
cousin (father's sister's daughter)	*bint il3amme (bnēt il3amme)*	بِنْتِ العَمَّة (بْناتِ العَمَّة)
cousin (mother's brother's son)	*wild ilxāl (wlēd ilxāl)*	وِلْد الخال (وْلاد الخال)
cousin (mother's brother's daughter)	*bint ilxāl (bnēt ilxāl)*	بِنْت الخال (بْنات الخال)
cousin (mother's sister's son)	*wild ilxāle (wlēd ilxāle)*	وِلْد الخالة (وْلاد الخالة)
cousin (mother's sister's daughter)	*bint ilxāle (bnēt ilxāle)*	بِنْت الخالة (بْنات الخالة)

We’re cousins.	*aɧne wlēd 3amm.* *aɧne bnēt 3amm.* *aɧne wlēd xāl.* *aɧne bnēt xāl.*	أحْنا وْلاد عمّ أحْنا بْنات عمّ أحْنا وْلاد خال أحْنا بْنات خال

orphan	*ytīm (ytēme)*	**يْتيم (يْتامى)**
orphanage	*melje li-lēytēm*	**مَلْجأ لِلأيْتام**
to adopt	*tbenne*	**اتْبنّى**
adoption	*tebenni*	**تبنّي**
to be adopted	*mitbenni*	**مِتْبنّي**
I was adopted.	*ēne mitbenni*	آنا مِتْبنّي.
an adopted son	*ţful mitbenni*	**طْفُل مِتْبنّي**
adoptive parents	*ilwēldīn b-ittebenni*	**الوالْدين بِالتّبنّي**
birth parents	*ilwēldīn ileşliyyīn*	**الوالْدين الأصليّين**

ancestors, forefathers	*ejdēd [pl.]*	**أجْداد**
descendents	*aɧfēd [pl.]*	**أحْفاد**

3 Love, Marriage, and Sex

to love, be in love	*ɧabb*	**حبّ**
love	*ɧubb*	**حُبّ**
I love you!	*nɧibbik!*	نْحِبِّك!
darling	*ɧabīb*	**حبيب**
romance	*qişşit ɧubb*	**قِصّة حُبّ**

to love passionately	*3šaq*	عْشق
passion	*3išq*	عِشْق
lover	*maɣrūm*	مغْروم
date (romantic)	*randevu (fr: rendez-vous)*	رونْداڢو
to go on a date with __	*xaraj yrandiv m3a __*	خرج يْرنْدِڢ معَ __
dating, in a relationship	*mṣūḫib*	مْصُوحِب
a couple; going out, dating	*kūpel (fr: couple)*	كوپل
boyfriend	*ṣāḫib (ṣḫāb)*	صاحِب (صْحاب)
girlfriend	*ṣāḫbe*	صاحْبة
to break up	*qaṣṣu [pl.]*	قصّوا
to break someone's heart (lit. to torture)	*3ađđeb*	عَذَّب

engagement	*xuṭbe*	خُطْبة
to get engaged	*xṭab (lit. to propose)* *tixṭab (lit. to be proposed to)*	خْطب تِخْطب
to ask her father for her hand in marriage	*xṭabhe min būhe*	خْطبْها مِن بوها
fiancé	*xaṭīb (xuṭṭāb)*	خطيب (خُطَّاب)
fiancée	*xaṭībe*	خطيبة
Her fiancé works abroad.	*xaṭībhe yixdim ilbarra.*	خطيبْها يِخْدِم البرّا.

married to	*m3arris b-*	مْعرِّس بْـ
Are you married?	*(yēxi) inti m3arris?*	(ياخي) اِنْتِ مْعرِّس؟
single, unmarried	*3āzib* *mūš m3arris*	عازِب موش مْعرِّس

to get married, marry, wed	*3arris*	**عرّس**
marriage	*3irs*	**عِرْس**
arranged marriage	*3irs taqlīdi*	**عِرس تقْليدي**
They got married last year.	*3arrsu -l3ām lī fēt.*	عرّْسُو العام لي فات.
He married her last year.	*3arris bīhe -l3ām lī fēt.*	عَرِّس بيها العام لي فات.
wedding	*3irs (3rūsēt)*	**عِرْس (عْروسات)**
groom	*3rūs*	**عْروس**
bride	*3rūse (3rāyis)*	**عْروسة (عْرايِس)**
honeymoon	*šhar il3sel*	**شْهر العْسل**
newlyweds	*3rāyis jdud [pl.]*	**عْرايِس جْدُد**
(wedding) anniversary	*3īd zewēj*	**عيد زَواج**
They celebrated their tenth anniversary.	*iħteflu b-3īd zewējhum il3āšir.*	احْتَفْلوا بْعيد زواجْهُم العاشِرْ.

divorce	*ţlēq*	**طْلاق**
to get divorced	*ţallaq*	**طلّق**
divorcee	*mţallaq*	**مْطلّق**
to remarry	*3āwid 3arras*	**عاوِد عرّس**
My father remarried last year.	*bāba 3āwid 3arras 3āmnēwil.*	بابا عاوِد عرّس عامْناوِل.
to be widowed	*thejel*	**تْهجل**
widower	*hejēl*	**هجال**
widow	*hejēle*	**هجالة**

to have an affair with	*xān m3a*	**خان مْعَ**

He was cheating on his wife with his secretary.	*kēn yxūn fī martu m3a sukretērtu.*	كان يْخون في مرْتُه مْعَ سُكْرتارْتُه.

kiss	*būse*	**بوسة**
to kiss	*bēs*	**بَاس**
Kiss me!	*būsni!*	بوسْني!
sex	*seks* *jins*	**سَكْس** **جِنْس**
to sleep with, have sex with	*rqad m3a**	**رْقد مْعَ**
to sleep together	*raqdu m3a b3aẓhum* [pl.]*	**رقْدو مْعَ بْعضْهُم**
to fuck	*nēk* [vulgar]*	**ناك**

4 Names and Addressing People

name; first name	*ism (esēmi)* *-lism iṣṣɣīr*	**اِسْم (أسامي)** **الاِسْم الصْغير**
What's your name?	*š-ismik?* *šneww- ismik?*	شِسْمِكْ؟ شْنوّا اِسْمِك؟
My name is __.	*ismi __.*	اسْمي __.
last name	*laqab (elqāb)* *-lism -lkbīr*	**لقب (ألْقاب)** **الاسْم الكْبير**
full name	*ism kēmil*	**اِسْم كامِل**
to name	*semme*	**سَمَّى**
to be called, named	*ismu (lit. one's name is)*	**اِسْمُه**
to call, address	*3ayyiṭ*	**عيَّط**

How should I address you?	*šitḫibb n3ayyiṭlik?* *šitḫibb nsemmīk?*	شِتْحِبّ نْعيِّطْلِك؟ شِتْحِبّ نْسمّيك؟
Just call me __.	*3ayyiṭli __.* *qulli __.*	عيِّطْلي __. قُلّي __.
alias, pseudonym	*ism šuhra*	اِسْم شُهْرة

Sir!	*sīdi!* *møsyø! (fr: monsieur)*	سيدِي ، مُسْيُو!
Ma'am!	*mēdēm! (fr: madame)*	مادام!
Miss!	*yē ēnse!* *mēdmwēzēl! (fr: mademoiselle)*	يا آنْسة! مادْمْوازال!

The following are titles which precede someone's name. Unlike English, titles usually precede one's given name.

Mr. __	*isseyyid __*	السّيِّد __
Mrs. __	*isseyyide __*	السّيِّدة __
Miss __	*ilēnse __*	الآنْسة __
Dr. (medical or Ph.D.)	*duktūr __*	دُكْتور __

Yes? (response to someone calling your name)	*n3am!*	نْعم!

5 The Human Body and Describing People

body	*bden (bdennēt, bdūnēt)*	بْدَن (بْدَنّات، بْدُونات)

head	*rās (ryūs)*	راس (رْيوس)

brain, mind	*muxx (mxāx)*	**مُخّ (مْخَاخ)**
skull	*jumjme (jmējim)*	**جُمْجْمَة (جْماجِم)**
face	*wijh (wjūh)*	**وِجْه (وْجوه)**
He has a **round** face.	*wijhu mdewwer*	**وِجْهُه مْدوّر**
She has an **oblong** face.	*wijhhe mistaṭwil*	**وِجْهّا مِستطْوِل**
I have a **square** face.	*wijhi mrabba3*	**وِجْهي مْربّع**
You have an **oval** face.	*wijhik ovēl (fr: ovale)*	**وِجْهِك أوڥال**
to wash one's face	*ɣsel wijhu*	**غْسل وِجْهُه**
forehead, brow	*jbīn*	**جْبين**
He has a big forehead.	*3andu jbīn kbīr.*	عنْدُه جْبين كْبير.
brow	*jbīn*	**جْبين**
to frown, knit one's brow, scowl	*kešber*	**كشْبر**
cheek	*xadd (xdūd)*	**خدّ (خْدود)**
chin	*degnūne*	**دڨْنونة**
jaw	*jdēq*	**جْداق**

eye	*3īn (3īnīn)*	**عين (عينين)**
My eyes itch.	*3īni tħukk (fiyye).* *3īni tēkil (fiyye).*	عيني تْحُكّ (فِيّا). عيني تاكِل (فِيّا).
blue eyes	*3īnīn zruq*	**عينين زْرُق**
green eyes	*3īnīn xẓur*	**عينين خْضُر**
brown eyes	*3īnīn mārõ (fr: marron)*	**عينين مارون**
She has beautiful brown eyes.	*3īnīhe mārõ w ħluwwīn.*	عينيها مارون و حْلُوّين.
What color are your eyes?	*šnuwwe lūn 3īnīk?*	شْنُوّا لون عينيك؟

His eyes are green.	*3īnīh xẓur.*	عينيه خْضُر.
eyebrow	*ḫājib (ḫwējib)*	**حاجِب (حْواجِب)**
eyelids	*jfūn [pl.]*	**جْفون**
eyelash	*šefra (šwāfir)*	**شَفْرة (شْوافِر)**
She has long eyelashes.	*šwāfirhe ṭwēl.*	شْوافِرْها طْوال.
to have thick eyelashes	*šwāfru ɣzār*	**شْوافْرُه غْزار**
sclera, the white of one's eyes	*ilēbyiẓ mtē3 il3īn*	**الأَبْيِض مْتاع العين**
iris	*quzeḫiyye*	**قُزحِيّة**
pupil	*püpi (fr: pupille)* *ilḫadqa*	**پوپي** **الحدْقة**
to blink	*rammeš*	**رمّش**
to wink	*ɣmiz*	**غْمِز**
to close one's eyes	*ɣammaẓ 3īnīh*	**غمّض عينيه**
to open one's eyes	*ḫall 3īnīh*	**حلّ عينيه**
to have dark circles under one's eyes	*3īnīh mḫawqīn* *3īnīh sēɣnē (fr: cerné)*	**عينيه مْحَوْقين** **عينيه ساغنا**
cross-eyed	*aḫwil, ḫūlē, (ḫwil)*	**أحْوِلْ، حولا، (حْوِل)**
blind	*a3me, 3amye, (3mī, 3imyēn)*	**أَعْمى، عَمْيَا، (عْمِي، عِمْيان)**
to see	*šēf*	**شاف**
I can't see the clock from here.	*mē-nnejjimš nšūfhe - lmungēle min hnē.*	ما نّجِّمْش نْشوفْها المُنْقالة مِن هْنا.
eyesight, vision	*innẓar*	**النّْظر**
I have perfect eyesight.	*innẓar mtē3i qwi.*	النّْظر مْتاعي قْوي.

to wear glasses	*lbis mrēyēt*	**لْبِس مْرَايات**
I think you need glasses.	*yuẓhurli lēzmik mrēyēt (inti).*	يُظْهُرْلي لازْمِك مْرايات (اِنتِ).
to cry	*bkē*	**بْكى**
a tear	*dem3a (dmū3)*	**دمْعة (دْموع)**
Why are your eyes red? Have you been crying?	*šbi 3ynī ɧmur? (yēxi) kunt tibki?*	شْبي عينيك حْمُرْ؟ (ياخي) كُنْت تِبْكي؟

nose	*xšem (xšūmēt)*	**خْشم (خْشومات)**
nostril	*nuqbit -lxšem (nqub -lxšem)*	**نُقْبِة الخْشمْ (نُقْب الخْشم)**
big/pronounced nose	*xšem kbīr*	**خْشم كْبير**
petite nose	*xšem ṣɣīr*	**خْشم صْغير**
straight/sharp/pointy nose	*xšem mđebbeb*	**خْشم مْذبّب**
hook/crooked nose	*xšem ma3qūf*	**خْشم معْقوف**
to sneeze	*3ṭas*	**عْطس**
snot	*xnēne*	**خْنانة**
to have a runny nose	*xašmu yijri*	**خشْمُه يِجْري**
to blow one's nose	*mxaṭ xašmu*	**مْخط خشْمُه**
to pick one's nose	*maxwar xašmu*	**مخْوَر خشْمُه**
to smell	*šemm*	**شمّ**
sense of smell	*ɧāssit iššemm*	**حاسّة الشّمّ**
I don't have a very good sense of smell.	*ɧāssit šemmi mē-hēš qwiyye.*	حاسِّة شمّي ما هاش قْوِيّة.
I think I smell smoke.	*yuẓhurli rīɧti b-idduxxān.*	**يُظْهُرْلي ريحْتي بِالدُّخّان.**

ear	*wđin (wiđnīn)*	وْذِن (وِذْنين)
to hear	*sma3*	سْمَع
Do you hear that noise?	*tisma3 fī -lħiss hēđē?*	تِسْمع في الحِسّ هاذا؟
to cup one's ear	*medd wiđnu bēš yisma3 b-ilgdē.*	مدّ وِذْنُه باش يِسْمع بِالقْدا.
There's a ringing in my ear.	*wiđni tzenzen.*	وِذْني تْزنْزن.
to be hard of hearing	*mē-yisma3š b-ilgdē* *sem3u ŧqīl* *sem3u rzīn*	ما يِسْمعْش بِالقْدا سمْعُه ثْقيل سمْعُه رْزين
deaf	*āţraš, ţarše (ţruš)*	أطْرشْ، طرْشا (طْرُش)
to wear a hearing aid	*lbis issemmē3a*	لْبِس السّمّاعة
to have pierced ears	*wīđnīh menqūbīn*	وِذْنيه منْقوبين
ear wax	*wsax ilwiđnīn*	وْسخ الوِذْنين

mouth	*fum (ffēm)*	فُم (افّام)
to smile	*tbessem*	اتْبسّم
to open one's mouth	*ħall fumu*	حلّ فُمُه
to close one's mouth	*sakkar fumu*	سكّر فُمُه
tongue	*lsēn (lsūnēt)*	لْسان (لْسُونات)
to taste	*đēq*	ذاق
Can you taste the mint in this dessert?	*ħassīt b-maţ3am inna3nē3 fī -ddēsēr (fr: dessert) hēđē?*	حسّيت بْمطْعم النّعْناع في الدّاسار هاذا؟
lip	*šiffe (šfēyif)*	شِفّة (شْفايف)
upper lip	*iššiffe -lfūqāniyye*	الشّفّة الفوقانِيّة
lower lip	*iššiffe -llūţāniyye*	الشّفّة اللّوطانِيّة

to have thin lips	*3andu šfēyif ṣɣār*	عنْدُه شْفايِف صْغار
full lips	*šfēyif kbār*	شْفايِف كبار
chapped (dry) lips	*šfēyif šēyħa* *šfēyif mqaššra*	شْفايِف شايْحة شْفايِف مْقشْرة
tooth	*sinne (sinnīn)*	سِنّة (سِنّين)
gums	*lɣab*	لْغب
to brush one's teeth	*ɣsel sinnīh*	غْسل سِنّيه
to floss one's teeth	*naẓẓaf sinnīh b-ilxīṭ*	نظّف سِنّيه بالخيط
front teeth	*sinnīn quddēmīn*	سِنّين قُدّامين
to bite	*gdim* *3aẓẓ*	ڨْدِمْ عضّ
molar	*zarṣa (zrūṣ)*	زرْصة (زْروص)
to chew	*mẓaɣ* *lewwek*	مْضغ لوّك
to spit	*bzaq*	بْزق
spit, spittle	*bezqa*	بزْقة
saliva	*bzēq* *rīq*	بْزاقْ ريق
to yawn	*tṯēwib*	تْثاوِب
to cough	*kaħħ*	كحّ
to burp, belch	*itgarra3*	اتْڨرّع
to have bad breath	*rīHit fumu xāybe*	ريحةِ فُمُه خايْبة
tonsils	*grējim [pl.]*	ڨراجِمْ

neck	*raqbe*	رقْبة

nape of the neck	*krūme*	**كْرومة**
throat	*garjūme*	**ڨرْجومة**
larynx	*belɦūɦ*	**بلْحوح**
to breathe	*tneffes*	**اتْنفّس**
breath	*nfes*	**نْفس**
to take a deep breath	*xđē nfes*	**خْذا نْفس**
to swallow	*bla3*	**بْلع**
to choke on	*šraq b-*	**شْرق بْـ**
He started choking on a piece of food.	*šraq b-ţarf mēkle.*	شْرق بْـطرْف ماكْلة.

hair	*š3ar (š3ūrāt)*	**شْعر (شْعورات)**
dark brown hair	*š3ar mārrõ (fr: marron) ɣāmiq*	**شْعر مارّون غامِق**
light brown hair	*š3ar mārrõ fētiɦ*	**شْعر مارّون فاتِح**
blond hair	*š3ar aşfar*	**شْعر أصْفر**
She's blond.	*š3arhe aşfar.* *hiyye blunde.*	شْعرْها أصْفر. هِيَّ بْلُندة.
black hair	*š3ar ekɦal*	**شْعر أكْحل**
red hair	*š3ar aɦmar*	**شْعر أحْمر**
gray hair	*š3ar grī (fr: gris)*	**شْعر ڨْري**
white hair	*š3ar abyiz̧*	**شْعر أبْيض**
to dye one's hair	*şbaɣ ša3ru*	**صْبغ شعْرُه**
She dyes her hair blond.	*şēbɣe š3arhe aşfar.*	صابْغة شْعرْها أصْفر.
She's a natural blond.	*hiyye blunde (fr: blonde) min aşlhe.*	هِيَّ بْلُنْدة مِن أصْلْها.
long hair	*š3ar ţwīl*	**شْعر طْويل**

short hair	*š3ar qṣīr*	**شْعر قْصير**
shoulder-length hair	*š3ar (ḫatte) l-ilēktēf*	**شْعر (حتّى) لِلأكْتاف**
straight hair	*š3ar arṭab*	**شْعر أرْطب**
curly hair	*š3ar mbūkil* *š3ar būklē (fr: bouclé)*	**شْعر مْبوكِل** **شْعر بوكْلى**
She has beautiful long straight brown hair.	*š3arhe mizyēn w ṭwīl w wārṭib w lūnu mārrõ.*	شْعرْها مِزْيان و طْويل و ارْطِبْ و لونه مارّون.
to comb/brush one's hair	*mšaṭ ša3ru*	**مْشط شعْرو**
to get a haircut	*qaṣṣ ša3ru*	**قصّ شعْرو**
bald	*aṣla3*	**أصْلَع**
to go bald	*welle aṣla3*	**ولّا أصْلعْ**
to shave one's head bald	*garra3*	**ڨرّع**
sideburns	*xuṣlēt [pl.]* *swēlif [pl.]*	**خُصْلات** **سْوالِف**
pony-tail	*ba3būṣ*	**بعْبوص**
braids	*ẓafra (ẓfāyir)*	**ضفْرة (ضْفايِر)**
She wears her hair in braids.	*ta3mil š3arhe ẓfāyir.*	تعمِل شعرْها ضفايِر
bun	*ka3ke (ke3kēt)*	**كعْكه (كعكات)**
She usually wears her hair in a bun.	*dīme tšidd š3arhe ka3ke.*	ديما تْشِدّ شْعرْها كعْكة.
bangs	*quṣṣa*	**قُصّة**
You look good with bangs!	*meḫlēk bilquṣṣa!*	محْلاك بِالقُصّهْ!
wig, toupee	*pērük (fr: perruque)*	**پاروك**
You can tell he wears a toupee.	*ẓāhir fīh lēbis pērük.*	ظاهِر فيه لابِس پاروك.
beard	*laḫye (lḫī)*	**لحْية (لْحي)**

mustache	*šlēɣim [pl.]* *šwērib [pl.]*	**شْلاغِم** **شْوارِب**
He has a beard and mustache.	*3andu laɧye w šlēɣim.*	عنْدُه لحْيَة و شْلاغِم.
goatee	*bērbīš (fr: barbiche)*	**بارْبِيش**
to shave	*ɧajjam*	**حجّم**
to trim one's beard	*ɧajjam laɧītu*	**حجّم لحيتُه**
I shave every morning.	*ēne nɧajjam kull ʂbēɧ.*	آنا نحجّم كُلّ صْباح.
clean-shaven	*mɧajjam laɧītu*	**مْحجّم لحيتُه**
stubble	*laɧye xfīfe*	**لحْيَة خْفيفة**

skin	*jilde* *bešra* *qišra*	**جِلدة** **بشْرة** **قِشْرة**
pimple, blemish	*ɧabbe (ɧbūb)*	**حبّة (حْبوب)**
I have a huge pimple on my chin!	*3andi ɧabbe kbīra fī degnūnti.*	عنْدي حبّة كْبيرة في دقْنونْتي.
acne	*ɧabb šbēb*	**حبّ شْباب**
As a teenager, he had a lot of acne.	*kī kēn ʂɣīr kēn 3andu barše ɧabb šbēb.*	كي كان صْغير، كان عنْدُه برْشا حبّ شْباب.
to have bad skin	*wijhu mɧabbib*	**وِجْهُه مْحبِّب**
to have a good complexion	*bešrtu ʂāfye*	**بشْرْتُه صافْيَة**
fair-skinned	*ebyiʐ*	**أبْيِض**
dark-skinned	*esmar*	**أسْمر**
to have an olive complexion	*qamɧi* *bešrtu qamɧiyye*	**قمحي** **بشْرْتُه قمْحيّة**

to have dry skin	*bešrtu šēyɧa*	**بشْرْتُه شايْحة**
to put on lotion	*ɧaţţ krēm (fr: crème)*	**حطّ كرام**
to put on sunscreen	*ɧaţţ ekrã (fr: écran)*	**حطّ أكْرون**
freckles	*nmeš*	**نْمش**
She has a lot of freckles.	*3andhe barše nmeš.*	عنْدْها برْشا نمْش.
mole, birthmark	*šehwe*	**شهْوة**
wrinkles	*tjē3īd [pl.]*	**تْجاعيد**
You get wrinkles as you get older.	*qadd mē tikbir qadd mē yzīdūlik ittejē3īd.*	قدّ ما تِكبرِ قدّ ما يْزيدولِك التّجاعيد.
scar	*sīkētrīs (fr: cicatrice)* *blāşa*	**سيكاتْريس** **بلاصة**
tattoo	*tētū* *wšem*	**تاتو، وْشم**
He has a tattoo on his left arm.	*3andu tētu fī yiddu -llīsār.*	عنْدُه تاتو في يِدُّه اللّيسار.
Do you have any tattoos?	*3āmil tētū?*	عامِل تاتو؟

arm	*yidd (ydīn)* *đrē3*	**يِدّ (يْدين)** **ذْراع**
elbow	*kū3*	**كوع**
armpit	*ẓabbūţ (ẓbābiţ)*	**ظبّوط (ظْبابِط)**
to sweat	*3raq*	**عْرق**
sweaty	*3arqān*	**عرْقان**
He was very sweaty after playing soccer.	*huwwe 3raq baršē ba3d mē l3ab ilkūra.*	هُوَّعرق برشا بعد مالْعب الكورة.

hand, wrist	*yidd (ydīn)*	**يِدّ (يْدين)**
What's in your hand?	*š-3andik f- yiddik?*	شْعنْدِك فْ يِدِّك؟
They're all wearing watches on their wrists.	*lkullhum lēbsīn mnēgil fī ydīhum.*	لْكُلْهُم لابْسين مْناقِل في يْديهُم.
finger	*ṣbu3 (ṣwēba3)*	**صْبُع (صْوابع)**
finger print	*baṣme*	**بصْمة**
thumb	*iṣṣbu3 ilkbīr*	**الصّْبُع الكْبير**
index finger	*iṣṣbu3 iŧŧēni* *issabbēbe*	**الصّْبُع الثّاني** **السّبّابة**
middle finger	*iṣṣbu3 ilwisṭāni*	**الصّْبُع الوِسْطاني**
ring finger	*iṣṣbu3 irrābi3*	**الصّْبُع الرّابِع**
little finger, pinky	*iṣṣbu3 ilxāmis* *iṣṣbu3 iṣṣɣīr*	**الصّْبُع الخامِس** **الصّْبُع الصّْغير**
finger tip	*ṭarṭūšt iṣṣbu3 (ṭrāṭiš iṣṣwēbi3)*	**طرْطوشِة الصّْبُع (طراطِش الصّْوابِع)**
finger nail	*ẓfar (ẓwāfir)*	**ظْفر (ظْوافِر)**
palm	*keff (kfūf)*	**كفّ (كْفوف)**
knuckles	*mfāṣil iṣṣwēbi3*	**مْفاصِل الصّْوابِع**
wrist	*mi3ṣam*	**مِعْصم**
to make a fist	*sekkir yiddu*	**سكِّر يِدّْه**
to extend one's fingers	*ɦall ṣwēb3u*	**حلّ صْوابْعُه**
to hold, grip	*šedd*	**شدّ**
to point to	*warra b-ṣub3u l-*	**ورّا بْصُبْعُه لْـ**
He pointed at the clock.	*warra b-ṣub3u li-lmungēle.*	ورّا بْصُبْعُه لِلْمُنْقالة.

leg, foot	*sēq (sēqīn)*	ساق (ساقين)
thigh	*fxađ (fxāđ)*	فْخذ (فْخاذ)
shin	*qaṣbit issēq*	قصْبِة السّاق
calf	*fāra*	فارة
knee	*rukbe (rkēyib)*	رُكْبة (رْكايِب)
ankle	*ka3be*	كعْبة
sole	*qā3 issēq*	قاع السّاق
heel	*qdem (aqdēm)*	قْدم (أقْدام)
toe	*ṣbu3 sēq (ṣwēba3 sēqīn)*	صبُع ساق (صْوابع ساقين)

shoulder	*ktif (ktēf)*	كْتِف (كْتاف)
to have broad shoulders	*ktēfu 3rāẓ*	كْتافُه عْراض
chest, bosom	*ṣdir*	صْدِر
to be flat chested	*mē-3andhēš ṣdir*	ما عنْدْهاش صْدِر
boob	*bezzūle (bzēzil)**	بزّولة (بْزازِل)
nipple	*rās ilbezzūle**	راس البزّولة

abdomen, belly, stomach	*kirš (krūš)*	كِرْش (كْروش)
back	*ẓhar (ẓhūrāt)*	ظْهر (ظْهورات)
waist	*ilwisṭ*	الوِسْط
hips	*ilḫzēm [pl.]*	الحْزام
navel, belly button	*ṣurra*	صُرّة

internal organs	*aḫšē?*	أحْشاء
stomach	*mi3de*	مِعْدة

intestines, bowels	*muṣrāne (mṣārin)*	مُصْرانة (مْصارِن)
lung	*riyye (rwēri)*	ريّة (رْواري)
heart	*qalb (qlūb)*	قلْب (قْلوب)
to beat, palpitate	*daqq*	دقّ
heart beat, pulse	*daqqit qalb (daqqāt qalb)*	دقّة قلْب (دقّات قلب)
liver	*kibde (kbēd)*	كِبْدة (اكْباد)
kidney	*kilwē (klēwi)*	كِلْوة (كْلاوي)
bladder	*mṫēne*	مْثانة
gall-bladder	*marrāra*	مرّارة
gland	*ɣudde (ɣuded)*	غُدّة (غُدد)
thyroid gland	*ɣudde daraqiyye*	غُدّة درقيّة

bone	*3ẓam (3ẓām)*	عْضم (عْضام)
skeleton	*heykel 3eẓmi* *skūlēt (fr: squelette)*	هَيْكل عضْمي سْكولات
spine	*selsūl iẓẓhar*	سلْسول الظّهر
rib	*ẓil3 (ẓlū3)*	ضِلْع (ضْلوع)
muscle	*mūskl (fr: muscle)*	موسْكل
vein	*3irq (3rūq)*	عِرْق (عْروق)
artery	*širyēn (šarāyīn)*	شِريان (شرايين)
blood	*dem*	دم
nerve	*3ṣab (a3ṣāb)*	عْصب (أعْصاب)

sexual organs, private parts	*a3ẓāʔ tnēsuliyye*	أعْضاء تْناسُليّة

Needless to say, caution should be exercised when talking about 'private parts'. There are numerous synonoms (and euphemisms) for these, but each is appropriate only in certain social contexts. There are medical terms which can be used when necessary to mention 'private parts', such as when speaking to a doctor. There are also euphemisms used with small children. And of course, there are [vulgar] terms which should only be used among close friends who are not offended by such vulgarities. Many Tunisians prefer to use French vocabulary for topics which are uncomfortable or taboo, as the French words sound more clinical. As a non-native speaker, you are advised to avoid using vulgar terms altogether, as they will tend to get you into trouble; nonetheless, they have been included here for recognition purposes. However, due to their sensitive nature, they (and related words) do not appear on the MP3s.

penis	*mtē3 irrājil** *penis* (fr: penis)*	متاع الرّاجِل پنيس
pee-pee (penis)	*3aşfūr** *zīzi ('cute' word used with children)*	عصْفور زيزي
dick, cock	*zibb (zbūb)* [vulgar]* *3şbe* [vulgar]*	زِبّ (زْبوب) عصْبة
to get an erection	*weggif [vulgar]*	وقّف
erection	*eɣeksyõ (fr: erection)*	أركْسيون
to get a boner	*zibbu wqif* [vulgar]*	زِبُّه وْقِف
boner, hard-on	*zibb wēqif* [vulgar]*	زِبّ واقِف
testicles, balls, nuts	*mɦāšim* [pl.]*	مْحاشِم
scrotum	*skɣotūm (fr: scrotum)*	سْكْغوتوم
vagina	*mtē3 ilmrā* (lit. woman's parts)*	مْتاع الْمْرا
'girl parts'	*mi-lquddēm* (lit. (that) from the front)*	مِالْقُدّام
pussy	*zukk (zkēk)* [vulgar]*	زُكّ (زْكاك)
naked, bare	*3iryēn (3rēye)*	عِرْيان (عْرايا)

buttocks, bottom, posterior	*mxrūqa*	**مخْروقة**
bottom	*tirme**	**ترْمة**
ass, butt	*ze3ke (z3ek)* [vulgar]*	**زعْكه (زْعك)**
anus	*enü (fr: anus)*	**أنو**
ass hole	*nuqbit ittirme* [vulgar]*	**نُقْبِة الترّْمة**
to urinate	*bēl**	**بال**
urine	*būl**	**بول**
pee	*pīpi*	**پيپي**
to pee	*3mel pīpi (fr: pipi)*	**عْمل پيپي**
to piss, take a piss	*bēl**	**بال**
There was a man peeing on the side of the road.	*kēn femme rājil ybūl 3lē ɧāffit iţţrīq.*	كان فمّا راجِل يْبول عْلى حافّة الطّريق.
to defecate, poop	*3mel kāka*	**عْمل كاكا**
excrement, feces, poop	*kāka*	**كاكا**
Careful! Don't step in the dog poo!	*rudd bēlik mē-t3affesš 3lē -lkāka mtē3 ilkelb.*	رُدّ بالِك ما تْعفّسْش عْلى الكاكا مْتاع الكلْب.
to shit	*xrā**	**خْرى**
shit	*xrā**	**خْرا**
to go to the bathroom	*mšē li-ttwēlit (fr: toilettes)*	**مشا لِلتّْواليت**
I need to go to the bathroom.	*nɧibb nimši li-ttwēlit.*	نحِبّ نِمْشي لِلتّْواليت.
to pass gas, break wind	*seyyib irrīɧ*	**سيِّب الرّيح**
to fart	*başş**	**بصّ**
fart	*başşe**	**بصّة**

height	*ṭūl*	**طول**
tall	*ṭwīl (ṭwēl)*	**طْويل (طْوال)**
average height	*ṭūlu mitwessiṭ*	**طولُه مِتْوسِّط**
short	*qṣīr (qṣār)*	**قصير (قصار)**
How tall are you?	*qeddēš ṭūlik?*	قدّاش طولِك؟
I'm 1.75 meters tall.	*ṭūli mītru w xemse w seb3īn ṣānti.*	طولي ميتْرو و خمْسة و سبْعين صانْتي.

weight	*wezn*	**وزْن**
How much do you weigh?	*qaddēš tūzin?*	قدّاش توزِن؟
I weigh 70 kg.	*nūzin seb3īn kīlu.*	نوزِن سبْعين كيلو.
one's build, body shape	*ilfurme mtē3 ilbden*	**الفورْمة مْتاع البدن**
fat	*smīn (smēn)*	**سْمين (سْمان)**
to get fat	*smin* *welle smīn*	**سْمِن** **ولّا سْمين**
Don't overeat so you don't get fat.	*mē-tēkilš baršē bēš mē-tismēniš.*	ما تاكِلْش برْشا باش ما تْسمانِش.
overweight	*wezn zēyid*	**وزْن زايِد**
chubby	*baṭbūṭ*	**بطْبوط**
plump, stout	*b-ṣaḫḫtu (b-ṣaḫḫithum)*	**بْصحّْتُه (بْصحّتْهُم)**
average weight	*ilwezn il3ādi*	**الوزْن العادي**
thin	*ẓ3īf (ẓ3āf)*	**ضْعيف (ضْعاف)**
skinny	*jild 3lē 3ẓam* *ẓ3ayyif*	**جِلْد علی عْضم** **ضْعيِّف**

one's looks	*maẓhru*	مظْهْرُه
handsome; beautiful	*mizyēn (mizyēnīn)*	مِزْيان (مِزْيانين)
good-looking, handsome, pretty	*bogoss (bogossēt) (fr: beau gosse)* *ɧlū (ɧlūwīn)*	بوڨوسّ (بوڨوسّات) حْلو(حْلُوّين)
cute	*mīnyõ (fr: mignon)*	مينيون
My God, those girls are so cute!	*yē rabbi, hē-lbnēt qaddēš maɧlēhum!*	يا ربّي، هالبْنات قدّاش محْلاهُم!
ugly	*xāyib*	خايِب
average-looking	*meẓhru 3ādi*	مظْهْرُه عادي

6 Clothing, Jewelry, and Accessories

clothing	*ɧwēyij [pl.]* *dbeš*	حْوايِج دْبش
men's clothing	*ɧwēyij/dbeš rjēl*	حْوايِج/دْبش رْجال
women's clothing	*ɧwēyij/dbeš nsē*	حْوايِج/دْبش نْسا
underwear	*ɧwēyij daxlēniyye [pl.]*	حْوايِج دخْلانيّة
long johns	*kēlsõ*	كالْسون
undershirt (also: T-shirt, soccer jersey)	*meryūl xal3a (mrēwil xal3a)*	مرْيول خلْعة (مْراوِل خلْعة)
panties	*slīp (fr: slip)* *külot (fr: culotte)*	سْليپ كولوت
panty hose, tights	*kolã (kolonēt) (fr: collants)*	كولون (كولونات)
bra	*būsṭu (būsṭuwēt)* *sutyã (sutyēnēt) (fr: soutien)*	بوسْطو (بوسْطُوّات) سوتيان (سوتيانات)

shirt (also: sweater, sweatshirt)	*meryūl (mrēwil)*	مرْيول (مْراوِل)
collar	*raqbe*	رقْبة
sleeve	*yidd (yiddīn)*	يِدّ (يدين)
a long-sleeved shirt	*meryūl yiddīh ṭwēl*	مرْيول يِدّيه طْوال
short-sleeved	*b-yiddīn qṣār*	بْيِدّين قْصار
t-shirt	*tī šurt*	تي شيرْت
polo shirt	*meryūl polo*	مرْيول پولو
blouse	*blūze*	بْلوزة

(pair of) pants	*sirwēl (srēwil)*	سِرْوال (سْراوِل)
pant leg	*sēq issirwēl*	ساق السِّرْوال
jeans	*sirwēl djīn*	سِرْوال دْجين
shorts	*šort (šortūwēt, šwāriṭ)*	شورْت (شورْتُوّات، شْوارِط)
belt	*sebte (sbit)*	سبْتة (سْبِت)
(belt) buckle	*ḫyāṣa*	خْياصة

suit	*kostūm (fr: costume)*	كُسْتوم
suit jacket	*jēkitt*	جاكيتّ
uniform	*ünīfoɣm (fr: uniforme)*	أونيفوغْم

neck tie	*krāvēt (fr: cravate)*	كراڥات
to tie one's neck tie	*rbaṭ krāvētu*	رْبط كْراڥاتُه
watch	*mungēle (mnēgil)*	مُنْڨالة (مْناڨِل)

wallet	*sţūš*	سْطوش
bag, briefcase	*sēk (sīkēn) (fr: sac)*	ساك (سيكان)
courier bag	*sekoš*	سكوش
handbag, purse	*sēk ēmã (fr: sac à main)*	ساك آمان

dress	*rūbe (rwib)*	روبة (رْوِب)
skirt	*jüp (fr: jupe)*	جوپ
hijab, headscarf	*ђijēb* *fūlāra*	حِجاب فولارة
niqab	*niqāb*	نِقاب
(women's) scarf	*ešāɣp (fr: écharpe)*	أشاغْپ
hair ribbon	*bond mtē3 š3ar*	بونْد مْتاع شْعر
barette, hair clip	*šekkēl (škēkil)* *klīp mtē3 š3ar*	شكّال (شْكاكِل) كْليپ مْتاع شْعر

hat	*ţarbūše (ţrābiš)*	طرْبوشة (طرابِش)
(baseball) cap	*kēskēt (fr: casquette)*	كاسْكات
skull cap, (knit) beanie	*bonnē (fr: fr: bonnet)*	بونّاة
turban	*3mēme*	عْمامة

jacket	*jēkitt (eng: jacket)*	جاكيتّ
coat	*kabbūţ (kbābiţ)*	كبّوط (كْبابِط)
sweater	*püll (fr: pull)*	پولّ
zip-up sweater	*swēt (eng: sweat)*	سْوات
sweatshirt	*swēt šurt (eng: sweatshirt)*	سْوات شيرْت

scarf	*kēškol (fr: cache-col)*	كاشْكول
glove	*fardit gwēndūwēt*	فردِة ڨْوانْدُوّات
a pair of gloves	*gwēndūwēt [pl.]*	ڨْوانْدُوّات

bathrobe	*kēp (dø bã) (fr: cap de bain)*	كاپ (دُبان)
pajamas	*pījēmē (pījēmēwwēt)*	پيجاما (پيجاماوّات)
nightgown, teddy	*gūnīllē (gūnīllēt)*	ڨونيلّا (ڨونيلّات)

swimsuit, bathing suit	*māyoh (māyowēt) (fr: maillot)*	مايوه (مايووّات)
bikini	*bīkīnī (bīkīnīyēt)*	بيكيني (بيكينيّات)

pocket	*jīb (jyūb)* *mektūb (mkētib)*	جيب (جْيوب) مكْتوب (مْكاتِب)
to put __ in one's pocket	*ḩaṭṭ __ fī jību* *ḩaṭṭ __ fī mektūbu*	حطّ __ في جيبُه حطّ __ في مكْتوبُه
to take __ out of one's pocket	*naḩḩa __ min jību*	نحّا __ مِن جيبُه
button	*filse (flis)*	فِلْسة (فْلِس)
to button up	*sakkar -lflis*	سكّر الفْلِس
to unbutton	*ḩall -lflis*	حلّ الفْلِس
zipper	*selsle (slēsil)*	سلْسْلة (سْلاسِل)
to zip up	*sakkar isselsle*	سكّر السّلْسْلة
to unzip	*ḩall isselsle*	حلّ السّلْسْلة

(pair of) shoes	*ṣabbāṭ (ṣbābiṭ)*	صبّاط (صْبابِط)

shoe	*fardit ṣabbāṭ*	**فرْدِة صبّاط**
(pair of) boots	*bot*	**بوت**
(pair of) sandals	*ṣandēl (ṣnēdil)*	**صنْدال (صْنادِل)**
(pair of) high heels	*tālõ (tālonēt) (fr: talon)*	**تالون (تالونات)**
(pair of) slippers	*šlēke (šlēyik)*	**شْلاكة (شْلايِك)**
shoelaces	*xyūṭ ṣabbāṭ [pl.]*	**خْيوط صبّاط**
to tie one's shoes	*rbaṭ xyūṭ ṣabbāṭu*	**رْبط خْيوط صبّاطُه**
to untie one's shoes	*ḥall xyūṭ ṣbbāṭu*	**حلّ خْيوط صبّاطُه**
Your shoelaces have come undone.	*xyūṭ ṣabbāṭik itḥallu.*	خْيوط صبّاطِك اتْحلّوا.
shoe polish	*sīrāj*	**سيراج**
to polish one's shoes	*sīrij ṣabbāṭu*	**سيرِج صبّاطُه**
shoe size	*pwēntür (fr: pointure)*	**پْوانْتير**
What size shoes do you wear?	*qaddēš pwēntürik?*	قدّاش پْوانْتيرِك؟
I wear size 40.	*nilbis arb3īn.*	نِلْبِس أرْبْعين.
I'm not sure about my size.	*mē-nīš mitekkid mi-lpwēntür mtē3i.*	ما نيش مِتأكِّد مِالپْوانْتير مْتاعي.
(pair of) socks	*kelsīte (klēsiṭ)*	**كْلسيطة (كْلاسِط)**

to wear, to get dressed, to put on	*lbis*	**لْبِس**
What are you going to wear today?	*šnewwe bēš tilbis ilyūm?*	شْنوّا باش تِلبِس اليوم؟
He took a shower, got dressed, and left for work.	*dewwiš, lbis, w xraj yixdim.*	دوِّش، لْبِس، و خْرج يِخْدِم.

Like the English verbs 'put on' and 'wear', **لْبِس** *lbis* can take a variety of complements: shirt, pants, hat, belt, shoes, glasses, jewelry, etc. But it is not used with perfume, lotion, etc.

to get undressed	*naђђa debšu (lit. take off one's clothes)*	**نحّا دبْشُه**
to take off	*naђђa*	**نحّا**
I took off my jacket.	*naђђīt iljjēkīt mtē3i.*	نحّيت الجّاكيت مْتاعي.
to change one's clothes	*beddel debšu* *beddel ђwēyiju*	**بدّل دبْشُه** **بدّل حْوايِجُه**

(clothing) size	*tāy (fr: taille)*	**تاي**
small (S)	*ēs*	**أس**
medium (M)	*ēm*	**أم**
large (L)	*ēl*	**أل**
extra-large (XL)	*iks ēl*	**إكْس أل**
loose	*wēsi3*	**واسِع**
tight	*ẓiyyiq* *maђzūq*	**ضِيِّق** **محْزوق**
just right (not too loose or tight)	*qadqad*	**قدْقد**
Does the shirt fit you?	*jēk ilmeryūl? (lit. Does the shirt come to you?)*	جاك المرْيول؟
It fits just right.	*jē qadqad.*	جا قدْقد.
It doesn't fit.	*mē jēš.*	ما جاش.
It's a little big.	*jē kbīr šweyye.*	جا كْبير شْويّة.
It's too tight.	*ẓiyyiq barše.*	ضيِّق برشا.
I think I need the next size up.	*yuẓhurli lēzimni tāy ekbar* *yuẓhurli lēzimni ekbar b-tāy.*	يُظهُرْلي لازِمْني تاي أكبر. يُظهُرْلي لازِمْني أكْبر بْتاي.

to do the laundry	*ɣsel -lђwēyij*	**غْسل الحْوايِج**

to hang out the laundry	*nšar ilђwēyij* *nšar iṣṣābõ.*	نْشر الحْوايِج نْشرالصّابون.
to dry the laundry	*šeyyaђ -lђwēyij* *šeyyaђ iṣṣābõ*	شيّح الحْوايِج شيّح الصّابون
washing machine	*mekīnit ṣābõ* *mekīnit ɣsīl*	مكينِة صابون مكينِة غْسيل
(clothes) dryer	*sēš lēnj (fr: sèche-linge)*	ساش لانْج
clothes line	*šrītit iṣṣābõ (šrāyiṭ iṣṣābõ)*	شْريطِة الصّابون (شْرايِط الصّابون)
laundry basket	*bēnu* *selle*	بانو سلّة
to iron	*ђaddid*	حدِّد
iron	*ђdīd*	حْديد
ironing board	*ṭēwlit -lђdīd*	طاوِلْة الحْديد
wrinkled	*mkemmiš*	مْكمِّش
This shirt is wrinkled. I need to iron it.	*ilmeryūl hēđē mkemmiš, lēzimni nђaddu.*	المريول هاذا مكمِّش، لازِمني نْحدُّه.

cloth, fabric	*qmēš*	قْماش
cotton	*qṭun*	قْطُن
wool	*ṣūf*	صوف
silk	*ђrīr*	حْرير
nylon	*nīlõ*	نيلون
linen	*lã (fr: lin)*	لان
Is this t-shirt cotton?	*(yēxi) ilmeryūl hēđē qṭun?*	(ياخي) المرْيول هاذا قْطُن؟

This blouse is silk.	*ilblūze hēđī ђrīr.*	البْلوزة هاذي حْرير.
leather	*jild*	**جِلْد**

glasses	*mrēyēt [pl.]*	**مْرايات**
contact lens	*lãtī (lãtīyēt) (fr: lentilles)*	**لونْتي (لونْتِيات)**
Do you wear glasses?	*(yēxi) inti tilbis mrēyēt?*	(ياخي) اِنْتِ تِلبِسْ مْرايات؟
Oh, you're wearing glasses today!	*oh, lēbis ilmrēyēt ilyūm!*	أوه، لابِس المْرايات اليوم!
I usually wear contacts.	*ekŧarīyit ilwaqt nilbis lãtī.*	أكْثريِّة الوقْت نِلْبِس لونْتي.
sunglasses	*mrēyēt šems*	**مْرايات شمْس**
reading glasses	*mrēyēt qrāye*	**مْرايات قْراية**
I can't find my glasses.	*mē-lqītš mrēyēti.*	ما لْقيتْش مْراياتي.

jewelry	*bījū (fr: bijoux)*	**بيجو**
ring	*xātim (xwētim)*	**خاتِم (خْواتِم)**
wedding ring	*xūṣa*	**خوصة**
engagement ring	*xātim xuţūbe*	**خاتِم خُطوبة**
bracelet	*farde (frēdi)*	**فرْدة (فْرادي)**
earring	*bellūţa (blāliţ)*	**بلّوطة (بْلالِط)**
I lost my earring.	*ẓayye3t bellūţti*	ضيّعْت بلّوطْتي!
a pair of earrings	*zūz blāliţ*	**زوز بْلالِط**
necklace	*šarke (šrek)*	**شرْكة (شْرك)**
brooch	*bɣūš (fr: broche)*	**بْغوش**
diamonds	*dyēmãţ*	**دْيامونْط**

ruby	*yēqūt* *ɣübī (fr: ruby)*	**ياقوت** **غوبي**
topaz	*ɦajar kerīm (aɦjār kerīme)*	**حجر كريم (أحْجار كريمة)**
emeralds	*zmurd*	**زْمُرْد**
gold	*đheb*	**ذْهب**
silver	*fiẓẓe*	**فِضّة**
a diamond ring, gold bracelet, and silver necklace	*xātim dyēmāṭ w farde đheb w šarke fiẓẓa*	خاتِم ديامونط و فرْدو ذْهب و شرْكة فِضّة

7 The House

house	*dār [f.] (dyār)*	**دار (دْيار)**
apartment	*burtmēn* *3lī*	**بُرْتْمان** **عْلي**
two-story apartment	*düplēks*	**دوپْلاكْس**
penthouse apartment	*pãthēws (fr: penthouse)*	**پنْتْهاوْس**
story, floor	*ṭāq (ṭīqān)* *etēj (fr: étage)*	**طاق (طيقان)** **أتاج**
two-story house for sale	*dār b-zūz ṭīqēn l-ilbī3*	دار بْزوز طيقان لِلْبيع
The apartment is on the fourth floor.	*ilburtmēn fī -ṭṭāq irrābi3*	البرْتْمان في الطّاق الرّابِع.

to rent an apartment	*krē burtmēn*	**كْرا بُرْتْمان**
rent	*krē*	**كْرا**
How much is your rent?	*b-qaddēš kēri? (lit. How much are you renting for?)*	بْقدّاش كاري؟

tenant, renter	*ilkēri*	الكاري
landlord	*ilmellēk (ilmellēke)*	الملّاك (الملّاكة)
landlady	*ilmellēke (ilmellēke)*	الملّاكة (الملّاكة)
to rent an apartment to	*krē burtmēn l-*	كرا بُرْتْمان لْـ

roof	*sṭaḫ (sṭūḫāt)*	سْطح (سْطوحات)
fence	*sūr (eswār)*	سور (أسْوار)
gate	*bēb (bībēn)* *bewwēbe*	باب (بيبان) بوّابة
gardener	*jnēyini* *jardīni*	جْنايِني جرْديني
The gardener comes once a week.	*ijjnēyini yijī marra fī - jjim3a.*	الجنايْني يِجي مرّة في الجِّمْعة.
housekeeper, maid	*bon (fr: bonne)*	بون
doorman, guard	*bewwēb* *3assēs*	بَوّاب عسّاس

room	*bīt [f.] (byūt)*	بيت (بْيوت)
furniture	*mūbīlye*	موبيلْيا
furnished	*mzehhez* *mūblē (fr: meublé)*	مْزهّز موبْلا
chair	*kursi (krēsī)*	كُرْسي (كْراسي)
table	*ṭāwle (ṭwēwil)*	طاوْلة (طْواوِل)
door	*bēb (bībēn)*	باب (بيبان)
front door	*ilbēb ilquddēmi*	الباب القُدّامي

key	*miftēђ (mfētiђ)*	مِفْتاح (مْفاتِح)
floor	*qā3*	قاع
ceiling	*sqaf (sqūfēt)*	سقف (سقوفات)
carpet	*zarbiyye (zrābi)*	زرْبِيّة (زْرابي)
tiles	*zlīz*	زْليز
hardwood floor	*paɣkē (fr: parquet)*	پغْكَيْه
window	*šubbēk (šbēbik)*	شُبّاك (شْبابِك)
curtain, blinds	*rīdu (rīdūwēt)*	ريدو (ريدوّات)
shutters	*birsyēn*	بِرْسْيان
shelf	*marfa3* *etājēr (fr: étagère)*	مرْفع أتاجار
wall	*ђīţ (ђyūţ)*	حيط (حْيوط)
wall clock	*mungēlit ђīţ*	مُنْقالِة حيط
painting, picture	*tāblo (tāblowēt)* *taşwīra (tşāwir)*	تابْلو(تابْلُوّات) تصْويرة (تْصاوِر)
to hang a picture on the wall	*3allaq taşwīra fī -lђīţ* *3allaq taşwīra 3a-lђīţ*	علّق تصْويرة في الحيط علّق تصْويرة عالحيط
I love that painting hanging over the sofa.	*3jibni ittāblo ilm3allaq fūq ilbenk.*	عجِبْني التّابْلو المْعلّق فوق البنْك.
poster	*pūstēr*	پوسْتار
to do housework	*rīgl iddār*	ريقْل الدّار
to clean, tidy up	*nazẓaf*	نظّف

to wash the windows	*ɣsel iššbēbik*	غسْل الشّبابِك
broom	*sbirke*	سْبِرْكة
to sweep	*knis*	كْنِس
mop	*šīte (šyit)*	شيتة (شْيِت)
to mop	*msaђ*	مْسح
vacuum cleaner	*esbīrātør (fr: aspirateur)*	أسْبيراتور
to vacuum the carpet	*naẓẓaf izzarbiyye b-ilesbīrātør*	نظّف الزّرْبِيّة بِالأسْبيراتور
to dust	*nfaẓ ilɣabra*	نْفض الغبْرة
dust	*ɣabra*	غبْرة
dusty	*mɣabbar*	مْغبّر
to beat the dust out of a carpet	*nfaẓ ilɣabra mi-zzarbiyye*	نْفض الغبْرة مِالزّرْبِيّة
light	*ẓaw (aẓwē?)*	ضَو (أضْواء)
lamp	*lãp (fr: lampe)* *vēyøz (fr: veilleuse)* *veyyūze*	لومْپ ڥايوز ڥَيّوزة
to turn on the light	*ša33al iẓẓaw*	شعّل الضَّو
to turn off the light	*ţaffe -ẓẓaw*	طفّى الضَّو
Could you turn off the light in the kitchen, please?	*emēn tnejjm iţţaffi -ẓẓaw fī -lkūjīne?*	أمان تْنجِّم اطّفّي الضَّو في الكوجينة؟
light switch	*enterrüptør (fr: interrupteur)*	أنْترّيپْتور
electrical outlet, socket	*brīz*	بْريز
plug	*fīše*	فيشة
to plug in	*branše -lfīše*	بْرنْشا الفيشة

to unplug	*naɧɧa -lfīše*	**نحّا الفيشة**
extension cord, adapter	*edeptētør (fr: adaptateur)*	**أدپْتاتور**
fuse	*füzībl (fr: fusible)*	**فيزيبْل**
A fuse has blown.	*femme mēss (mtē3 ẓaw)*	فمّا ماسّ (مْتاع ضَو)
the power went out	*iẓẓaw qaṣṣ*	**الضَّو قصّ**
The power went out for an hour this afternoon.	*iẓẓaw qaṣṣ sē3e kēmle -lyūm il3ašiyye.*	الضَّو قصّ ساعة كامْلة اليوم العْشِيّة.
candle	*šem3a (šma3, šem3āt)*	**شمْعة (شْمع، شمْعات)**
heater	*šūfēj (fr: chauffage)*	**شوفاج**
air-conditioner	*klīmētīzør (fr: climatiseur)*	**كْليماتيزور**

living room	*bīt -lq3ād*	**بيت القْعاد**
formal sitting room (for entertaining guests)	*ṣāle*	**صالة**
sofa, couch	*benk*	**بنْك**
armchair; sofa, couch	*fūtøy (fr: fauteuil)*	**فوتوي**
television	*telvze*	**تلْفْزة**
to watch TV	*tfarrij fī -ttelvze*	**اتْفرّج في التّلْفْزة**
The only thing I want to do this evening is sit on the couch and watch TV.	*ilɧāje -lwaɧīde -lli nɧibb ne3milhe ilyūm -l3ašiyye nittekke fī -lfūtøy w nitfarrij fī -ttelvze.*	الحاجة الوحيدة اللّي نْحِبّ نعْمِلْها اليوم العشِيّة نِتّكّى في الفوتوي و نِتْفرّج في التّلْفْزة.

dining room	*bīt -lfṭūr*	**بيت الفْطور**
dining table	*ṭāwlit -lfṭūr*	**طاوْلِة الفْطور**
to set the table	*ɧaẓẓar iṭṭāwle*	**حضّر الطّاوْلة**

to clear the table	*naẓẓaf iṭṭāwle*	**نظّف الطّاوْلة**
to sit at the table	*q3ad 3a-ṭṭāwle*	**قْعد عالطّاوْلة**
Dinner's ready! Come to the table!	*il3šē ḥẓar! heyye -jū l-iṭṭāwle!*	العشا حضر! هيّا إيجاو للطّاوله!
(flower) vase	*vēz (fr: vase)*	**ڥاز**
plate, dish	*ṣḥan (uṣḥna)*	**صْحن (أُصْحْنة)**
spoon	*mɣarfe (mɣārif)*	**مْغرْفة (مْغارِف)**
fork	*fargīṭe (frāgiṭ)* *faršīṭe*	**فرْقيطة (فْراقِط)** **فرْشيطة**
knife	*sikkīne (skēkin)*	**سِكّينة (سْكاكِن)**
bowl	*ṣaḥfe (ṣḥāfī)*	**صحْفة (صْحافي)**
napkin	*mendīle (mnēdil)*	**منْديلة (مْنادِل)**

kitchen	*kūjīne*	**كوجينة**
cupboard, cabinet	*plēkār (fr: placard)*	**پْلاكار**
counter	*kõtwār*	**كونْتْوار**
refrigerator	*frījīdēr*	**فْريجيدار**
freezer	*kunjēletør (fr: congélateur)*	**كُنْجالتور**
stove	*gēz*	**ڨاز**
oven	*kūše*	**كوشة**
microwave (oven)	*mīkro-õd (fr: micro-onde)*	**ميكْرواُونْد**
Just put it in the microwave for two minutes.	*jūst (fr: juste) ḥuṭṭu dqīqtīn fī -lmīkro-õd.*	جوسْت حُطُّه دْقيقْتين في الميكرواُونْد
to heat up	*saxxan*	**سخّن**

to microwave, heat up in the microwave	*saxxan fī -lmīkro-õd*	سخّن في الميكروأونْد
I heated up the soup in the microwave.	*ēne saxxant iššurbe fī -lmīkro-õd.*	آنا سخّنت الشُّربه في الميكروأونْد
to cook	*ṭayyib*	طيِّب
to make dinner	*ṭayyib il3šē*	طيِّب العْشا
to cut, chop (up)	*qaṣṣ*	قصّ
to dice	*qaṣṣ dē kūb (fr: des cubes)*	قصّ دا كوب
to slice	*qaṣṣ ṭrūf ṭrūf*	قصّ طْروف طْروف
to cut in half	*qaṣṣ fī ŧnīn*	قصّ في ثْنين
to cook (on the stove)	*ṭayyib 3a-lgēz*	طيِّب عالڨاز
to bake bread	*3mel xubz*	عْمل خُبْز
to boil	*ɣalle*	غلّى
to fry	*qlē*	قْلى
pot	*ṭanjre (ṭnējir)*	طنْجرة (طْناجِر)
pan	*qallēye*	قلّاية
tray, casserole dish	*ṭbaq (uṭbqa)*	طْبق (أُطْبْقة)
recipe	*røsēt (fr: recette)*	روسات
to follow a recipe	*tebba3 -rrøsēt*	تبّع الرّوسات
cook book	*ktēb ṭabx (ktub ṭabx)*	كْتاب طبْخ (كْتُب طبْخ)
blender; mixer	*mīksør*	ميكْسر
toaster	*tostør*	توسْتر

sink	*ɧūẓ (ɧwāẓ)*	حوض (احْواض)
faucet	*rūbīnē (fr: robinet)*	روبينا

to do the dishes	*ɣsel -lmē3ūn*	غسْل الماعون
dishwashing liquid	*sītrūl*	سيترْول

to make tea	*ṭayyib tēy*	طيِّب تاي
kettle	*baqrāj* *barrēd*	بقْراج برّاد
to make coffee	*3mel qahwe*	عْمل قهْوة
coffee maker	*mekīnit qahwe*	مكينِة قهْوة

garbage	*zible (zbil)*	زِبْلة (زْبِل)
garbage can	*pūbēle*	پوبالة
to throw away	*lewwaɧ*	لوّح
to take out the garbage	*xarrij izzible*	خرِّج الزِّبْلة

bedroom	*bīt nūm*	بيت نوم
bed	*farš (frūšēt)*	فرْش (فْروشات)
single bed, twin bed	*farš bū blāṣe*	فرْش بو بْلاصة
double bed, queen bed, king bed	*farš bū blāṣtīn*	فرْش بو بْلاصْتين
mattress	*jarrāye (jrēri)*	جرّاية (جْراري)
blanket	*baṭṭāniyye (bṭāṭin, baṭṭāniyyēt)*	بطّانِيّة (بْطاطِن، بطّانيّات)
duvet, quilt	*farašiyye*	فرشِيّة
bedsheet	*dɣā (fr: drap)*	دْغا
pillow, cushion	*mxadde (mxādid)*	مْخدّة (مْخادِد)

pillow case	*qišrit -lmxadde (qšūr -lmxādid)*	**قِشْرِة المخدّه (قْشور المْخادِد)**
to make one's bed	*rīgil faršu*	**ريڨِل فرْشُه**
sleep	*nūm*	**نوم**
to sleep, fall asleep, go to sleep, go to bed	*rqad*	**رْقد**
I only got four or five hours' sleep last night.	*-lbēraɧ fī -lllīl rqadt arb3a welle xemse swēye3 ekkehew.*	البارِح في اللّيل رْقدْت أرْبْعة ولّا خمْسة سْوايَع أكّهَوْ.
What time did you go to bed?	*waqtēš mšīt rqadt?*	وقْتاش مْشيت رْقدْت؟
asleep	*rēqid*	**راقِد**
sleepy, drowsy	*miyyit b-innūm*	**مِيِّت بِالنّوم**
to doze off	*ɣfē fīh*	**غْفا فيه**
to take a nap	*qayyil*	**قيِّل**
I was feeling sleepy, so I took a short nap.	*kunt miyyit b-innūm, yēxi qayyilt.*	كُنْت مِيِّت بِالنّوم، ياخي قيِّلْت.
to dream	*ɧlim*	**حْلِم**
a dream	*ɧilme*	**حِلْمة**
a nightmare	*košmār (fr: cauchemar)*	**كوشْمار**
to have a nightmare	*3mel košmār*	**عْمل كوشْمار**
to snore	*šxir*	**شْخِر**
to talk in one's sleep	*-tkallam w huwwe rēqid*	**اتْكلّم و هُوَّ راقِد**
to sleepwalk	*mšā w huwwe rēqid*	**مْشى و هُوَّ راقِد**
to be unable to get to sleep, have a restless night's sleep	*mē-nejjimš yurqud* *mē-jēhiš innūm (lit. sleep does not come to one)*	**ما نجِّمْش يُرْقُد** **ما جاهِش النّوم**

You don’t look like you slept well.	*kēyinnik mē-rqedtiš b-ilgdē.*	كاينِّك ما رْقدْتِش بالقْدا.
to have insomnia	*ţār 3līh ilnnūm*	**طار عليه النّوم**
to be a light sleeper	*nūmu xfīf*	**نومُه خْفيف**
to be in a deep sleep	*(rēqid) fī sēbi3 nūme*	**(راقِد) في سابِع نومة**
to be a deep sleeper	*nūmu rzīn*	**نومُه رْزين**
to stay up late	*shar*	**سْهر**
to stay up all night	*shar illīl ilkullu*	**سْهراللّيل الكُلُّه**
to wake (up), rouse	*feyyaq*	**فيّق**
My mom woke me up.	*ummi feyyqitni.*	أمّي فيّقِتْني.
A loud noise woke me up.	*feyyaqni -lḫiss ilqwī.*	فيّقْني الحِسّ القوي.
to wake up	*fēq*	**فاق**
I woke up at six o’clock in the morning.	*fiqt issitte mtē3 işşbēḫ.*	فِقْت السِّتّة مْتاع الصّْباح.

to get up, get out of bed	*qām mi-lfarš*	**قام مِالفرْش**

wardrobe	*xzēne (xzēyin)* *glaş*	**خْزانة (خْزايِن)** **قْلص**
hanger	*mi3lēq (m3āliq)*	**مِعْلاق (مْعالِق)**
dresser	*kwāføz*	**كْوافوز**
drawer	*qjar*	**قْجر**
bedside table	*komodīno*	**كومودينو**
alarm clock	*rēvēy (fr: réveil)* *alārm (fr: alarme)*	**راڥاي** **ألارم**

I set my alarm for six in the morning.	*3ammart irrēvēy issitte mtē3 iṣṣbēђ.*	عمّرْت الرّاڥاي السِّتّة مْتاع الصّْباح
bookcase	*mektebe*	**مكْتبة**
desk	*bīru (bīrūwēt)*	**بيرو (بيروّات)**
bathroom	*bīt ilbānu*	**بيت البانو**
bath tub	*bānu*	**بانو**
to take a bath	*3mel bānu*	**عْمل بانو**
shower	*dūš*	**دوش**
to take a shower	*dewwiš* *3mel dūš*	**دوِّش** **عْمل دوش**
shampoo	*šãpwã (šãpwēnēt) (fr: shampooing)*	**شمْپْوان (شمْپْوانات)**
to dry off, towel oneself off	*šayyaђ bednu*	**شيّح بدْنُه**
towel	*menšfe (mnēšif)*	**منْشْفة (مْناشِف)**
towel rack	*mi3lēq -lmnēšif*	**مِعْلاق المْناشِف**
hair dryer	*sēšwār (fr: séchoir)*	**ساشْوار**
toilet	*twālitt*	**تْواليتّ**
to flush the toilet	*jbid iššēs (fr: chasse)*	**جْبِد الشّاس**
toilet paper	*pēpyē twālītt (fr: papier toilette)*	**پاپْيا تْواليتّ**
sink	*ђūẓ (aђwāẓ)*	**حوض (احْواض)**
hot water	*mē sxūn*	**ماء سْخون**
cold water	*mē bērid*	**ماء بارِد**

(gas) water heater	*šoffo (fr: chauffe-eau)*	شوفّو
mirror	*mrēye*	مْراية
to brush one's teeth	*ɣsel sinnīh*	غْسل سِنّيه
toothbrush	*faršīţit sinnīn*	فرْشيطِة سِنّين
tooth paste	*dãtīfrīs (fr: dentifrice)*	دونْتيفْريس
dental floss	*xīţ issinnīn*	خيط السِّنّين
to floss (teeth)	*naẓẓaf sinnīh b-ilxīţ*	نضّف سِنّيه بالخيط
mouth wash	*ɣãs būš (fr: rince-bouche)*	غانْس بوش
to gargle	*ɣarɣar*	غرْغر
to wash one's face	*ɣsel wijhu*	غْسل وِجْهُه
(bar of) soap	*ṣābūn*	صابون
to shave	*ɧajjam*	حجّم
razor (blade)	*mūs*	موس
electric razor	*mekīnit ɧjēme* *rāzwār (fr: rasoir)*	مكينِة حْجامة رازْوار
shaving cream	*raɣwit ɧjēme*	رغْوِة حْجامة

lawn	*ɧšīš*	حْشيش
to mow the lawn	*qaṣṣ -lɧšīš*	قصّ الحْشيش
courtyard	*menšir*	منْشِر
garden, yard	*jnīne (jnēyin)*	جْنينة (جْنايِن)
shovel	*bēle*	بالة
to dig	*ɧfar*	حْفر
(garden) hose	*kēwitšu*	كاوِتْشو

tools	*edewwēt [pl.]*	أدَوّات
saw	*minšār*	مِنْشار
to saw	*qaṣṣ b-ilminšār*	قصّ بِالمِنْشار
hammer	*mṭarqa (mṭāriq)*	مْطرْقة (مْطارِق)
to hammer	*daqq b-ilmṭarqa*	دقّ بِالمْطرْقة
nail, screw	*mismār (msēmir)*	مِسْمار (مْسامِر)
screwdriver	*tūrnuvīs (fr: tournevis)*	تورْنُڥيس
axe	*fēs*	فاس
to chop wood	*qaṣṣ illūḫ*	قصّ اللّوح
wrench (UK: spanner)	*kullēb*	كُلّاب

8 Food and Drink

to eat	*klē*	كْلا
What do you feel like eating?	*šnewwe tḫibb tēkil?*	شْنوّا تْحِبّ تاكِل؟
food	*mēkle*	ماكْلة
to drink	*šrab*	شْرب
drink, beverage	*šurb* *ḫāje titišrab*	شُرْب حاجة تِتِشْرب
a bite	*gidme* *šweyye*	قِدْمة شْويّة
to take a bite of	*xđē gidme* *xđē šweyye*	خْذا قِدْمة خْذا شْويّة

He took a bite of the hamburger and put it down.	*gdim gidme mi-lhēmburgur w rajj3u.*	قْدِم قِدْمة مِالهامْبُرْقُر و رجّعْه.
mouthful	*fum*	**فُم**
a sip	*juɣme*	**جُغْمة**
to take a drink/sip (of)	*xđē juɣme*	**خْذا جُغْمة**
She took a sip of water and put the glass down.	*xđēt juɣmit mē w rajj3it ilkēs.*	خْذات جُغْمِة ما و رجّعِت الكاس.
to chew	*mẓaɣ*	**مْضغ**
to swallow	*ble3*	**بْلع**

hungry	*jī3ān*	**جيعان**
to get hungry	*jē3*	**جاع**
hunger	*jū3*	**جوع**
thirsty	*3uṭšēn*	**عُطْشان**
I'm so thirsty. Could I have some water?	*3ūṭšēn barše. nnejjim nēxiđ šweyye mē?*	عُطْشان برْشا. نّجِّم ناخِذ شْويّة ما؟
to become thirsty	*3ṭuš*	**عْطُش**
thirst	*3ṭaš*	**عْطش**
full, satiated	*šib3ān*	**شِبْعان**
to become full	*šba3*	**شْبع**
Thanks, I'm full.	*yi3ayyšik, šba3t ilħamdu - llāh.*	يِعيّشِك، شْبعْت الحمد لله.

to taste	*đēq*	**ذاق**
Taste the soup. Does it need salt?	*đūq -ššurbe (trah), nēqṣe milħ?*	ذوق الشُّرْبة (تْره)، ناقْصة مِلْح؟

delicious, tasty	*bnīn (bnēn)*	**بْنين (بْنان)**
taste, flavor	*maṭ3am*	**مطْعم**
I don't like how it tastes.	*mā-3ājibni maṭ3amu.*	ما عجِبْنيش مطْعمُه.
The milk tastes funny.	*maṭ3am -lḫlīb drē kīfēš.*	مطْعم الحْليب دْرا كيفاش.
to go bad	*fsid*	**فْسِد**
The milk has gone bad.	*ilḫlīb fsid.*	الحْليب فْسِد.
expiration date	*dēlē (fr: délais)*	**دالا**
The milk is past its expiration date.	*wfē iddēlē mtē3 ilḫlīb.*	وْفا الدّالا مْتاع الحْليب.
to rot	*xmij*	**خْمِج**
fresh	*frišk*	**فْرِشْك**
stale	*bēyit*	**بايِت**
bland	*xfīf*	**خْفيف**
salty	*mēliḫ*	**مالح**
How does the soup taste? It's a little salty.	*kīfēš maṭ3amhe iššurbe? mēlḫa šweyye.*	كيفاش مطْعمْها الشُّرْبة؟ مالْحة شْويّة.
sweet	*ḫlu*	**حْلو**
sour	*qāriṣ*	**قارِص**
bitter	*murr*	**مُرّ**
spicy	*ḫārr*	**حارّ**
I don't like spicy food.	*mē-nḫibbiš ilmēkle -lḫārra.*	ما نْحِبِّش الماكْلة الحارّة.
pungent	*yaḫriq*	**يحْرِق**
healthy, healthful	*ṣiḫḫi*	**صِحّي**

good for you	*bēhi l-ṣaђђtik*	**باهي لْصحْتِك**
unhealthy	*mūš ṣiђђi*	**موش صِحّي**
bad for you	*mūš bēhīlik* *mūš bēhi l-ṣaђђtik*	**موش باهيلِك** **موش باهي لْصحْتِك**
Potato chips are really bad for you.	*iššīps b-irrasmi mūš bēhīlik.*	الشّيپْس بِالرّسْمي موش باهيلِك.

meal	*fṭūr* *mēkle*	**فْطور** **ماكْلة**
breakfast	*fṭūr ṣbēђ* *ptī dēj (fr: petit déj)*	**فْطور صْباح** **پْتي داج**
to have breakfast	*fṭar fṭūr iṣṣbēђ*	**فْطر فْطورالصْباح**
lunch	*fṭūr ilqāyle*	**فْطور القايْلة**
to have lunch	*fṭar fṭūr ilqāyle*	**فْطر فْطورالقايْلة**
dinner	*3šē*	**عْشا**
to have dinner	*t3ašše*	**اتْعشّى**
a snack	*lumje*	**لُمْجة**
to have a snack	*xđē lumje*	**خْذا لُمْجة**
If I feel hungry, I just have a small snack.	*kī njū3, nēxiđ lumje ṣɣīra.*	كي نْجوع، ناخِذ لُمْجة صْغيرة.

water	*mē*	**ما**
ice	*glāṣṣõ (fr: glaçons)*	**ڨْلاصّون**
Can I have a glass of water, please?	*yi3ayyšik nnejjim nēxiđ kēs mē?* *emēn nnejjim nēxiđ kēs mē?*	يِعيْشِك نّجِّم ناخِذ كاس ما؟ أمان نّجِّم ناخِذ كاس ما؟

mineral water	*mē ma3deni*	ما معْدني
juice	*jü (fr: jus)*	جو
orange juice	*jü dorãj (fr: jus d'orange)*	جو دورونْج
soda, carbonated drink	*gēzūz* *gēzūze*	ڤازوز ڤازوزة
cola	*kūke*	كوكا
Would you like some cola?	*tħibb tēxiđ šweyye kūkē?* *tħibb tēxu šweyye kūkē?*	تْحِبّ تاخِذ شْويّة كوكا؟ تْحِبّ تاخو شْويّة كوكا؟
Pepsi	*pipsī*	پيپْسي
Diet Pepsi	*pipsī lāyt*	پيپْسي لايْت
Coke, Coca Cola	*kūke*	كوكا
Diet Coke	*kūke lāyt*	كوكا لايت

Boga (Tunisian soft drink)	*būge*	بوڤا
White Boga (lemon-lime flavored and clear)	*būge bīẓa*	بوڤا بيضا
Cider Boga (carob flavored and dark like a cola)	*būge sīdir*	بوڤا سيدِر
can	*kēnēt (fr: canette)*	كانات
There's a can of cola in the fridge.	*femme kēnēt kūke fī -lfrījīdēr.*	فمّا كانات كوكا في الفْريجيدار.
bottle	*debbūze (dbēbiz)*	دبّوزة (دْبابِز)
glass	*kēs (kīsēn)*	كاس (كيسان)
cup, mug	*finjēn (fnējin)*	فِنْجان (فْناجِن)

coffee	*qahwe*	قهْوة

espresso	*ekspress*	أكْسْپْراسّ
Turkish coffee	*qahwe 3arabi (lit. areb coffee)*	قهْوة عرْبي
How would you like your (Turkish) coffee?	*kīfēš tɧibbhe qahwetik?*	كيفاش تْحِبْها قهْوتِك؟
without sugar	*blēš sukkur*	بْلاش سُكُّر
with little sugar	*šweyye sukkur*	شْويّة سُكُّر
medium-sweet	*mūš ɧlūwe barše*	موش حْلُوّة برْشا
sweet	*bzēyid sukkur*	بْزايِد سُكُّر
coffee beans	*qahwe k3ab*	قهْوة كْعب
tea	*tēy*	تاي

alcohol	*šrāb* *elkūl*	شْراب ألْكول
beer	*bīrra*	بيرّة
wine	*vīnu* *šrāb* *vã (fr: vin)*	ڥينو شْراب ڥان
red wine	*vīnu aɧmar* *šrāb aɧmar*	ڥينو أحْمر شْراب أحْمر
white wine	*vã blã*	ڥان بْلون
liquor	*līkøɣ (fr: liqueur)*	ليكوغ
drunk	*sukrān* *šērib*	سُكْران شارِب
to get drunk	*skir*	سْكِر
tipsy	*šēyix* *3āmil nemmūse*	شايِخ عامِل نمّوسة

to drink and drive	*sēq w huwwe sukrān*	ساق و هُوَّ سُكْران
Cheers!	*tšīn tšīn* *tšīrz*	تْشين تْشين تْشيرْز

dairy products	*mentūjēt -lɧlīb* *ilɧalīb w muštaqqātu*	منْتوجات الحْليب الحْليب و مُشْتقّاتُه
milk	*ɧlīb*	حْليب
yoghurt	*yeɣurṭ*	يغُرْط
butter	*zibde*	زِبْدة
ice cream	*glēs (fr: glace)*	ڤْلاس
Eat your ice cream before it melts.	*kūl glēsik qbal mē yđūb.*	كول ڤْلاسِك قْبل ما يْذوب.
cream	*krīme*	كْريمة
margarine	*mārgērīn*	مارْڤارين
cheese	*jbin (jbūnēt)*	جْبنِ (جْبونات)
Gouta (typical Tunisian cheese made with milk and sea water)	*gūte*	ڤوتا

junk food, fast food	*fēst fūd*	فاسْت فود
street food	*mēkilt šēra3*	ماكِلْت شارع
pizza	*pītze*	پيتْزا
hamburger	*hēmburgur*	هامْبرْڤُر
chewing gum	*šwīngam* *šīklē*	شْوينْڤوم شيكْلا
to chew gum	*mẓaɣ šūwīngam* *mẓaɣ iššīklē*	مْضغ الشّْوّينْڤوم مْضغ الشّيكْلا

chocolate	*šūklāṭa*	شوكْلاطة
Dark chocolate is better for you than milk chocolate.	*iššūklāṭa -lkaђle xīrlik mi-ššūklāṭa -lli b-ilђlīb.*	الشّوكْلاطة الكحْلا خيرْلِك مِالشّوكْلاطة الِيّ بِالحْليب.
potato chips	*šīps*	شيپْس
pastries, sweets	*ђlū*	حْلو
candy	*ђalwe*	حلْوى
cotton candy	*bērb a pāpa (fr: barbe à papa)*	بارب آ پاپا
cookie	*kūkīz*	كوكيز
wafer, cracker, cookie	*biskwīt*	بِسْكْويت
cake	*gattū (gattūwēt)*	ڨاتّو (ڨاتُّوّات)
pie	*fṭīra (fṭāyir)*	فْطيرة (فْطايِر)
baklava (syrupy layers of phyllo pastry)	*baqlēwe*	بقْلاوة
makrudh (baked date paste)	*maqrūẓ*	مقْروض
kaak warka (cookie made with flour, sugar, butter, and almonds)	*ka3k warqa*	كعْك ورْقة
almond mlabes (pastry with sugar, egg, and marmalade)	*mlebbis b-illūz*	مْلبِّس بِاللّوز
pistachio mlabes	*mlebbis b-ilfuzduq*	مْلبِّس بِالفُزْدُق
wedhnin el-kadhi (deep-fried pastry)	*wiđnīn ilqāẓi (lit. judge's ears)*	وِذْنين القاضي
zlabia (syrupy deep-fried "donut")	*zlēbye*	زْلابْية
qatayef (sweet dumpling with nuts and cream)	*qṭāyif*	قْطايِف
samsa (sticky, sweet, fried pastry)	*ṣamṣa*	صمْصة
rice pudding	*rūz b-ilђlīb*	روز بِالحْليب

Many fruit and vegetables are ***collective nouns***. These are used with a plural meaning, although they are grammatically singular. Collective forms have singular and plural forms, but these are only used with numbers. The plural is formed with the familiar ـات *-ēt/-āt*. The singular is formed by adding ـة *-e/-a*, resulting in a feminine noun.

bananas	*mūz*	موز
one banana	*mūze waḫde*	موزة وحْدة
two bananas	*mūztīn* *zūz mūzēt*	موزْتين زوز موزات
three bananas	*tlēṭe mūzēt*	ثْلاثة موزات

Sometimes a counter-word (such as كعْبة *ka3be* in the example below) is used instead of changing the form of the collective noun.

tomatoes	*ṭmāṭim*	طْماطِم
one tomato	*ka3be ṭmāṭim*	كعْبة طْماطِم
two tomatoes	*zūz ka3bēt ṭmāṭim*	زوز كعْبات طْماطِم
five tomatoes	*xamse ka3bēt ṭmāṭim*	خمْسة كعْبات طْماطِم

vegetable	*xuẓra*	**خُضْرة**
asparagus	*esbērj (fr: asperges)*	**أسْبارْج**
bean, green bean	*lūbye*	**لوبْيا**
beet(root)	*betrāv (fr: bettrave)*	**بترْاڥ**
broad bean, fava bean	*fūl*	**فول**
broccoli	*brūklu*	**بْروكْلو**
cabbage; cauliflower	*krunb*	**كرُنْب**
capsicum, sweet pepper, bell pepper	*filfil*	**فِلْفِل**

carrot	*sfinnērye*	سْفِنّارْية
celery	*klēfiz*	كْلافِز
chickpea	*ḫumṣ*	حُمْص
chili pepper	*filfil ḫārr*	فِلْفِل حارّ
cucumber	*faqqūs* *xyār*	فقّوس خْيار
eggplant, aubergine	*betinjēn*	بتِنْجان
garlic	*ŧūm*	ثوم
green onion	*bṣal šitwi (lit. winter onion)*	بْصل شِتْوي
mushroom	*šãpīnyõ (fr: champignon)*	شومْپينْيون
okra	*gnēwiyye*	ڨْناوِيّة
olive	*zītūn*	زيتون
onion	*bṣal*	بْصل
pea	*jilbēne*	جِلبانة
potato	*baṭāṭa*	بطاطا
radish	*fjil*	فْجِل
spinach	*sibnēx*	سِبْناخ
tomato	*ṭmāṭim*	طْماطِم
turnip	*lift*	لِفْت
zucchini, courgette	*kūrjēt (fr: courgette)*	كورْجات

salad	*slāṭa*	سْلاطة
salad dressing	*vīnēgrēt (fr: vinaigrette)*	ڥيناڨْرات
Caesar salad	*selēd sēzāɣ (fr: salade Cesar)*	سلاد سازاغ

green salad	*slāṭa xaẓra*	سْلاطة خضْرا
potato salad	*slāṭit baṭāṭa*	سْلاطِة بطاطا
tahini salad	*ṭaḫīne*	طحينة
Tunisian salad (tomatoes, peppers, onions, lettuce cut into slices and an dressing with olive oil)	*slāṭa tūnsiyye*	سْلاطة تونْسِيّة
ommok houria salad (carrot salad with olive oil)	*slāṭit ummuk ḫūriyye*	سْلاطِة أُمُّك حورِيّة
mechouia salad (roasted peppers, tomatoes, and onions with olive oil, olives, and tuna)	*slāṭa mišwiyye (lit. roasted salad)*	سْلاطة مِشْوِيّة
fruit	*ɣalle*	غلّة
apple	*tuffēḫ*	تُفّاح
apricot	*mešmēš*	مشْماش
banana	*mūz* *bēnēn*	موز بانان
berry	*tūt*	توت
blueberry	*tūt azraq*	توت أزْرق
cherry	*ḫabb -lmlūk*	حبّ الملْوك
date	*tmar*	تْمر
fig	*karmūs*	كرْموس
grape	*3nib*	عْنِب
grapefruit	*zinbē3*	زِنْباع
lemon	*qāriṣ*	قارِص
mango	*manga*	منْڨة
orange	*burgdēn*	بُرْڨْدان

peach	*xūx*	خوخ
pear	*anzāṣ*	أنْزاص
pineapple	*ananas*	أناناس
plum	*3wīne*	عْوينة
pomegranate	*rummēn*	رُمّان
raspberry	*frãbwāz (fr: framboise)*	فْرومْبْواز
strawberry	*frēz (fr: fraise)*	فْراز
tangerine	*medelīne*	مدلينة

nut, hazelnut	*bunduq*	بُنْدُق
almond	*lūz*	لوز
coconut	*nwā-d koko (fr: noix de coco)*	نوا د كوكو
peanut	*kēkēwiyye*	كاكاوِيّة
peanut butter	*zibdit kēkēwiyye*	زِبْدِة كاكاوِيّة
walnut	*zūz*	زوز
mixed nuts	*fēkye*	فاكْية

fresh herbs	*a3šēb*	أعْشاب
dry herbs, spices, condiments	*tēbil* *twwēbil* *iffēɧ*	تابِل تْوابِل اِفّاح
aniseed	*besbēs*	بسْباس
basil	*ɧbaq*	حْبق
black pepper	*filfil ekɧal*	فِلْفِل أكْحل

cinnamon	*qirfe*	قِرْفة
clove	*3ūd qrunfel*	عود قْرُنْفل
cumin	*kemmūn*	كمّون
curry (powder)	*kurkum*	كُرْكُم
ginger	*zinjibīl*	زِنْجِبيل
nutmeg	*jūzit ţīb*	جوزةِ طيب
parsley	*m3adnūs*	مْعدْنوس
peppermint, spearmint	*na3nē3*	نعْناع
rosemary	*klīl*	اكْليل
salt	*milɧ*	مِلْح
sugar	*sukkur*	سُكُّر
thyme	*za3tar*	زعْتر
vanilla	*venīlye*	ڤانيلْيا

sauce	*şūş (fr: sauce)*	صوص
gravy	*şūş illɧam*	صوص اللّحم
ketchup	*kētšup*	كاتْشوپ
mayonnaise	*māyūnēz*	مايوناز
mustard	*mūtāɣd (fr: moutarde)*	موتاغْد
salsa, tomato puree	*şālşa*	صالْصة
soy sauce	*şūş işşūje*	صوص الصّوجا
tomato sauce	*şūş ţmāţim* *şūş ɧamra*	صوص طْماطِم صوص حمْرا
vinegar	*xall*	خلّ

rice	*rūz*	روز
pasta	*maqarone* *pēt (fr: pâtes)*	مقرونة پات
(loaf of) bread	*xubz*	خُبْز
piece of bread, slice of bread	*ţarf xubz*	طرْف خُبْز
sliced bread; toast	*tost*	توسْت
baguette, sandwich roll	*bēgēt*	باڨات
Tabouna bread (typical Tunisian bread)	*xubz ţābūne*	خُبْز طابونة
Lebanese bread	*(xubz) lībēnē (fr: libanais)*	(خُبز) ليبانا
Chapati (unleavened flatbread)	*šappāti*	شپّاتي

yeast	*xmīra*	خْميرة
flour	*dqīq* *fērīne*	دْقيق فارينا
jam	*ma3jūn*	معْجون
honey	*3sel*	عْسل

protein	*prūtēyīn*	پْروتاپين
egg	*3ẓam*	عْظم
yolk	*aṣfir il3ẓam*	أصْفِر العْظم
egg white	*ebyiẓ il3ẓam*	أبْيِض العْظم
fried egg	*3ẓam muqli*	عْظم مُقْلي
boiled egg	*3ẓam mɣulli*	عْظم مْغُلّي
omelet	*omelett*	اومليتّ

meat	*lḫam*	لْحم
beef	*lḫam baqri*	لْحم بقْري
(beef) steak	*stek dø bøf (fr: steak de boeuf)*	سْتيك دُ بوف
minced meat	*lḫm mafrūm*	لْحم مفْروم
chicken	*lḫam djēj* *pūlē*	لْحم دْجاج پولا
I don't feel like chicken. Let's have beef.	*mē-3īnīš fī lḫam djēj. heyye nēxđu lḫam baqrī.*	ما عينِيش في لْحم دْجاج. هيّا ناخْذو لْحم بقْري.
chicken filet	*fīlē-d pūlē (fr: filet de poulet)*	فيليه د پولا
lamb	*lḫam 3allūš*	لْحم علّوش
pork	*lḫam ḫallūf*	لْحم حلّوف
ham	*jãbõ (fr: jambon)*	جومْبون
sausage	*sosīs (fr: saucisse)*	سوسيس
hot dog	*hut dog*	هوت دوڨ

fish	*ḫūt*	حوت
fish bone	*šūk ilḫūt*	شوك الحوت
sea bass	*qārūṣ*	قاروص
bream	*warqa*	ورْقة
hake	*nazalli*	نازلّي
mullet (Mediterranean fish)	*būri*	بوري
salmon	*somõ (fr: saumon)*	سومون
shark	*qirš*	قِرْش

tuna	*tunn*	**تُنّ**

seafood	*fɣwī-d mēɣ (fr: fruits de mer)*	**فْغْوي دماغ**
crab	*kɣāb (fr:crabe)*	**كْغاب**
lobster	*omāɣ (fr: homard)*	**أوماغ**
mussel	*mūl (fr: moule)*	**مول**
octopus	*qarnīṭ*	**قرْنيط**
oyster	*wītɣ (fr: huitre)*	**ويتْغ**
shellfish	*babbūš*	**ببّوش**
shrimp	*krūvēt (fr: crevette)*	**كْروڤات**
squid, cuttlefish	*sēš (fr: seiche)*	**ساش**

fat	*šɦam*	**شْحم**
This meat has a lot of fat on it.	*illɦam m3ibbi b-iššɦam.* *illɦam ilkullu šɦam.*	اللّْحم مْعِبّي بِالشّْحم. اللّْحم الكُلُّه شْحم.
greasy, oily	*mzeyyit*	**مْزيِّت**
This dish is quite greasy.	*ilmēkle mzeyyte šweyye.*	الماكلة مْزيّْتة شْويّة.

soup	*šurbe*	**شُرْبة**
to eat soup	*klē šurbe*	**كْلا شُرْبة**
to sip	*traššaf*	**تْرشّف**
to slurp soup	*traššaf b-ilqwi*	**ترشّف بِالقْوي**
Jew's mallow (slimy green soup)	*mlūxiyye*	**مْلوخيّة**
orzo soup	*šurbit lsēn 3aṣfūr*	**شُرْبِة لْسان عصْفور**

vegetable soup (with octopus)	*tšīš*	تْشيش
lentil soup	*šurbit 3des*	شُربِة عْدس
frik soup (made with great wheat)	*šurbit frīk*	شُربِة فْريك

fried	*muqli*	مُقلي
(vegetable) oil	*zīt*	زيت
baked, roast	*ţāyib fī -lfūr*	طايِب في الفور
boiled	*mɣulli* *meslūq*	مْغُلّي مسْلوق
grilled, roast	*mišwi*	مِشْوي

carton	*karđone (krāđin)*	كرْذونة (كْراذِن)
bag	*škāra (škāyir)*	شْكارة (شْكايِر)
jar	*ɧukke (ɧkuk)*	حُكّة (حْكُك)

couscous	*kusksi*	كُسْكْسي
okra sauce	*marqit gnēwiyye*	مرقِة ڨْناوِيّة
falafel	*felēfil*	فلافِل
ojja (spicy, tomato-based stew)	*3ijje*	عِجّة
ojja merguez (with spicy sausage)	*3ijje margēz*	عِجّة مرْڨاز
brik (deep-fried filled pastry)	*brīk*	بريك
Fatima's fingers (kind of brik)	*şwēba3 fāţme*	صْوابع فاطْمة
ful medames (boiled fava beans)	*fūl mdemmis*	فول مْدمِّس

kammounia (sea food in a tomato sauce mixed with cumin)	*kemmūniyye*	كمّونيّة
lentil sauce	*marqit 3des*	مرْقِة عْدس
shawarma sandwich	*sēndwītš šēwarme*	سانْدْويتْش شاورْمة
tabouna sandwich	*sēndwītš ṭēbūne*	سانْدْويتْش طابونة
makloub sandwich	*sēndwītš maqlūb*	سانْدْويتْش مقْلوب
vegetable sauce	*marqit xuẓra*	مرْقِة خُضْرا
Tajin (stew cooked in earthenware pots)	*ṭējīn*	طاجين
table manners	*ēdēb iṭṭāwle*	آداب الطّاوْلة
Thank you for the meal! (said to host(ess) after having tried the food)	*yi3ṭīk iṣṣaḫḫa 3a-lfṭūr!* *yi3ṭīk iṣṣaḫḫa 3a-l3šē!*	يِعْطيك الصّحّة عالفْطور! يِعْطيك الصّحّة عالعْشا!
to talk with one's mouth full	*tkellem w fummu m3ibbi*	اتْكلّم و فُمُّه مْعِبّي
Don't talk with your mouth full!	*mē-titkellemš w fummuk m3ibbi!*	ما تِتْكلّمْش و فُمُّك مْعِبّي!
Could you pass the salt, please?	*emēn ta3ṭīni -lmilḫ?* *b-rabbi ta3ṭīni -lmilḫ?* *ta3ṭīni -lmilḫ y3ayyšik?*	أمان تعْطيني المِلْح؟ بْربّي تعْطيني المِلْح؟ تعْطيني المِلْح يْعيِّشِك؟
Excuse me for a moment. (when excusing oneself from the table)	*sēmḫūni dqīqa.*	سامْحوني دْقيقة.
Thank you for the meal. (said after finishing a meal in someone's home)	*yi3ṭīk iṣṣaḫḫa w nšē allāh dīmē mi-lmūmīn.*	يِعْطيك الصّحّة و نْشا الله ديما مِلْمومين.
You're welcome. (response)	*ṣaḫḫa līkum.*	صحّة ليكُم.

9 Work

work, job	*xidme (xdim)*	خِدْمة (خْدِم)
to work, be employed	*xdim*	خْدِم
She works as a teacher.	*hiyye tixdim mu3allme.*	هِيَّ تِخْدِم مُعلّْمة.
She works in (the field of) teaching.	*hiyye tixdim fī -tta3līm.*	هِيَّ تِخْدِم في التّعْليم.
I work five days a week.	*nixdim xamse -yyēm fī -ljim3a.*	نِخْدِم خمْسة أيّام في الجِمْعة.
job, task	*xidme*	خِدْمة
full-time	*waqt kēmil*	وقْت كامِل
I work full-time.	*nixdim waqt kēmil.*	نِخْدِم وقْت كامِل.
part-time	*nuṣṣ waqt* *sēãns ünīk (fr: séance unique)*	نُصّ وقْت ساوُنْس أونيك
I want a part-time job.	*nḥibb nixdim nuṣṣ waqt.*	نحِبّ نِخْدِم نُصّ وقْت.
the private sector	*ilqiṭā3 ilxāṣ*	القِطاع الخاص
the public sector	*ilqiṭā3 il3āmm*	القِطاع العامّ
civil servant	*muwaẓẓaf (muwaẓẓfīn)*	مُوَظّف (مُوَظّْفين)

to look for a job	*lewwij 3lē xidme*	لوِّج علَى خِدْمة
to apply for a job	*qeddim dūsī l-xidme*	قدِّم دوسيه لْخِدْمة
applicant, candidate	*kūndīdē (fr: candidat)*	كونديدا
experience	*xibra*	خِبْرة
to interview	*3mel intervyu*	عْمل إنْترْڤْيو
to have a job interview	*3mel intervyu mtē3 xidme*	عْمل إنْترْڤْيو مْتاع خِدْمة

to get a job	*dabbar xidme*	**دبّر خِدْمة**

to find a job	*lqā xidme*	**لْقى خِدْمة**
to obtain employment	*twaẓẓaf*	**اتْوَظّف**
Have you found a job yet?	*lqītši xidme welle mizzilt?*	لقيتْشي خِدْمة ولّا مِزِّلْت؟
to employ	*waẓẓaf* *3ayyin* *xaddim*	**وظّف** **عيِّن** **خدِّم**
employee	*xaddēm*	**خدّام**
boss, manager	*mudīr* *šēf (fr: chef)*	**مُدير** **شاف**
colleague, coworker	*zemīl (zumelē)*	**زميل (زُملاء)**
company	*šerīke*	**شريكة**

to start work	*bdē yixdim*	**بْدا يِخْدِم**
to take a break	*xđē poz (fr: pause)*	**خْذا پوز**
lunch break	*waqt fṭūr*	**وقْت فْطور**
to finish work, get off work	*kemmel ilxidme*	**كمّل الخِدْمة**
to work overtime	*xdim swēya3 zēyde*	**خْدِم سْوايع زايْدة**
working hours	*swēya3 ilxidme*	**سْوايع الخِدْمة**
I work eight hours a day.	*ēne nixdim ŧmēnye swēya3 fī -nnhār.*	آنا نِخْدِم ثْمانْية سْوايع في النّْهار.
I work nights; I work the night shift.	*ēne nixdim b-illīl.*	آنا نِخْدِم بِاللّيل.
off work, not working	*mirtēħ* *mē-yixdimš*	**مِرْتاح** **ما يِخْدِمْش**

I have weekends off.	*ēne mirtēђ fī -lwīkēnd.* *ēne mē nixdimš fī -lwīkēnd.*	آنا مِرْتاح في الويكانْد. آنا ما نِخْدِمْش في الويكانْد.

office	*bīru (bīrūwēt)*	**بيرو (بيرُوّات)**
office worker	*muwaẓẓaf*	**مُوَظّف**
company representative	*mendūb šerīke*	**منْدوب شريكة**
to stay late at the office	*q3ad li-mmaxxir fī -lbīru*	**قْعد لِمْخّر في البيرو**
to go on a business trip	*xraj fī dēplēsmã (fr: déplacement)*	**خْرج في داپلاسْمون**
to have a meeting	*3andu ijtimā3*	**عنْدُه إجْتِماع**
client	*klīyã (klīyonēt)* *ђarīf (ђurafē)*	**كْلِيّون (كْلِيّونات)** **حريف (حُرفاء)**

to earn (money)	*daxxil flūs*	**دخِّل فْلوس**
wage, pay	*medxūl*	**مدْخول**
salary	*šahriyye (šhēri)*	**شهْرِيّة (شْهاري)**
My salary is just okay.	*šahrīti qadqad.*	شهْريتي قدْقد.
to get paid	*xluṣ*	**خْلُص**
payday	*nhār -lxlāṣ*	**نْهار الخْلاص**
I get paid on the first of the month.	*nuxluṣ fī uwwil iššhar.*	نُخْلُص في أُوِّل الشْهر.
bonus, incentive	*ђāfiz* *bonüs*	**حافِز** **بونيس**
pay raise	*zyēde fī -ššahriyye*	**زْيادة في الشّهْرِيّة**
to get a raise	*xđē zyēde*	**خْذا زْيادة**
to give __ a raise	*zēd l- __ fī -ššahriyye*	**زاد لْـ__ في الشّهْرِيّة**

promotion	*tarqiye*	**ترْقِية**
to get promoted	*itraqqa*	**اتْرقّى**
I got a promotion this month.	*ēne traqqīt iššhar hēđē.*	آنا اتْرقّيت الشّهر هاذا
unemployed, jobless	*baţţāl*	**بطّال**
unemployment	*bţāle*	**بْطالة**
to resign	*stqāl*	**اسْتْقال**
to quit one's job	*xraj m-lxidme*	**خْرج مِالخِدْمة**
to lay off, make redundant	*staɣne 3lē*	**اسْتغْنى علْى**
to fire	*ţarrad*	**طرّد**
to get fired	*iţţarrad*	**اطّرّد**
to retire	*tqā3id* *xraj røtrāt (fr: retraite)*	**اتْقاعِد** **خْرج روتْرات**
retirement	*taqā3ud* *røtrēt*	**تقاعُد** **روتْرات**
I hope to retire when I'm sixty.	*mēđēbīye nitqā3id fī -sittīn.* *mēđēbīye nuxruj røtrāt fī -ssittīn.*	ماذابِيّا نِتْقاعِد في السِّتّين. ماذابِيّا نُخْرُج روتْرات في السِّتّين.
career	*xidme* *kāryēr*	**خِدْمة** **كارْيار**
trade, craft	*şan3a (şnēyi3)*	**صنْعة (صْنايِع)**
What do you do?	*štixdim?* *šnewwe tixdim?*	شْتِخْدِم؟ شْنوّا تِخْدِم؟
I'm a __.	*nixdim __. (lit. I work __)*	نِخدِم __.

accountant	*kõtēbli*	كونْتابْلي
actor	*mumeṯṯil*	مُمثِّل
architect	*muhendis mi3mēri*	مهندِس مِعماري
artist	*artīstu* *fennēn*	أرْتيسْتو فنّان
athlete	*sportīf*	سْپورْتيف
baker	*xabbēz*	خبّاز
banker, bank teller	*benkēji*	بنْكاجي
bank manager	*mudīr bēnke*	مُدير بانْكا
barber, hairdresser	*ɧajjēm*	حجّام
bus driver	*šīfūr kār*	شيفور كار
butcher	*zezzār* *jezzār*	ززّار جزّار
carpenter	*nejjār*	نجّار
cashier	*kēsyē*	كاسْيا
chef	*šēf (fr: chef)*	شاف
cleaner	*munaẓẓif*	مُنظِّف
cook	*ţabbēx*	طبّاخ
dentist	*dãtīst (fr: dentiste)*	دونْتيسْت
doctor	*ţbīb (ţubbe)*	طْبيب (طُبّة)
editor	*muɧarrir*	مُحرِّر
electrician (repairman)	*elektrīsyã (fr: electricien)*	ألكْتْريسْيان
engineer	*muhendis*	مُهنْدِس
farmer	*fellēɧ*	فلّاح

fire fighter	*põpyē (fr: pompier)*	پومْپْيا
fisherman	*ṣayyēd*	صيّاد
flight attendant (male)	*styiwār (fr: steward)*	سْتْيوار
flight attendant (female)	*otēs (fr: hôtesse)*	أوتاس
garbage collector	*zebbēl*	زبّال
gardener	*jnēyni* *jardīni*	جْنايْني جرْديني
imam	*imēm (eyimme)*	إمام (أيمِّة)
judge	*ḫākim (ḫukkēm)*	حاكِم (حُكّام)
laborer	*xaddēm (xaddēme)*	خدّام (خدّامة)
lawyer	*muḫāmi (muḫāmīn)*	مُحامي (مُحامين)
maid, house servant	*bon (fr: bonne)*	بون
mechanic	*mīkēnīsyã (fr: mécanicien)*	ميكانيسْيان
musician	*mūzīkji*	موزيكْجي
nurse; pharmacist	*firmli*	فِرْملي
painter (of art)	*ressēm*	رسّام
painter, house painter	*dehhēn*	دهّان
pilot	*pīlot (fr: pilote)*	پيلوت
plumber	*plãbyē (fr: plombier)*	پْلومْبْيا
police officer	*būlīs*	بوليس
politician	*siyēsi*	سِياسي
priest	*kēhin*	كاهِن
professor	*ustēđ (esēđe)* *brof (brofēt)*	أُسْتاذ (أساتْذة) بْروف (بْروفات)

real estate agent	*samsār (samsāra)*	سمْسار (سمْسارة)
repairman	*ṣallēɧ*	صلّاح
sailor	*baɧɧār (baɧɧāra)*	بحّار (بحّارة)
salesperson	*beyyē3 (beyyē3e)*	بيّاع (بيّاعة)
secretary	*sukrētēr (fr: secrétaire)*	سُكْراتار
shop assistant	*vãdør (fr: vendeur)*	ڥونْدور
shopkeeper	*mūle ɧānūt*	مولا حانوت
soldier	*jēyš* *3askri*	جَيْش عسْكْري
taxi driver	*tēksīst (tēksīstiyye)*	تاكْسيسْت (تاكْسيسْتِيّة)
teacher	*mu3allim*	مُعلِّم
technician	*tēknīsyã (fr: technicien)*	تاكْنيسْيان
travel agent	*ejã dø vwāyāj (fr: agent de voyage)*	أجون دُ ڥْواياج
veterinarian	*vētērīnēr (fr: vétérinaire)*	ڥاتارينار
waiter	*servør (fr: serveur)*	سرْڥور
waitress	*servøz (fr: serveuse)*	سرْڥوز
writer	*kētib (kuttēb)*	كاتِب (كُتّاب)

10 School and Education

education	*ta3līm*	تعْليم
educated, literate	*qāri*	قاري
to learn	*-t3allem* *qrā*	اتْعلّم قْرا

illiterate	*ummi* *mūš qāri*	**أُمّي** **موش قاري**
illiteracy	*ummiyye*	**أُمِّيّة**
What is the illiteracy rate in Tunisia?	*qaddēš mu3addil ilummyiye fī tūnis?*	قدّاش مُعدِّل الأُمِّيّة في تونِس؟

school	*mektib (mkētib)*	**مكْتِب (مْكاتِب)**
student	*ṭālib (ṭalebe)* *etüdyã (fr: étudiant)*	**طالِب (طلبة)** **أتيدْيون**
preschool	*taḫẓīri*	**تحْضيري**
kindergarten	*rawẓa*	**رَوْضة**
elementary school, primary school	*medrse -btidēʔiyye* *ibtidēʔi* *mektib* *mektib ibtidēʔi*	**مدْرْسة اِبْتِدائِيّة** **اِبْتِدائي** **مكْتِب** **مكْتِب اِبْتِدائي**
when I was in elementary school,...	*waqtli kunt fī -libtidēʔi...*	وقْتْلي كُنْت في الاِبْتِدائي...
first grade (year)	*sene ūle ibtidēʔi*	**سنة أولى اِبْتِدائي**
Her son is in first grade.	*wildhe yaqra sene ūle ibtidēʔi*	وِلْدْها يقْرا سنة أولى إبْتِدائي
middle school	*medrse i3dēdiyye* *kūlēj (fr: collège)*	**مدْرْسة اِعْدادِيّة** **كولاج**
high school, secondary school	*līsē (fr: lycée)*	**ليسا**
academy	*ekēdīmi (fr: académie)*	**أكاديمي**
language academy	*ekēdīmiyyit luɣāt*	**أكاديمِيّة لُغات**
I'm studying Arabic at a language academy in Tunis.	*ēne naqra 3arabiyye fī ekēdīmiyyit illuɣāt fī tūnis.*	آنا نقْرا عربِيّة في أكاديمِيّة اللُّغات في تونِس.

in fifth grade	*fī -lxāmse -btidēʔi*	في الخامْسة اِبْتِدائي
in sixth grade	*fī -ssēdse -btdēʔi*	في السّادْسة اِبْتِدائي
in eighth grade (second year of middle school)	*fī -lwītyēm*	في الويتْيام
in one's third year of high school	*fī -ttrwāzyēm (līsē)* *fī -ŧŧēlŧe ŧēnewi*	في التّْروازْيام (ليسا) في الثّالْثة ثانَوي

class, period	*ḩiṣṣe (ḩiṣaṣ)* *sēyās*	حِصّة (حِصص) ساوْنْس
I have six classes a day.	*3andi sitte sēyāsēt fī -nnhār.*	عنْدي سِتّة ساونْسات في النّْهار.
Class starts at 8 o'clock and finishes at 9 o'clock.	*issēyās tebde -ŧŧmēnye mtē3 iṣṣbēḩ w tūfa -ttis3a.*	السّاونْس تبْدا الثّْمانْية مْتاع الصّْباح و توفى التِّسْعة.
lecture	*muḩāẓra*	مُحاضْرة
to attend a lecture	*ḩẓar muḩāẓra*	حْضر مُحاضْرة
to study	*qrā*	قْرا
studies	*qrāye*	قْراية
curriculum	*barnēmij*	برْنامِج
question	*suʔēl (esʔle)*	سُؤال (أسْئْلة)
to ask a question in class	*sʔil suʔēl fī -lqism*	سْئِل سُؤال في القِسْم
answer	*ijēbe, jewēb (ejwbe)*	إجابة، جَواب (أجْوْبة)
to answer	*jēwib 3le*	جاوِب على
to raise one's hand	*hezz ṣub3u*	هزّ صُبْعُه
mistake	*ɣalṭa*	غلْطة
right, correct	*ṣḩīḩ*	صْحيح

wrong, incorrect	*ɣāliṭ*	**غالِط**
He got three questions wrong.	*jēwib 3lē tlēṭe esʔle b-ilɣāliṭ.*	جاوِب عْلى تْلاثة أسْئْلة بِالغالِط.

classroom	*qism (aqsēm)*	**قِسْم (أقْسام)**
lecture hall	*ãfī (ãfīyēt) (fr: amphi)*	**أومْفي (أومْفِيَّات)**
desk	*ṭāwle*	**طاوْلة**
text book	*ktēb medrsi (ktub medrsiyye)*	**كْتاب مدْرْسي (كْتُب مدْرْسِيّة)**
notebook	*kurrāse (krāris)*	**كُرّاسة (كْرارِس)**
to take notes	*ktib mulāḫẓāt* *ktib dē not (fr: des notes)* *xđē dē not*	**كْتِب مُلاحْظات** **كْتِب دا نوت** **خْذا دا نوت**
to copy	*naqqal*	**نقّل**
Copy these sentences into your notebook.	*naqqal iljumel hēđūmē fī kurrāstik.*	نقّل الجُمل هاذوما في كُرّاسْتِك.
backpack	*kartēbe (krētib)*	**كرْتابة (كْراتِب)**
blackboard	*ṣabbūra*	**صبّورة**
chalk	*ṭebēšīr*	**طباشير**
whiteboard	*ṣabbūra bīẓa*	**صبّورة بيضا**
map	*xarīṭe (xarāyiṭ)*	**خريطة (خرايِط)**

library	*mektbe*	**مكْتْبة**
gymnasium	*ṣāl dø jīmnēstīk (fr: salle de gymnastique)* *iṣṣāl mtē3 -ljīmnēstik*	**صال دُ جيمناستيك** **الصّال مْتاع الجيمناستيك**

school yard	*sēħa*	ساحة
playground	*tārrã (fr: terrain)*	تارّان
cafeteria	*kēfītīrye*	كافيتيرْيا
laboratory	*lēbū* *lēbūrātwār (fr: laboratoire)*	لابو لابوراتْوار
auditorium, theater	*masraħ (mesēraħ)*	مسْرح (مسارح)
school bus	*kār mtē3 ilmektib*	كار مْتاع المكْتِب
summer vacation	*3uţlit işşīf*	عُطلِة الصّيف
winter vacation	*3uţlit išštē*	عُطلِة الشّْتا
break, recess	*poz (fr: pause)* *rāħa*	پوز راحة
We have a fifteen-minute break between classes.	*3andnē poz mtē3 rbu3 sē3a mēbīn ilħişaş.*	عندْنا پوز مْتاع رْبُع ساعة ما بين الحِصص.
to take a test	*3adde tēst* *3adde egzēmã* *3adde imtiħān*	عدّا تاست عدّا أڨْزامان عدّا اِمْتِحان
final exam	*imtiħān ēxir il3āmm*	اِمْتِحان آخِر العامّ
entrance exam	*munāẓre* *kõkūr (fr: concours)*	مُناظْرة كونْكور
an oral exam	*imtiħān šifēhi*	اِمْتِحان شِفاهي
a written exam	*imtiħān kitēbi*	اِمْتِحان كِتابي
to pass a test	*njaħ fī -limtiħān*	نْجح في الاِمْتِحان
to fail a test	*ţēħ fī -legzēmã*	طاح في الأڨْزامان

exam results	*rāzūltē (fr: résultats) (mtē3 ilimtiɧān)*	رازولْتا (مْتاع الامْتِحان)

grade	*mu3addil*	مُعدِّل
to get a good grade	*jēb mu3addil bēhi*	جاب مُعدِّل باهي
a passing grade	*mu3addil yinejjaɧ*	مُعدِّل يِنجّح
a failing grade	*mu3addil yidūbil*	مُعدِّل يِدوبِل
report card (elementary school)	*defter*	دفْتر
report card (middle and high school)	*būltã*	بولْتان

to study, review	*rīviz (fr: réviser)*	ريڥِز
He needs to study for the test.	*lēzmu yirīviz li-limtiɧān.*	لازْمُه يِريڥِز لِلامْتِحان.
homework	*3mel menzili* *qrāye*	عْمل منْزِلي قْراية
to do homework	*qrā drūsu fī -ddār*	قْرا دْروسُه في الدّار
to check, revise, review	*rāja3*	راجع
essay, paper, composition	*mewẓū3* *süjē (fr: sujet)*	موْضوع سيجا
The students have to write an essay about a historical event.	*iṭṭullēb lēzimhum yiktbu süjē 3lē ɧadeŧ tārīxi.*	الطُّلّاب لازِمْهُم يِكْتْبو سيجا عْلى حدث تاريخي.

teacher	*mu3allim*	مُعلِّم
Good morning, teacher!	*ṣbē3xīr, mõsyõ!*	صْباحْخير موسْيو!
lecturer	*muɧāẓir*	مُحاضِر

professor	*ustēđ (esēđđe)* *prof (profēt) (fr: prof)*	أُسْتاذ (أساتْذة) پْروف (پْروفات)
principal	*mudīr*	مُدير
to teach	*qarra*	قرّا
to teach a course	*qarra kūr*	قرّا كور
She teaches at the university.	*hiyye tqarri fī -lfēk.*	هِيَّ تْقرّي في الفاك.
Ahmad is teaching me Arabic.	*aђmed yiqarri fiyye 3arabiyye.*	أحْمد يِقرّي فِيّا عربِيّة.
to teach a lesson	*qarra ders*	قرّا درْس
to correct a test	*ṣallaђ imtiђān*	صلّح اِمْتِحان

to enroll	*qayyad*	قيّد
enrollment	*tesjīl* *ãskrī (fr: inscri)*	تسْجيل انْسْكْري
I intend to enroll in an Arabic class next month.	*nēwi nqayyid fī kūr 3arbiyye -ššhar ijjēy.*	ناوي نقيِّد في كور عرْبِيِّة الشْهر الجّاي.
school year	*sene dirāsiyye*	سنة دِراسِيّة
semester	*sømēstr (fr: semestre)*	سُماسْترْ
tuition	*maṣārīf -lqrāye*	مصاريف القْراية
scholarship	*minђe (minaђ)* *būrs (fr: bourse)*	مِنْحة (مِنح) بورْس
student loan	*qarẓ ṭullēbi*	قرْض طُلّابي

university	*jēm3a* *kulliyye* *fēk (fr: fac)*	جامْعة كُلِّيّة فاك

to get into college, start university	*dxal li-ljēm3a*	**دْخل لِلْجامْعة**
to go to college	*mšē li-ljēm3a*	**مْشا لِلْجامْعة**
department, faculty	*qism (aqsēm)* *dēpāɣtmã (fr:departement)*	**قِسْم (أقْسام)** **داباغتْمون**
I got into the faculty of medicine, but later I changed to law.	*dxalt kulliyyit iţţibb, emme ba3d xrajt minhe w 3melt ḫuqūq.*	دْخلْت كُلِّيّة الطِّبْ، أمّا بعْد خْرجْت مِنْها و عْملْت حُقوق.
major	*ixtişāş*	**اخْتِصاص**
minor	*taxaşşuş far3i*	**تخصُّص فرْعي**
to major in	*txaşşiş fī*	**اتْخصِّص في**
What are you majoring in?	*šnewwe -xtişāşik?*	شْنوّا اخْتِصاصِك؟
I'm majoring in English literature.	*ēne -xtişāşi edeb inglīzi.*	آنا اخْتِصاصي أدب انْقْليزي.
university campus	*kãpüs (fr: campus)*	**كومْپيس**
dormitories	*dortwār (fr: dortoir)*	**دورْتْوار**
Do you live on campus?	*yēxi -nti tuskun fī -lkãpüs?*	ياخي انْتِ تُسْكُن في الكومْپيس؟
to graduate from	*txarrij min*	**اتْخرِّج مِن**
When did you graduate from university?	*waqtēš txarrijt mi-lfēk?*	وقْتاش اتْخرِّجْت مِالفاك؟
I graduated from university in 2005.	*txarrijt 3ām elfīn w xamse.*	اتْخرِّجْت عام ألْفين و خمْسة.

freshman (1st year university student)	*ţālib sene ūle*	**طالِب سنة أولى**
sophomore (2nd year)	*ţālib sene ŧēnye*	**طالِب سنة ثانْية**
junior (3rd year)	*ţālib sene ŧēlŧe*	**طالِب سنة ثالْثة**

senior (4th year)	*ṭālib sene rāb3a*	**طالِب سنة رابْعة**
degree, diploma	*dīplom (fr: diplome)*	**ديپْلوم**
certificate	*šhēde (šhēyid)*	**شْهادة (شْهايِد)**
He got a certificate for completing the course.	*xđē šhēde illi huwwe kemmel ilkūr (fr: cours).*	خْذا شهادة الِّي هُوَّ كمّل الكور.
to get a Bachelor's degree	*xđē ilbēk*	**خْذا الباك**
undergraduate studies	*pɣømyē sīkl (fr: premier cycle)*	**پْغومْيا سيكْل**
to do a Master's degree	*3mel mēstēr*	**عْمل ماسْتار**
to do a Doctorate	*3mel doktora*	**عْمل دوكْتوراة**
thesis, dissertation	*mēmwār (fr: mémoire)*	**مامْوار**
subject	*mēdde (mewēd)* *mētyēr (fr: matiere)*	**مادّة (مَواد)** **ماتْيار**
What was your favorite subject in school?	*ēnehiyye ektir mētyēr kunt tђibbhe fī -lmektib?*	آنهيّة أكْثِر ماتْيار كُنْت تْحِبّْها في المكْتِب؟
I really enjoyed studying history, but I hated science class.	*kunt b-irresmi nђibb naqra -ttērīx, emme kunt nekra -ssīyās.*	كُنْت بالرّسْمي نْحِبّ نقْرا التّاريخ، أمّا كُنْت نكْره السِّيُونْس.
to be good at	*bēhi fī*	**باهي في**
He's really good at math.	*huwwe bēhi 3a-llāxir fī -lmēt (fr: math).*	هُوَّ باهي عالْخِر في المات.
biology	*3ilm ilaђyē?*	**عِلْم الأحْياء**
chemistry	*kīmye*	**كيمْياء**
dentistry	*ṭib ilesnēn*	**طِب الأسْنان**
economics	*3ilm iliqtiṣād*	**عِلْم الإقْتِصاد**

geography	*joɣrāfye*	جُغْرافْيا
geology	*jyūlojye*	جْيولوجْيا
geometry	*hendse*	هنْدْسة
history	*tērīx*	تاريخ
law	*ɧuqūq*	حُقوق
linguistics	*3ilm illuɣawiyyēt*	عِلْمِ اللُّغَوِيّات
literature	*edeb*	أدب
mathematics	*riyaẓiyyēt*	رِياضِيّات
medicine	*ṭib*	طِب
philosophy	*felsfe*	فلْسْفة
physical education (P.E.)	*tarbiyye bedeniyye*	ترْبِيّة بدنِيّة
physics	*fīzye*	فيزياء
political science	*3ulūm siyēsiyye*	عُلوم سِياسِيّة
psychology	*3ilm innefs*	عِلْمِ النّفْس
science	*3ulūm*	عُلوم
social studies	*dirāsēt ijtimā3iyye*	دِراسات اِجْتِماعِيّة

11 Health and Medicine

health	*ṣaɧɧa*	صحّة
healthy, in good health	*lēbēs* *lēbēs 3lī*	لاباس لاباس عْليه
sickness, illness, disease	*mraẓ (amrāẓ)*	مْرض (أمْراض)
sick, ill; patient	*mrīẓ (murẓa)*	مريض (مُرْضى)

to be in poor health	*tē3ib* *fī ḫāle*	**تاعِب** **في حالة**
to be handicapped	*mu3āq*	**مُعاق**
wheelchair	*kursi mitḫarrik*	**كُرْسي مِتْحرِّك**

doctor	*ţbīb (ţubbe)* *duktūr (dkētra)*	**طْبيب (طُبّة)** **دُكْتور (دْكاتْرة)**
I don't feel well. I think I need to go see a doctor.	*ēne mitqalliq, yuẓhurli lēzimni nšūf ţbīb.*	آنا مِتْقلِّق، يُظْهُرْلي لازِمْني نْشوف طْبيب.
specialist	*axiṣṣāʔi* *spēsyēlīst (fr: spécialiste)*	**أخِصّائي** **سْپاسْياليسْت**
cardiologist	*ţbīb qalb*	**طْبيب قلْب**
eye doctor, ophthalmologist	*ţbīb 3īnīn*	**طْبيب عينين**
to make an appointment with	*xđē rãdēvu m3a*	**خْذا رونْداڥو مْعَ**
hospital	*sbīţār*	**سبْيطار**
doctor's office, clinic	*kābīnē (fr: cabinet)*	**كابيناة**
nurse	*firmli*	**فِرمْلي**
to examine	*šēf*	**شاف**
The doctor examined him and diagnosed him with the flu.	*šēfu -ţţbīb w lqā 3andu grīp (fr: grippe).*	شافُه الطّْبيب و لْقى عنْدُه ڤْريپ.
examination	*kontrol*	**كونْترْول**
to get a (medical) check-up	*3mel kontrol (fr: controle)*	**عْمل كونْترْول**
diagnosis	*dyēgnostīk*	**دْياڨْنوسْتيك**
to diagnose	*3mel dyēgnostīk (fr: diagnostic)*	**عْمل دْياڨْنوسْتيك**

problem	*muškle (mšēkil)*	**مُشْكْلة (مْشاكِل)**
What's wrong?	*šbīk?*	شْبيك؟
I'm sick.	*ēne mrīẓ.*	**آنا مْريض.**
pain	*wjī3a (wjēya3)*	**وْجيعة (وْجايَع)**
My __ hurts.	*__-i yūja3 fiyye. [m.]* *__-i tūja3 fiyye. [f.]*	ـــي يوجع فِيّا. ـــي توجع فِيّا.
My shoulder has been hurting for ages.	*kitfi yūja3 fiyye min bikri.*	كِتْفي يوجع فِيّا مِن بِكري.
It hurts here.	*3andi wjī3e hnē.*	عنْدي وْجيعة هْنا.
to have a backache	*3andu wjī3e fī ẓahru.*	**عنْدُه وْجيعة في ضهْرُه.**
to have a headache	*rāsu yūja3 fī.*	**راسُه يوجع فيه.**
I have a really bad headache.	*3andi wjī3it rās qwiyye barše.*	عنْدي وْجيعِة راس قْوِيّة برْشا.
migraine	*mīgrēn*	**ميڤْران**
dizziness	*dūxa*	**دوخة**
dizzy	*dēyix*	**دايِخ**
to faint	*dēx*	**داخ**
to have a cold	*xđē bard*	**خْذا برْد**
to be congested, have nasal congestion	*xašmu mesdūd*	**خشْمُه مسْدود**
to have the flu	*mgarrip* *3andu grīp*	**مْڤرِّپ** **عنْدُه ڤْريپ**
to have a fever	*3andu sxāne*	**عنْدُه سْخانة**
to have a stomachache	*3andu wjī3a fī kiršu.*	**عنْدُه وْجيعة في كِرْشُه.**
to have a sore throat	*grējmu taḫraq*	**ڤراجْمُه تحْرق**

to cough	*kaɧɧ*	كحّ
to have a cough	*3andu kaɧɧa*	عنْدُه كحّة
to vomit, throw up	*radd*	ردّ
to experience nausea, be nauseous	*yiɧibb yirudd* *3andu raddēn*	يحِبّ يرُدّ عنْدُه ردّان
to have diarrhea	*3andu diyārē (fr: diarrhée)*	عنْدُه ديارَي
constipated	*kõstīpē (fr: constipé)*	كونْسْتيپا
to have indigestion	*3andu ãdījēstyõ (fr: indigestion)*	عنْدُه أنْديجاسْتْيون

diabetes	*issukkur*	السُّكُّر
to be diabetic	*3andu -ssukkur*	عنْدُه السُّكُّر
to have asthma	*3andu ẓīq innfes*	عنْدُه ضيق النْفس
to have high blood pressure	*3andu -ttãsyõ (fr: tension)*	عنْدُه التّونْسْيون
AIDS, HIV	*issīde*	السّيدا
cancer	*kãsēr (fr: cancer)*	كونسير

to get injured	*tijraɧ*	تِجْرح
to have a bruise	*3andu zrūqiyye*	عنْدُه زْروقِيّة
wound, cut	*jurɧ (jrūɧ)*	جُرْح (جْروح)
to get stitches	*ɣarraz*	غرّز
stitch	*ɣurze (ɣruz)*	غُرْزة (غْرُز)
burn	*ɧarqa*	حرْقة
to get burned	*tiɧraq*	تِحْرق

bandage, Band-Aid	*fāṣme* *bãdāj (fr: bandage)*	فاصْمة بونْداج
to have a sprained ankle	*sēqu t3awjit*	ساقُه تْعوْجِت
to break a bone	*ksar 3aẓme*	كْسر عظْمة
a broken bone	*3aẓme mkessira*	عظْمة مْكسّْرة
cast (UK: plaster); splint	*jbīra*	جْبيرة
He broke his arm and has to wear a cast now.	*ksar yiddu w lēzmu jbīre tewtew.*	كْسر يِدُّه و لازْمُه جْبيرة تَوْتَوْ.
x-ray	*rēyõ iks (fr: rayon x)*	رايون إكْس
to x-ray	*3mel rādyo*	عْمل رادْيو

medicine	*dwē (dwēyēt)*	دْوا (دْوايات)
prescription	*ordonãs (fr: ordonnance)*	أورْدُونونْس
aspirin	*espīrīn*	أسْپيرين
pill	*ḫarbūše (ḫrābiš)*	حرْبوشة (حْرابِش)
antibiotics	*ãtībyotīk (fr: antibiotiques)*	أونْتيبْيوتيك
injection, shot	*zurrīqa (zrēriq)*	زُرّيقة (زْرارِق)
to get a shot	*zarraq*	زرّق
to draw blood	*jbid dem*	جْبِد دم
to run a blood test	*3mel taḫlīl dem*	عْمل تحْليل دم
to cure, heal	*brā*	بْرا
recovery, healing	*iššfē*	الشّْفا
to treat	*dēwe*	داوا
treatment	*dwē* *trētmã (fr: traitement)*	دْوا تْراتْمون

infection	*ãfeksyõ (fr: infection)* *3adwe*	أنفكسيون عدْوى
contagious	*ya3di*	يعْدي
Are you contagious?	*marẓik ya3di?*	مْرضِك يعْدي؟

surgeon	*jarrāђ*	جرّاح
surgery	*3ameliyye*	عمليّة
to perform surgery on, operate on	*3mel 3ameliyye 3lē*	عْمل عمليّة على
to undergo surgery, have an operation	*3mel 3ameliyye*	عْمل عمليّة
to have an abortion	*3mel ijhāẓ*	عْمل إجهاض
plastic surgeon	*jarrāђ tejmīl*	جرّاح تجْميل
plastic surgery	*3ameliyyit tejmīl (3ameliyyēt tejmīl)*	عمليّة تجْميل (عمليّات تجْميل)

pregnancy	*ђbēle*	حْبالة
to get pregnant by	*ђbil min*	حْبِل مِن
pregnant	*ђible (ђbēle)*	حِبْلة (حْبالى)
to give birth	*wlid*	وْلِد
When are you due?	*waqtēš bēš tūlid?*	وقْتاش باش تولِد؟
I'm due in early December.	*bēš nūlid fī ewwil dēsãbir.*	باش نولِد في أوّل دَيْسُمْبرِ.
How far along is she?	*fēnu šhar hiyye?*	فانو شْهر هِيَّ؟
She's six-months pregnant.	*hiyye fī -ššhar issēdis* *hiyye fī šharhe -ssēdis.*	هِيَّ في الشْهر السّادِس هِيَّ في شْهرْها السّادِس.
to use birth control	*xđē ђbūb men3 ilђaml*	خْذا حْبوب منْع الحمْل

condom	*brēzērvātīf (fr: préservatif)* *wēqi*	بْرازارْڤاتيف واقي
dentist	*dãtīst (fr: dentiste)*	دونْتيسْت
to have a cavity	*3andu sūs*	عنْدُه سوس
to have a toothache	*sinnī yūj3u fī*	سِنّيه يوجْعْو فيه
to have a chipped tooth	*3andu sinne mkessira*	عنْدُه سِنّة مْكسّرة
to get a filling	*3mel rãplīsēj (fr: remplissage)*	عْمل رومْپْليساج
to get a tooth pulled	*naђђa sinne*	نحّا سِنّة
to get a cleaning/scaling	*3mel dētārtrāj (fr: détartrage)*	عْمل داتارْتْراج
I'm going to the dentist's to get a check-up and a cleaning.	*ēne mēši liddãtīst bēš yišūfli sinneyye w n3mel dētārtrāj.*	آنا ماشي لِلدّونْتيسْت باش يِشوفْلي سِنّيّا و نعْمل داتارْتْراج.
to get one's teeth whitened	*bayyaẓ sinnī*	بيّض سِنّيه

12 Technology

technology	*tiknūlūjyē*	تِكْنولوجْيا
computer	*ordīnātør (fr: ordinateur)*	أورْديناتور
to turn on the computer	*ђall -lordīnātør*	حلّ الأورْديناتور
to turn off the computer	*sakkar -lordīnātør*	سكّر الأورْديناتور
to turn off	*ţaffa*	طفّى
laptop	*portātīf (fr: portatif)*	پورْتاتيف

monitor	*monītør (fr: moniteur)*	مونيتور
screen	*ekrã (fr: écran)*	أكْرون
keyboard	*klēvyē (fr:clavier)*	كلاڥْيا
mouse	*sūrī (fr: souris)*	سوري
to click on	*nzil 3lē*	نْزِل عْلى

file	*fīšyē (fr: fichier)*	فيشْيا
folder	*dosī* *dosyē (fr: dossier)*	دوسي دوسْيا
I can't remember what folder the file is in.	*mē-ntfekkarš enehuwwe -ddosyē illi fī -lfīšyē.*	مانْتْفكّرْش أنهُوَّ الدّوسْيا الِّي فيه الفيشْيا.
to open a file	*ɧall fīšyē*	حلّ فيشْيا
to save	*sejjel*	سجّل
to close	*sakkar*	سكّر
to delete	*fassax*	فسّخ

Internet	*ãtirnēt*	أنْترِنْات
on the Internet, online	*mkonnekti*	مْكونّكْتي
to get on the Internet, go online	*ɧall -lãtirnēt*	حلّ الأنْترِنْات
wifi	*wīfī*	ويفي
Is wifi available here?	*femme wīfī -lhnē?*	فمّا ويفي الهْنا؟
web site	*sīt wēb*	سيت واب
web page	*pēj (ãtirnēt)*	ڥاج (أنْترِنْات)
to download	*telešarje (fr: télécharger)*	تلشرْجى

to upload	*naqqal*	نقّل
e-mail	*īmēyl* *mēyl*	إيمايْل مايْل
to send an e-mail	*b3aŧ īmēyl* *b3aŧ mēyl*	بْعث إيمايْل بْعث مايْل
username	*ism*	اِسْم
password	*mo d- pēs (fr: mot de passe)*	مو د پاس
Enter your username and password.	*iktib ismik w mo d- pēsik*	اِكْتِب اِسْمِك و مو د پاسِك.

Facebook	*feysbūk*	فَيْسْبوك
to click "like"	*ђaţţ 'jēm' (fr: j'aime)*	حطّ 'جام'
Twitter	*twītir*	تويترِ

printer	*ãprīmãt (fr: imprimante)*	أمْپْريمونْت
to print	*ţba3*	طْبع
scanner	*skēnēr (fr: scanner)*	سْكانار
to scan	*skēne (eng: scan)*	سْكانا
fax, fax machine	*fēks (eng: fax)*	فاكْس
to fax	*b3aŧ fēks* *fēkse*	بْعث فاكْس فاكْسا

cell phone	*portēbl (fr: portable)*	پورْتابْل
app	*aplīkēsyõ (fr: application)*	أبْليكاسْيون
to send a text message	*b3aŧ mesāj (fr: message)*	بْعث مساج

ringtone	*sonɣī (fr: sonnerie)*	**سونْغي**
vibration	*vībrør (fr: vibreur)*	**ڥيبْرور**
silent mode	*sīlãsyø (fr: silencieux)*	**سيلونْسْيو**

telephone, phone	*telīfon*	**تليفون**
phone number	*nūmru -ttelīfon*	**نومْرو التّليفون**
What's your number?	*qaddēš nūmru telīfonik?*	قدّاش نومْرو تليفونِك؟
to call, phone	*kellem* *3mel telīfon l-*	**كلّم** **عْمل تليفون لْـ**
(phone) call	*telīfon*	**تليفون**
line	*ilxaṭṭ* *illīny (fr: ligne)*	**الخطّ** **اللّينْي**
to ring	*nūqiz*	**نوقِز**
The phone's ringing!	*ittelīfūn yinūqiz!*	التّليفون ينوقِز!
to get a phone call	*jēh telīfon*	**جاه تليفون**
to answer the phone	*hezz 3a-ttelīfūn*	**هزّ عالتّليفون**
Hello? (when answering phone)	*ēlo? (fr: allô)* *wī? (fr: oui)*	**آلو؟** **وي؟**
on the phone	*fī -ttlīfūn*	**في التّليفون**
to talk on the phone	*tkellem fī -ttelīfon*	**اتْكلّم في التّليفون**
to hang up (the phone)	*3allaq*	**علّق**
to hang up on	*3allaq 3līh -ttelīfon*	**علّق عليه التّليفون**
to call a wrong number	*ṭlab nūmru b-ilɣāliṭ*	**طْلب نومْرو بِالغالِط**

13 Getting Around

transportation	*naql* *trãspor (fr: transport)*	**نقْل** **تْرونْسْبور**
means of transportation	*wsēʔil innaql*	**وْسائِل النّقْل**
to take (a bus, taxi, etc.)	*xđē*	**خْذا**
to get on, get in, take (a bus, taxi, etc.)	*rkib fī*	**رْكِب في**
to get off, get out of	*hbaţ min*	**هْبط مِن**

transportation, shipping	*naql*	**نقْل**
freight	*šaђn*	**شحْن**
truck	*kamyone (kmēyin)*	**كمْيونة (كْماين)**
pick-up truck	*kamyone īsüzü (lit. Isuzu truck)*	**كمْيونة إيسوزو**
ship	*bābūr* *bātto (bāttowēt) (fr: bateau)*	**بابور** **باتّو (باتُّوّات)**
boat	*flūke (flēyik)*	**فْلوكة (فلايْك)**

bus	*kār (kīrēn)*	**كار (كيران)**
I usually go to work by bus.	*-lektariyye nimši li-lxidme 3a-lkār.*	الأكْثريّة نمْشي لِلْخِدْمة عالكار.
to miss the bus	*fētittu ilkār*	**فاتِتّو الكار**
bus stop	*-llārē (fr: arret) (mtē3 ilkār)*	**اللّارا (مْتاع الكار)**
bus driver	*šīfūr ilkār*	**شيفور الكار**

metro, subway (UK: underground)	*metrū*	**مترْو**
I take the metro every day.	*nēxiđ ilmetrū kull yūm.*	ناخِذ المترْو كُلّ يوم.
metro station	*maɧaţţit ilmetrū*	**محطّة المترْو**

taxi	*tēksī (tēksiyyēt)*	**تاكْسي (تاكْسِيّات)**
We took a taxi downtown.	*xđīne tēksī l-wisţ ilblēd.*	خذينا تاكْسي لْوِسْط البْلاد.
taxi driver	*tēksīst (tēksīstiyye)*	**تاكْسيسْت (تاكْسيسْتِيّا)**
to hail a taxi	*waqqaf tēksī*	**وقّف تاكْسي**
taxi meter	*kõtør (fr: compteur)*	**كونْتور**
to negotiate the fare	*sēwim fī -lxlāş*	**ساوِم في الخْلاص**

Turn left!	*dūr 3a-llīsār!*	**دور عالّيسار!**
Turn right!	*dūr 3ālyimīn!*	**دور عاليِمين!**
straight	*ţūl* *-lquddēm*	**طول** **القُدّام**
Go straight!	*imši ţūl* *imši -lquddēm*	اِمْشي طول اِمْشي القُدّام

bicycle	*bisklēt (bsēkil, bisklētēt)*	**بِسْكْلات (بْساكِل، بِسْكْلاتات)**
to ride a bicycle	*sēq bisklēt*	**ساق بِسْكْلات**
cyclist	*sīklīst (fr: cycliste)*	**سيكْليست**
bicycle lane, bike path	*ţrīq bisklētēt*	**طْريق بِسْكْلاتات**
pedal	*pedēl (fr: pédale)*	**پدال**
chain	*selselt ilbisklēt*	**سلْسلْةِ البِسْكْلات**

bike seat	*kursi -lbisklēt*	كُرْسي البِسْكْلات
motorcycle	*mūtūr*	موتور
helmet	*kēsk (fr: casque)*	كاسْك
tuk-tuk, auto-rickshaw	*tuktuk*	تُكْتُك
car	*karhbe (krāhib)*	كرْهْبة (كْراهِب)
to drive	*sēq*	ساق
driver	*šīfūr (fr: chauffeur)*	شيفور
passenger	*rēkib* *pēssējē (fr: passager)*	راكِب پاسّاجَيْه
driver's license	*permī (fr: permis)* *ruxṣit siyēqa (ruxaṣ siyēqa)*	پرْمي رُخْصِة سِياقة (رُخص سِياقة)
traffic	*sīrkülāsyõ (fr: circulation)*	سيرْكولاسْيون
traffic jam	*ãbūtēyēj (fr: embouteillage)*	أُمْبوتاياج
to get stuck in traffic	*wħil fī -lãbūtēyēj*	وْحِل في الأُمْبوتاياج
The traffic is horrible right now!	*femme barše ãbūtēyēj tewwe.*	فمّا برْشا أُمْبوتاياج توّا.
rush hour	*øɣ dø pwãt (fr: heure de pointe)*	أوغ دُ پْوانْت
Let's not go downtown right now. It's rush hour.	*min ɣīr mē tehbiṭ l-wisṭ ilblēd, øɣ dø pwãt tewwe.*	مِن غير ما تهْبِط لْوِسط البْلاد، أوغ دُ پْوانْت توّا.
to pass, overtake	*fēt*	فات
to stop	*wqif*	وْقِف
to yield to	*xalla ___ yit3adda (lit. let pess)*	خلّا ـــ يِتْعدّا
to have the right of way	*3andu -lewlewiyye*	عنْدُه الأَوْلَوِيّة

pedestrians	*pyētõ (fr: piéton)*	پْياتون
sidewalk (UK: pavement)	*mēdde*	مادّة
cross walk, pedestrian crossing (UK: zebra crossing)	*pēsāj pyētõ (fr: passage piéton)*	پاساج پْياتون
to cross the street	*qaşş ilkeyyēs* *qaşş iššēra3*	قصّ الكيّاس قصّ الشّارع
traffic light	*iz̧z̧aw*	الضّو
green light	*z̧aw axz̧ar*	ضَو أخْضر
red light	*z̧aw aɦmar*	ضَو أحْمر
yellow light	*z̧aw orãjē (lit. orange light)*	ضَو أورونجا
to run (i.e. not stop at) a red light	*ɦraq iz̧z̧aw*	حْرق الضّوْ
to park	*parke*	پرْكا
parking lot	*pārkīng*	پارْكينْڨ
parking garage	*gerāj (fr: garage)*	ڨراج
to park on the street	*parke fī -ššēra3*	پرْكا في الشّارع
lane	*ŧniyye (ŧnēye)*	ثْنِيّة (ثْنايا)
to change lanes	*beddil iŧŧniyye*	بدّل الثّْنِيّة
intersection	*ãtersēksyõ (fr: intersection)*	أنْترْساكْسْيون
round-about	*rõ pwã (fr: rond point)*	رون بْوان
highway, expressway (UK: motorway)	*otorūt (fr: autoroute)*	أوتوروت
bridge, overpass	*qanţra (qnāţir)*	قنْطْرة (قْناطِر)
speed limit	*issur3a -lquşwe*	السُّرْعة القُصْوى
license plate (UK: number plate)	*blēkit ilkarhbe*	بْلاكِة الكرْهْبة

car insurance	*essürãs (fr: assurance) ilkarhbe*	**أسّورونْس الكرْهْبة**

to pick up	*rakkeb*	**ركّب**
to drop off	*habbaţ*	**هبّط**
You can just drop me off on the corner.	*tnejjim tihabbaţnī jüst fī -lkwã (fr: coin).*	تْنجِّم تِهبّطْني جوسْت في الكْوان.
to give a lift to, take	*waşşal*	**وصّل**
Can you give me a ride home?	*tnejjim twaşşalni li-ddār?*	تْنجِّم تْوصّلْني لِلدّار؟

hood	*kabbūţ*	**كبّوط**
windshield	*pārbrīz (fr: pare-brise)*	**پارْبْريز**
trunk	*māl (fr: malle)*	**مال**
the front seat	*ilkursi -lquddēmi*	**الكُرْسي القُدّامي**
the back seat	*ilkursi -ttilēni*	**الكُرْسي التِّلاني**
car door	*bēb ilkarhbe*	**باب الكرْهْبة**
car door handle	*ilyidd mtē3 ilbēb* *-lpwãnyē (fr: poignée)*	**اليِدّ مْتاع الباب** **البْوانْيا**
window	*šubbēk (šbēbik)*	**شُبّاك (شْبابِك)**
to roll the window up	*sakkar iššubbēk* *ţalla3 iššubbēk*	**سكّر الشُّبّاك** **طلّع الشُّبّاك**
to roll the window down	*ħal iššubbēk* *habbiţ iššubbēk*	**حل الشُّبّاك** **هبِّط الشُّبّاك**
The door is ajar.	*ilbēb mūš msakkir b-ilgdē.*	الباب موش مْسكِّر بِالڨْدا.
steering wheel	*volã (fr: volant)*	**ڤولون**

to drive, steer	*sēq*	ساق
turn signal	*klīnyotõ (fr: clignoton)*	كْلينْيُتون
He never uses his turn signal.	*b-3umru mē yḫuṭṭ ilklīnyotõ.*	بْعُمْرُه ما يْحُطّ الكْلينْيُتون.
rear view mirror	*ilbillār ittīlēni*	البِلّار التّيلاني
side view mirror	*retrovīzør (fr: rétroviseur)*	رتْروڥيزور
glove compartment	*bwāt a gã (fr: boite à gants)*	بْوات آ ڨون
dashboard	*tāblo d- bor (fr: tableau de bord)*	تابْلوه د بور
emergency brake, hand brake	*frã mã (fr: frein à main)*	فْران مان
tire (UK: tyre)	*3ajle (3jel,3jēli)*	عجْلة (عْجل، عْجالي)
to check the tire pressure	*qēs -lprēsyõ (fr: pression) mtē3 il3jēli*	قاس البْراسْيون مْتاع العْجالي
to get a flat tire	*il3ajle mefšūše*	العجْلة مفْشوشة
spare tire	*3ajle søkūr (fr: secours)*	عجْلة سُكور
to change a flat tire	*beddel il3ajle*	بدّل العجْلة
automatic	*otomātīk*	أوتوماتيك
manual, stick-shift	*mēnüwēl (fr: manuel)*	مانْوال
I can't drive a stick.	*mē-na3rafš nsūq ilkrāhib ilmēnüwēl.*	ما نعْرفْش نْسوق الكْراهِب المانْوال.
pedal	*pēdāl*	پادال
clutch	*ãbrēyāj*	أومْبْراياج
brake	*frã (frenēt) (fr: frein)*	فْران (فْرانات)
to brake	*šedd frã*	شدّ فْران
gas pedal, accelerator	*ekselīrātør (fr: accelerateur)*	أكْسيليراتور

to accelerate, speed up	*eksilīra*	**أكْسيليرا**
to slow down	*ṭayyaḫ (fi -lvītēs) (fr: vitesse)*	**طيّح (في الڥيتاس)**
stick shift	*bwāt vītēs (fr: boite de vitesse)*	**بْوات ڥيتاس**
1st gear	*prømyēr*	**پْرومْيار**
reverse (gear)	*mārš aryēr (fr: marche arrière)*	**مارْش آرْيار**
to back up	*3mel mārš aryēr* *waxxar*	**عْمل مارْش آرْيار** **وخّر**
to change gears	*beddel ilvītēs*	**بدّل الڥيتاس**
I put the car in reverse and started backing up.	*ēne dawwart ilkarhbe w bdīt nwaxxar.*	آنا دوّرْت الكرْهبة و بْديت نْوخّر.
speedometer	*kõtør (fr: compteur)*	**كونْتور**
to do the speed limit	*iḫtaram issur3a (lit. respect the speed)*	**احْترم السُّرْعة**
to speed, go over the speed limit	*mē-ḫtaramš issur3a*	**ما احْترمْش السُّرْعة**
The police pulled me over for speeding.	*ilbūlīs waqqafni 3a-ssur3a.* *ilbūlīs waqqafni 3a-lvītēs.*	البوليس وقّفْني عالسُّرْعة. البوليس وقّفْني عالڥيتاس.
gas (UK: petrol)	*essãs (fr: essence)*	**أسّونْس**
We've run out of gas.	*wfēlne -lessãs*	وْفالْنا الأسّونس.
The tank is full.	*irrēzērvwār (fr: réservoir) m3ibbi.*	الرّازارْڥْوار مْعبّي.
gas station	*kyosk (fr: kiosque)*	**كْيوسْك**
gas pump	*pãmp (fr: pompe) (mtē3 essãs)*	**پومْپ (مْتاع أسّونْس)**
to get gas	*3bbe -lessãs*	**عْبّا الأسّونْس**
to change the oil	*beddel izzīt*	**بدّل الزّيت**

to put on one's seatbelt, wear one's seat belt	*ђaṭṭ issãtür (fr: ceinture)*	**حطّ السّانتير**
to start a car	*xaddem ilkarhbe*	**خدّم الكرْهْبة**
The car won't start.	*ilkarhbe ma-ђabbitš tixdim.*	الكرْهْبة ما حبّتْش تِخْدِم.
to turn off the engine	*sakkar ilmotor*	**سكّر الموتور**
bumper, fender	*pār šok (fr: pare-chocs)*	**پار شوك**
(car) roof	*sqaf (ilkarhbe)*	**سْقف (الكرْهْبة)**
to get in a fender-bender	*3mel eksīdã ṣɣīr* *3mel eksīdã bsīṭ*	**عْمل أكْسيدون صْغير** **عْمل أكْسيدون بْسيط**
dent	*laṭxa*	**لطْخة**
There's a dent in the side of the car!	*femme laṭxa fī jneb ilkarhbe!*	فمّا لطْخة في جْنب الكرْهْبة!
headlight	*fār (fr: phare)*	**فار**
Turn on your headlights when it starts to get dark.	*ђill ilfār kī tibde -ddinye tiẓlēm.*	حِلّ الفار كي تِبْدا الدِّنْيا تِظْلام.
to get in an accident, have an accident	*3mel eksīdã (fr: accident)*	**عْمل أكْسيدون**
He crashed (his car) into a tree.	*dxal (b-ilkarhbe) fī šujra.*	دْخل (بِالكرْهْبة) في شُجْرة.
to be totaled, destroyed	*iddegdig*	**اِدّقْدِق**
The car was totaled in the accident.	*ilkarhbe -ddegdgit fī -leksīdã.*	الكرْهْبة اِدّقْدْقِت في الأكْسيدون.

14 Around Town

city	*mdīne (mudun)*	مْدينة (مُدُن)
town; city	*blēd (buldēn)*	بْلاد (بُلْدان)
village	*qarye (qaryēt)*	قرْية (قرْيات)
downtown	*wisṭ -lblēd*	وِسْط البْلاد
square	*sēɧa*	ساحة
park	*pārk*	پارْك
fountain	*nēfūra*	نافورة

street	*šēra3 (šwēra3)*	شارع (شْوارع)
alley, narrow street	*zānqa (znēqi)* *ɧūme (ɧwim)*	زانْقة (زْناقي) حومة (حْوِم)
corner	*kwã (fr: coin)* *tarkīne*	كْوان ترْكينة

bakery	*kūše*	كوشة
bank	*bānka (bunūk)*	بانْكا (بْنوك)
butcher shop	*jezzār (jezzāra)* *zezzār (zezzāra)*	جزّار (جزّارة) ززّار (ززّارة)
city hall	*belediyye*	بلديّة
fire station	*ilɧimēye -lmedeniyye*	الحِماية المدنيّة
grocery store	*3aṭṭār (3aṭṭāra)* *ɧānūt (ɧwēnit)*	عطّار (عطّارة) حانوت (حْوانِت)
museum	*matɧaf (metēɧif)*	متْحف (متاحِف)

police station	*markiz iššurṭa*	مرْكِز الشُّرْطة
post office	*būsṭa*	بوسْطة
supermarket	*süpēr māršē (fr: supermarché)*	سوپار مارْشا
restaurant	*restorã (restorānēt) (fr: restaurant)*	رسْتورون (رسْتورونات)
café, coffee shop	*qahwe (qhāwi)*	قهْوة (قْهاوي)
to go to a café	*mšē li-lqahwe*	مْشا لِلْقهْوة

15 Buildings and Construction

to build	*bnē*	بْنى
construction	*beni*	بني
construction worker	*bennēy (bennēye)*	بنّاي (بنّايا)
building, structure	*benye*	بنْية
skyscraper	*gɣāt syēl (fr: gratte-ciel)*	ڨْغات سْيال
apartment building	*3imāra* *bēlāṣ*	عِمارة بالاص
office building	*3imārit bīrūwēt* *3imāra mtē3 bīrūwēt*	عِمارةِ بيرُوّات عِمارة مْتاع بيرُوّات
high-rise building	*benye 3ālye*	بنْية عالْية
tower	*burj (ebrāj)* *tūr*	بُرْج (أبْراج) تور
to demolish	*hedd*	هدّ
elevator (UK: lift)	*assãsør (fr: ascenseur)*	أسّونْسور

stairs, staircase	*drūj*	دْروج
escalator	*eskēlyē mēkēnīk (fr: escalier mecanique)*	أسْكالْيا ماكانيك
to go upstairs	*ṭla3 fī -ddrūj*	طْلع في الدْروج
to go downstairs	*hbaṭ mi-ddrūj*	هْبط مِالدْروج
basement	*sūsol (fr: sous-sol)*	سوسول
ground floor	*rē d- šossē (fr: rez-de-chaussée)*	را د شوسّا
top floor	*iṭṭābiq illixxir* *iṭṭābiq illixrēni*	الطّابِق اللّخّر الطّابِق اللّخْراني
story, floor	*ṭābiq* *ṭāq (ṭīqēn)*	طابِق طاق (طيقان)

concrete	*sīmēn*	سيمان
brick	*yējūr*	ياجور
wood	*lūḫ*	لوح
glass	*billār*	بِلّار
metal	*mētāl (métal)*	ماتال
steel	*fūlēđ*	فولاذ
iron	*ḫdīd*	حْديد

16 Bank

bank	*bānke (bunūk)*	بانْكا (بُنوك)
The Central Bank of Tunisia	*ilbank ilmerkezi -ttūnisi*	البنْك المرْكزي التّونِسي

to borrow money from the bank	*itsellef flūs mi-lbānke*	اتْسلّف فْلوس مِالبانْكا
to lend money to __	*sellef flūs l-__*	سلّف فْلوس لْـ__
loan	*qarz̧ (qrūz̧āt)*	قرْض (قْروضات)
to finance	*mewwel*	موّل
mortgage, home loan	*rahn*	رهْن
payment, installment	*qisţ (aqsāţ)*	قِسْط (أقْساط)
to make a payment on a loan	*dfa3 qisţ mi-lqarz̧*	دْفع قِسْط مِالقرْض
to pay in installments	*dfa3 3lē aqsāţ*	دْفع عْلى أقْساط
to settle, pay off (a debt)	*seddid* *xallaş*	سدِّد خلّص
debt	*dīn (dyūn)*	دين (دْيون)
interest	*entirīs*	أنْترِيس
This accounts pays 5% interest.	*ilkõt hēđē yjīb entirīs xamse fī -lmyē.*	الكونْت هاذا يْجيب أنترِيس خمْسة في الميْا.
to earn interest	*xđē entirīs*	خْذا أنْترِيس
account	*kõt (fr: compte)*	كونْت
savings account	*kõt dēpāɣny (fr: compte d'épargne)*	كونْت داپاغْنْي
savings	*ilflūs -lmxubbīn*	الفْلوس المْخُبّين
to save, put aside	*xabba* *faz̧z̧al*	خبّى فضّل
He has over 100,000 dinars in savings.	*huwwe mxubbi ekŧir min myēt elf dīnār.*	هُوَّ مْخُبّي أكْثرِ مِن مْيات ألْف دينار.
I try to save a little money every month.	*nḫāwil nxabbi šweyye flūs kull šhar.*	نْحاوِل نْخبّي شْويّة فْلوس كُلّ شْهر.

to deposit	*ħaṭṭ*	حطّ
to withdraw	*jbid*	جْبِد
ATM	*dīstrībütør (fr: distributeur)*	ديسْترْيبيتور
to write a check	*ktib šēk (fr: chèque)*	كْتِب شَيْك
to sign	*ṣaħħaħ*	صحّح
signature	*tuṣħāħa*	تُصْحاحة

17 Post Office

post office	*būsṭa*	بوسْطة
mail; letter; envelope	*jwēb*	جْواب
airmail	*berīd jewwi*	بريد جوّي
postcard	*kārt postāl (fr: carte postale)*	كارْت پوسْتال
address	*3inwēn* *edrīse*	عِنْوان أدْريسة
stamp	*timbri (tnēbir)*	تِمبْري (تْنابِر)
to affix a stamp	*laṣṣaq timbri*	لصّق تِمبْري
to stamp (with a postmark)	*sūgir*	سوڨِر
to send, mail	*b3aṯ*	بْعث
package, parcel	*kūlī (kūliyyēt) (fr: colis)*	كولي (كوليّات)
mailbox	*ṣundūq berīd*	صنْدوق بريد
counter, window	*gīšē (guichet)*	ڨيشا
mail carrier	*bosṭāji*	بوسْطاجي

to deliver the mail	*waṣṣal iljwēb*	وصّل الجْواب

18 Books and Stationery

library, bookstore, stationery store	*mektbe*	مكْتْبة
book	*ktēb (ktub)*	كْتاب (كْتُب)
page	*ṣafḫa*	صفْحة
page number	*raqm iṣṣafḫa* *nūmru -ṣṣafḫa*	رقْم الصّفْحة نومْرو الصّفْحة
bookmark	*sinyē*	سِنْيا
reference book	*marja3 (marāja3)*	مرْجع (مراجع)
novel	*rwēye*	رْواية
story, tale	*qiṣṣa (qiṣaṣ)* *ḫkēye* *xrāfe*	قِصّة (قِصص) حْكاية خْرافة
prose	*natr*	نثْر
writer, author	*kētib (kuttēb)*	كاتِب (كُتّاب)
poetry	*ši3r*	شِعْر
poem	*qaṣīde (qaṣāyid)*	قصيدة (قصايِد)
poet	*šē3ir (šu3arā)*	شاعِر (شُعراء)
newspaper	*jerīde (jerāyid)*	جريدة (جرايِد)
headline	*3inwēn (3anēwīn)*	عِنْوان (عناوين)
article	*maqāl*	مقال

column	*kolon (fr: colonne)*	كولون
to publish	*nšar*	نْشر
to print	*ţba3*	طْبع

stationery	*edewēt medresiyye*	أدَوات مدْرسِيّة
pen	*stīlo (stīlowēt)*	سْتيلو (سْتيلُوّات)
pencil	*qlem (rşāş) (qlemmēt (rşāş))*	قْلم (رْصاص) (قْلمّات (رْصاص))
eraser	*gom*	ڨوم
to erase	*fassax*	فسّخ
(pair of) scissors	*mqaş*	مْقص
ink	*ђbār*	حْبار

typewriter	*dēktīlo (fr: dactylo)*	داكْتيلو
(sheet of) paper	*warqa (wrāq)*	ورْقة (وْراق)
ruler	*masţra (msāţir)*	مسْطْرة (مْساطِر)
(adhesive) tape	*skotš (fr: scotch)*	سْكوتْش
pin, pushpin; paperclip; staple	*messēk (msēsik)*	مسّاك (مْساسِك)
stapler	*agrāføz (fr: agrafeuse)*	أڨْرافوز
to staple	*šedd b-ilagrāføz*	شدّ بِالأڨْرافوز
to sharpen a pencil	*barra qlem rşāş*	برّى قْلم رْصاص
to photocopy	*şawwar* *ţba3*	صوّر طْبع
a photocopy	*nusxa (nusax)*	نُسْخة (نُسخ)

photocopy machine	*fotokopyøz (fr: photocopieuse)*	**فوتوكوپْيوز**

19 Shopping

to go shopping	*mšē yaqẓi*	**مْشى يقْضي**
We went shopping downtown yesterday.	*-lbēraḫ mšīne naqẓiyu min wisṭ ilblēd.*	البارح مْشينا نقْضِيو مِن وِسْط البْلاد.
shopping (for clothes)	*šopīng*	**شوپينْق**
to buy	*šrē*	**شْرى**
to sell	*bē3*	**باع**
to pay for __	*xallaṣ __*	**خلّص __**
I've already paid for the vegetables.	*dējā xallaṣt ḫaqq ilxuẓra.*	داجا خلّصْت حقّ الخُضْرة.
How much did you pay for that?	*b-qaddēš šrītu hēđē?*	بْقدّاش شْريتُه هاذا؟
to pay in cash	*dfa3 kēš* *xallaṣ kēš*	**دْفع كاش** **خلّص كاش**
to pay by credit card	*dfa3 b-ilkārṭa* *xallaṣ b-ilkārṭa*	**دْفع بِالكارْطة** **خلّص بِالكارْطة**
change (money back)	*ilbēqi*	**الباقي**
You gave me too much change.	*3ṭītni barše ṣarf.*	عطيتْني برْشا صرْف.
receipt	*tīkē (fr: ticket)* *røsü (fr: reçu)*	**تيكاه** **روسو**
price	*sūm (eswēm)*	**سوم (أسْوام)**
to cost	*itkellif*	**اِتْكلّف**

cheap	*rxīṣ (rxāṣ)*	**رْخيص (رْخاص)**
expensive	*ɣāli (ɣālīn)*	**غالي (غالين)**
free	*blēš*	**بْلاش**
for free	*b-iblēš*	**بِبْلاش**
fee	*frē (fr: frais)*	**فْرا**
bill	*fātūra (fātūrāt)*	**فاتورة (فاتورات)**
How much do I owe?	*qaddēš na3ṭīk?*	قدّاش نعْطيك؟

advertisement, ad	*püb (fr: pub)*	**پوب**
discount, sale	*rømīz (fr: remise)* *sold (fr: soldes)*	**روميز** **سولْد**
40% off	*rømīz arb3īn fī -lmyē* *sold arb3īn fī -lmyē.*	**روميز أرْبْعين في المْيا** **سولْد أرْبْعين في المْيا.**
coupon	*quṣāṣa* *kūpõ (fr: coupon)*	**قُصاصة** **كوپون**
bargain	*furṣa (furaṣ)*	**فُرْصة (فُرص)**
Wow! That's a real bargain!	*wēw! hēw ilfuraṣ!* *wēw! melle furṣa!*	واو هاو الفُرص! واو ملّا فُرْصْة!
to haggle over, bargain	*sēwim*	**ساوِم**
I'm not very good at haggling.	*mē-na3rifš nsēwim.*	ما نعْرِفْش نْساوِم.
fixed price	*sūm fīks (fr: somme fixe)* *prī fīks (fr: prix fixe)*	**سوم فيكْس** **پْري فيكْس**

shopping center	*sãtɣ komēɣsyēl (fr: centre commercial)*	**سونْتْغ كوماغْسْيال**
(shopping) mall	*mol*	**مول**

market, shopping area	*sūq (eswēq)*	**سوق (أسْواق)**
Let's go shopping this weekend.	*heyye ne3mlu šopīng fī -lwīkēnd.*	هيّا نعْمْلو شوپينْڨ في الويكانْد.
store, shop	*ɧānūt (ɧwēnit)*	**حانوت (حْوانِت)**
There are a lot of nice shops on this street.	*femmē barše ɧwēnit bēhīn fī -ššāra3 hēđē.*	فمّا برْشا حْوانِت باهين في الشّارع هاذا.
supermarket	*süpēr mārše (fr: supermarché)*	**سوپار مارْشا**
cashier	*kēsyē (fr: caissier)*	**كاسْيا**
shop keeper	*mūle ɧānūt*	**مولا حانوت**
shop assistant	*vãdør (fr: vendeur)*	**ڥونْدور**
customer	*kliyã (kliyonēt) (fr: client)*	**كْلِيون (كْلِيونات)**
to serve a customer	*3āwin kliyã*	**عاوِن كليون**
plastic bag	*sēk plēstīk (sīkān plēstīk)* *škāra plēstīk (škāyir plēstīk)*	**ساك پلاسْتيك (سيكان پلاسْتيك)** **شْكارة پلاسْتيك (شْكايِر پلاسْتيك)**
Would you like a bag for that? Would you like that in a bag?	*tɧibb sēk?* *tɧibb nɧuţhumlik fī škāra?*	تْحِبّ ساك؟ تْحِبّ نْحُطْهُمْلِك في شْكارة؟
to wrap	*ɣallaf*	**غلّف**

to return (a purchased item)	*rajja3*	**رجّع**
to exchange	*beddel*	**بدّل**
Can I exchange this for another color?	*nnejjim nbeddel hēđē b-lūn ēxir?*	نّجّم نْبدّل هاذا بْلون آخِر؟
to get a refund	*rajja3 flūsu*	**رجّع فْلوسُه**

20 Restaurant

restaurant	*rēstorã (rēstorānēt)*	**راسْتورون (راسْتورونات)**
fast food restaurant	*fēst fūd*	**فاسْت فود**
waiter	*sērvør (fr: serveur)* *garsõ (fr: garçon)*	**سرْڤور** **ڨرْسون**
waitress	*sērvøz (fr: serveuse)* *sērvøra*	**سرْڤوز** **سرْڤورة**
bill	*ɧsēb* *eddīsyõ (fr: addition)*	**حْساب** **أدّيسْيون**
to pay the bill	*dfa3 -lɧsēb* *dfa3 -leddīsyõ* *xallaṣ -lɧsēb* *xallaṣ -leddīsyõ*	**دْفع الحْساب** **دْفع الأدّيسْيون** **خلّص الحْساب** **خلّص الأدّيسْيون**
Waiter! Can I have the bill, please!	*m3alim! ilɧsēb b-rabbi!* *šēf! -leddīsyõ b-rabbi!*	مْعلِم! الحْساب بْربيّ! شاف! الأدّيسْيون بْربيّ!
cook, chef	*šēf* *kūjīni*	**شاف** **كوجيني**
tip	*pūrbwār (fr: pourboire)* *baqšīš*	**پورْبْوار** **بقْشيش**
I never know how much to leave for a tip.	*dīme mē-na3rifš qaddēš lēzimni nxalli pūrbwār.*	ديما ما نعْرفْش قدّاش لازِمْني نْخلّي پورْبوار.
service	*sērvīs (fr: service)*	**سرْڤيس**
a table for two	*ţāwle l-zūz 3bēd*	طاوْلة لْزوز عْباد

21 Recreation and Relaxation

to relax, rest	*irtēɧ* *rulēkse*	**ارْتاح** **رْلاكْسى**
relaxation	*rāɧa* *rølēks*	**راحة** **رْلاكْس**
to go for a walk	*itmašša*	**اتْمشّى**
Let's go for a walk in the park.	*heyye nitmššēu fī -lpārk*	هيّا نِتمشّاو في الپارْك
to fly a kite	*ţayyar sērvolã (fr: cerf-volant)*	**طيرّ سارْفولون**
felucca (river sailboat)	*flūke (flēyik)*	**فْلوكة (فْلايِك)**
day off	*nhār rāɧa* *nhār kūnji (fr: congé)*	**نْهار راحة** **نْهار كونْجي**
Today's my day off.	*ilyūm kūnjīye.* *ilyūm ilkūnjī mtē3i.*	اليوم كونْجِيّا. اليوم الكونْجي مْتاعي.
fun, enjoyable	*jew*	**جَو**
friend	*şāɧib (aşɧāb, şɧāb)*	**صاحِب (أصْحاب، صْحاب)**
to meet up with friends	*qābil aşɧābu*	**قابِل أصْحابُه**
to hang out (with friends)	*xraj m3a şɧābu* *ɧawwes*	**خْرج مْعَ صْحابُه** **حوّس**
We hung out at the shopping mall yesterday evening.	*ilbāraɧ -la3šiyye ɧawwesne fī issawntr.*	البارح العشِيّة حوّسْنا في السَوْنْتْر.
to read	*qrā*	**قْرا**

newspaper	*jrīde (jarāyid)*	**جريدة (جرايِد)**
I like to sit in a coffe shop and read the newspaper before I go to work.	*nɦibb qbel mē nimši nixdim nuq3ud fī qahwe w nqrā jrīde.*	نحِبّ قْبل ما نمْشي نِخْدِم نُقْعُد في قهْوة و نقْرا جْريدة.
magazine	*mejelle*	**مجلّة**
book	*ktēb (ktub)*	**كْتاب (كْتُب)**
novel	*rwēye*	**رْواية**
comic book, graphic novel	*bãd dēssīnē (fr: bande dessinée)*	**بوند داسّينا**

television	*telvze (tlēviz)*	**تلْفْزة (تْلاڥِز)**
to watch television	*itfarrij fī -ttelvze*	**اِتْفرِّج في التّلْفْزة**
TV show, TV program	*barnēmij (barāmij)*	**برْنامِج (برامِج)**
What's your favorite TV program?	*ēnehuwwe ekŧir barnēmij tɦibbu fī -ttelvze?*	آنهوَّ أكْثرِ برْنامِج تْحِبُّه في التّلْفْزة؟
What do you like to watch on TV?	*šnewwe tɦibb titfarrij fī -ttelfvze?*	شْنوّا تْحِبّ تِتْفرِّج في التّلْفْزة؟
I like watching Tunisian dramas (soaps).	*nɦibb nitfarrij fī -lmuselslēt ittūnsiyye.*	نْحِبّ نِتْفرِّج في المُسلْسْلات التّونْسِيّة.
drama; series	*muselsel (muselslēt)*	**مُسلْسل (مُسلْسْلات)**
comedy program	*barnēmij komīdi*	**برْنامِج كوميدي**
sports program	*barnēmij riyāẓi*	**برْنامِج رِياضي**
sporting event	*ɦadeŧ riyāẓi (aɦdēŧ riyāẓiyye)*	**حدث رياضي (أحْداث رِياضيّة)**
soccer match	*mētš kūra*	**ماتْش كورة**
movie	*fīlm (eflēm)*	**فيلْم (أفْلام)**

documentary	*fīlm weṭēʔiqi*	**فيلم وَثائِقي**
children's program	*barnēmij mtē3 ṣɣār*	**برْنامِج مْتاع صْغار**
cartoon	*rusūm mitḫarrike*	**رُسوم مِتْحرّكة**
game show	*barnēmij musēbqāt*	**برْنامِج مُسابْقات**
reality TV show	*tēlē rēyālītē (fr: fr: télé réalité)*	**تالا رايالِيتا**
sitcom	*sītkom*	**سيتْكوم**
episode	*ḫalqa*	**حلْقة**
season	*sēzõ (fr: saison)*	**سيزون**
I haven't seen the second season of this show yet.	*ēne mizzilt mē-tfarrijtiš fī -ssēzõ iṭṭēnye mtē3 ilmuselsil hēđē.*	آنا مِزِّلْت ما اتْفرِّجْتِش في السّيزون الثّانْية مْتاع المُسلْسِل هاذا.
the news	*-laxbār*	**الأخْبار**
weather report	*ilnnašra -ljewwiyye*	**النّشْرة الجَوِّيّة**
talk show	*tolk šo* *barnēmij*	**تولْك شوو** **برْنامِج**
Have you ever been on TV?	*3umrikši t3addīt fī -ttelvze?*	عُمرِكْشي اتْعدّيت في التّلْفْزة؟
channel	*qnēt (qnewēt)*	**قْناة (قْنَوات)**
What's on TV (now)?	*šfemme fī -ttelvze tewwe?* *fēš y3addiyu fī -ttelvze tewwe?*	شْفمّا في التّلْفْزة توّا؟ فاش يْعدِّيو في التّلْفْزة توّا؟
There's an interesting program on channel 3.	*femme barnēmij ḫlū fī -lqnēt iṭṭēlṭe.*	فمّا برْنامِج حْلو في القناة الثّالْثة.
to turn the TV on	*ša33al ittelvze*	**شعّل التّلْفْزة**
to turn the TV off	*ṭaffa -ttelvze*	**طفّى التّلْفْزة**
volume	*ṣūt*	**صوت**

to turn the volume up	*3alle -ṣṣūt*	**علّي الصّوت**
to turn the volume down	*waṭṭa -ṣṣūt*	**وطّي الصّوت**
I can't hear what they're saying. Could you turn the TV up a bit?	*mēnīš nisma3 fīhum fēš yqūlu. tnjjim t3alli -ttelvze šweyye?*	مانيش نِسْمع فيهُمْ فاش يْقولو. تْنجِّم تْعلّي التّلْفْزة شْويّة؟
I'm trying to study. Could you turn the TV down a bit?	*qā3id nḩāūil nrīviz. tnjjim twaṭṭi -ttelvze šweyye?*	قاعِد نْحاوِل نْريفز. تْنجِّم تْوطّي التّلْفْزة شْويّة؟
antenna	*ãtēn (fr: antenne)*	**أونْتان**
satellite dish	*qaṣ3it ilpārābūl (fr: parabole)*	**قصْعِة الپارابول**

radio	*rādyo*	**رادْيو**
to listen to the radio	*sma3 irrādyo*	**سْمع الرّاديو**
radio station	*šēn* *šēn (mtē3) rādyo (fr: chaine radio)* *iđē3a*	**شان** **شان (مْتاع) رادْيو** **إذاعة**

stereo (home music system)	*stērēo*	**ستيريو**
speakers	*bēfl (bēflūwēt) (fr: baffles)*	**بافْل (بافْلُوّات)**
CD	*sēdē (sēdēēt)*	**سادا (ساداآت)**
CD player	*lēktør sēdē (fr: lecteur CD)*	**لاكْتور سادا**
cassette (tape)	*kēsēt*	**كاسات**
(vinyl) record	*dīsk* *usṭwēne*	**ديسْك** **أُسْطْوانة**
song, track	*ɣunnēye, ɣnēye (ɣnēyēt)*	**غُنّاية، غْناية (غْنايات)**
to play (a CD, song, etc.)	*xaddam*	**خدّم**

to forward, skip to the next track	*qaddam*	قدّم
to rewind, go back to (the previous track)	*waxxar*	وخّر
to pause	*ḩaţţ poz*	حطّ پوز
to stop, press 'stop'	*waqqaf* *ḩaţţ stop*	وقّف حطّ سْتوپ
MP3 (file)	*ēm pē trwā*	آم پا تْرْوا
to download an MP3	*tēlēšarje ēm pē trwā*	تالاشرْجا آم پا تْرْوا
MP3 player	*lēktør ēm pē trwā*	لاكْتور آم پا تْرْوا
earphones, headphones	*ekūtør (fr: ecouteurs)* *kīt*	أكوتور كيت

to visit	*ţall*	طلّ
a visit	*ţalle*	طلّة
to go on a visit	*mšē yţull*	مْشا يْطُلّ
to have guests over	*3andu ẓyūf* *3andu ẓīfēn*	عنْدُه ضْيوف عنْدُه ضيفان
to entertain guests	*tilhe b-iẓẓyūf*	تِلْهى بالضّْيوف

to sew	*xayyaţ*	خيّط
sewing machine	*mekīnit xyāţa*	مكينةِ خْياطة
sewing needle	*ibrit xyāţa (ibrāt xyāţa)*	إبْرةِ خْياطة (إبْرات خْياطة)
thread	*xīt (xyūţ)*	خيط (خْيوط)
a ball of wool	*kubbit ṣūf*	كُبّة صوف
thimble	*debbūs*	دبّوس

to knit	*3mel trīko*	**عْمل تريكو**
knitting needle	*ibrit ittrīko*	**إبْرِة الترْيكو**
to crochet	*3mel krošē*	**عْمل كْروشا**
to embroider	*ţruz*	**طْرُز**
to patch, darn	*raqqa3*	**رقّع**

art	*fen (funūn)*	**فن (فُنون)**
artist	*fennēn* *artīstu*	**فنّان** **أرْتيسْتو**
to draw, sketch, paint	*şawwar* *rsem*	**صوّر** **رْسم**
a painting	*lewɧa* *tāblo*	**لَوْحة** **تابْلو**
a drawing; photo(graph)	*taşwīra (tşāwir)*	**تصْويرة (تْصاوِر)**

photography	*taşwīr*	**تصْوير**
to take a photo of	*şawwar*	**صوّر**
Excuse me. Would you take a photo of us?	*sēmaɧnī, b-rabbi tnejjim tşawwarne?*	سامحْني، بْربّي تْنجِّم تْصوّرْنا؟
to take a selfie	*3mel selfī*	**عْمل سلْفي**
photographer	*muşawwir*	**مُصوِّر**
camera	*kēmīrā*	**كاميرا**

to hunt	*ştād*	**اصْطاد**

hunting	*ṣayd* *maṣyid*	**صَيْد** **مصْيِد**
hunter	*ṣayyēd*	**صيّاد**
hunting dog	*kelb maṣyid*	**كلْب مصْيِد**
hunting rifle	*megrūnit maṣyid*	**مقْرونِة مصْيِد**
to go fishing	*mšē yiṣṭād fī -lḫūt*	**مْشا يِصْطاد في الحوت**
fishing pole	*qaṣbit maṣyid* *ṣunnārit maṣyid*	**قصْبِة مصْيِد** **صُنّارِة مصْيِد**
fishing tackle	*edewēt maṣyid*	**أدَوات مصْيِد**
hook	*amsõ (fr: hameçon)*	**أمْسون**
bait	*ṭu3m*	**طُعْم**

cinema	*sīnema*	**سينما**
Let's go to the cinema this weekend.	*heyye nimšiyu li-ssīnema fī -lwīkēnd.*	هيّا نمْشِيو لِلسّينما في الويكانْد.
movie ticket	*tiskirt sīnema*	**تِسْكِرْة سينما**
How much is a (movie) ticket?	*b-qaddēš tiskirt isīnema?*	بقدّاش تِسْكِرْة السّينما؟
movie	*fīlm (eflēm)*	**فيلْم (أفْلام)**
auditorium, movie theater, screening room	*masraḫ (mesēraḫ)* *sīnema*	**مسْرح (مسارح)** **سينما**
A new movie is coming out on Friday. Want to go?	*femmē fīlm jdīd yehbiṭ nhār iljim3a. tḫibb nimšiyu?*	فمّا فيلْم جْديد يهْبِط نْهار الجِمْعة. تْحِبّ نمْشِيو؟
They're showing a classic movie this evening.	*y3addiyu fīlm klēsīki ilyūm il3šiyye.*	يْعدِّيو فيلْم كلاسيكي اليوم العْشِيّة.
seat	*kursi (krēsī)*	**كُرْسي (كْراسي)**

What are our seat numbers?	*qaddēš nwāmir -lkrēsi mtē3ne?*	قدّاش نْوامِر الكْراسي مْتاعْنا؟
screen	*ekrã (fr: écran)*	**أكْرون**
to sit close to the screen	*q3ad qrīb mi-lekrã*	**قْعد قْريب مِلأكْرون**
to sit in the middle	*q3ad fī -lwisṭ*	**قعد في الوِسط**
I don't like to sit too close to the screen.	*mē-nɧibbiš nuq3ud qrīb barše mi-lekrã.*	ما نْحِبِّش نُقْعُد قْريب برْشا مِلأكْرون.
popcorn	*qṭānye* *pāpkorn*	**قْطانْيا** **پوپْكورْن**
action movie	*fīlm eksyõ*	**فيلْم أكْسْيون**
romantic comedy	*komēdī ɣomãtīk (fr: comédie romantique)*	**كومادي غومُنْتيك**
drama	*drāme*	**دْراما**
horror movie	*fīlm ru3b*	**فيلْم رُعْب**
thriller	*ŧrīlir*	**ثْريلِر**
period piece	*fīlm tērīxi*	**فيلْم تاريخي**
science fiction (sci-fi)	*syãs fīksyõ (fr: science fiction)*	**سْيونْس فيكْسْيون**
fantasy	*fãtēzi (fr: fantaisie)*	**فونْتازي**
What kind of movies do you like?	*šnewwe new3 ileflēm illi tɧibbhum?*	شْنوّا نَوْع الأفْلام إلّي تْحِبْهُم؟
I love action movies, but I can't stand romantic movies.	*nɧibb eflēm eksyõ, emme -leflēm irromãsiyye nekrahhum.*	نْحِبّ أفْلام أكْسْيون، أمّا الأفْلام الرّومانْسِيّة نكْرهُم.
(movie) star	*stār*	**ستار**
theater	*masraɧ (meserāɧ)*	**مسْرح (مسارح)**

on stage	*3lē -rrukḫ*	عْلى الرُّكْح
aisle	*memše* *kūlwār (fr: couloir)*	ممْشى كولْوار
actor	*mumettil (mumettlīn)*	مُمثِّل (مُمثّلين)
to act	*mettel*	مثّل
to play the role of __	*l3ab dewr __* *mettel dewr __*	لْعب دَوْر __ مثّل دَوْر __
intermission	*poz*	پوز
spectator	*mitfarrij*	مِتْفرِّج
audience, crowd	*jumhūr*	جُمهور
to applaud	*ṣaffaq*	صفّق
applause	*taṣfīq*	تصْفيق
circus	*sīrk*	سيرْك
acrobat	*akrobē*	أكْروبا
clown	*klon*	كْلون

cigarette	*sīgāru (swāgir)*	سيڤارو (سْواڤِر)
to smoke	*tkeyyif sīgāru*	اتْكيِّف سيڤارو
smoking	*tedxīn*	تدْخين
No smoking	*memnū3 ittedxīn*	ممْنوع التّدْخين
smoker	*keyyēf*	كيّاف
non-smoker	*mūš keyyēf*	موش كيّاف
Do you smoke?	*inti titkeyyif?*	اِنْتِ تِتْكيِّف؟
Would you like a cigarette?	*tḫibb sīgāru?*	تْحِبّ سيڤارو؟

No, thank you. I don't smoke.	*lē y3ayšik. mē-nitkeyyifš.*	لا يْعَيْشِك. ما نِتْكَيِّفْش.
to quit smoking	*baṭṭal idduxxān*	بطّل الدُّخّان
cigar	*sīgār (fr: cigare)*	سيڤار
pipe	*pīp (fr: pipe)*	پيپ
tobacco	*tebɣ* *tēbē (fr: tabac)*	تبْغ تابا
matches	*wqīde (wqīd)*	وْقيدة (وْقيد)
lighter	*brīkiyye* *š3ūl*	بْريكِيّة شْعول
to light a cigarette	*ša33al sīgāru*	شعّل سيڤارو
ashtray	*ṣandriyye*	صنْدْرِيّا
cigarette butt	*būnte*	بونْتة
a pack of cigarettes	*bēku swāgir*	باكو سْواڤِر
shisha, hookah, water-pipe	*šīše*	شيشا
to smoke a shisha	*šeyyiš*	شيّش
mouth-piece (of shisha)	*mebsim (mbēsem)*	مبْسِم (مْباسم)
hose (of shisha)	*jebbēd (iššīše)*	جبّاد (الشّيشة)
coal	*wal3a*	ولْعة

22 Music

music	*mūzīke*	موزيكا
to listen to music	*sma3 mūzīke*	سْمع موزيكا
song	*ɣunnēye, ɣnēye (ɣnēyēt)*	غُنّاية، غْناية (غْنايات)

singer	*muɣinni (muɣinnīn)*	مُغِنّي (مُغِنّين)
to sing	*ɣanne*	غنّى
singing	*ɣnē*	غْنا
I love singing, but I'm not very good at it.	*nḥibb ilɣnē emme ṣūti mūš ḥlū barše.*	نْحِبّ الغْنا أمّا صوتي موش حْلو برْشا.
Who's your favorite singer?	*škūn ekṯir muɣinni tḥibbu?*	شكون أكْثِر مُغِنّي تْحِبُّه؟
band, group	*grūp (fr: groupe)*	ڤْروپ
What kind of music do you like?	*šnewwe -lmūzīke illi tḥibbhe?*	شْنوّا الموزيكا اِلّي تْحِبّْها؟
folk music, popular music	*ɣnē ša3bi*	غْنا شعْبي
pop music (specifically more Western-sounding music)	*pop*	پوپ
rap	*rēp*	راپ
classical music	*mūzīk klēsīk (fr: musique classique)*	موزيك كْلاسيك
rock music	*rok*	روك
jazz	*djēz*	دْجاز
Arabic classical music	*ɣnē 3arbi qdīm*	غْنا عرْبي قْديم

musician	*mūsīqār* *mūzīkji*	موسيقار موزيكْجي
musical instrument	*ēle mūsīqiyye* *ēlit 3azf (ēlēt 3azf)*	آلة موسيقِيّة آلِة عزْف (آلات عزْف)
to play (an instrument)	*3zif 3lē* *l3ab 3lē*	عْزِف علْى لْعب علْى
Can you play any instruments?	*ta3rifši ta3zif 3lē eyy ēle?*	تعْرِفْشي تعْزِف علْى أيّ آلة؟

I can play the guitar.	*na3rif nel3ab 3a-lgītāra.*	نعرِف نلعب عالڨيتارة.
guitar	*gītāra*	ڨيتارة
piano	*pyēno (pyēnowēt)* *byēnu (byēnūēt)*	پْيانو (پْيانُوّات) بْيانو (بْيانُوَات)
violin	*kmānje*	كمانْجة
trumpet	*trombīṭe*	ترُمْبيطة
drum	*ṭbel*	طْبل
flute	*zommīra* *flūt (fr: flute)*	زُمّيرة فْلوت
oud, lute	*3ūd*	عود
ney (reed flute)	*nēy*	ناي
mizmaar (wooden flute)	*mizmār* *zommīra*	مِزْمار زُمّيرة
mezwed (traditional Tunisian goatskin 'flute')	*mizwid*	مِزْوِد
guitar string	*wtar -lgītāra (ewtār -lgītāra)*	وْتر الڨيتارة (أوْتار الڨيتارة)
piano keys	*lē tūš (fr: les touches) mtē3 ilpyēno*	لا توش مْتاع الپْيانو
to tune (a guitar, piano)	*3addel*	عدّل
in tune	*m3addel*	مْعدّل
out of tune	*mūš m3addel*	موش مْعدّل
orchestra	*orkistra*	اورْكِسْترْا

to dance	*šṭaḥ*	شْطح
a dance	*šaṭḥa*	شطْحة
dancer	*raqqāṣ*	رقّاص

ballet dancer	*raqqāṣ bēlē (fr: ballet)*	رقّاص بالَيْه
belly dancing	*raqaṣ šarqi*	رقص شرْقي

23 Games and Sports

toy, game	*lu3be (lu3ab)*	لُعْبة (لُعب)
doll, puppet	*3rūse (3rāyis)*	عْروسة (عْرايِس)
teddy bear	*debdūb (dbēdib)*	دبْدوب (دْبادِب)

to play a game	*l3ab lu3be*	لْعب لُعْبة
to play billiards	*l3ab bīlyārdū* *l3ab bīyār*	لْعب بيلْيارْدو لْعب بيبار
to play cards	*l3ab kārte*	لْعب كارْتة
turn	*dewr*	دَوْر
Whose turn is it?	*dewr škūn tewwe?*	دَوْر شْكون توّا؟
It's your turn.	*dewrik inti.*	دَوْرِك انْتِ.

chess	*šiṭranj* *ešēk*	شِطْرنْج أشاك
move	*ḫarke* *taḫrīke*	حرْكة تحْريكة
Check! (in chess)	*kuš!*	كُش!
Checkmate!	*ešēk ē mēt (fr: échec et mat)*	أشاك آ مات
(chess) piece	*qiṭ3a* *pyēs (fr: pièce)*	قِطْعة پْياس

king	*milik*	مِلِك
queen	*milike*	مِلِكة
bishop	*fū (fr: fou)*	فو
knight	*ђṣān*	حْصان
rook	*tūr (fr: tour)*	تور
pawn	*beydaq*	بَيْدق

backgammon	*bēgēmmõ*	باڤامّون
dice	*šīš bīš*	شيش بيش

sport	*spor*	سْپور
Do you like sports?	*tђibb ilspor?*	تْحِبّ السْپور؟
I like watching sports, but I don't play any.	*nђibb nitfarrij fī -sspor, emme mē-nil3abš.*	نْحِبّ نِتْفرِّج في السِّپْور، أمّا ما نِلْعبْش.
ball	*kūra (kwir)*	كورة (كْوِر)
soccer (UK: football)	*kūrit qadam* *kūra*	كورِة قدم كورة
goal	*gol*	ڨول
to score a goal	*marke gol*	مرْكا ڨول
soccer game (UK: football match)	*mētš kūra*	ماتْش كورة
soccer field (UK: football pitch)	*tērrã (fr: terrain) kūra (tērānēt kūra)* *mel3ab (melē3ib)*	تارّان كورة (تارانات كورة) ملْعب (ملاعِب)

(American) football	*kūrit qadam emrīkēniyye*	كورِة قدم أمْريكانِيّة
baseball	*beyzbol*	بَيْزْبول

basketball	*bēskēt*	باسْكات
basketball hoop	*sellit ilbēskēt*	سلّة الباسْكات
boxing	*boks*	بوكْس
golf	*golf*	ڤولْف
golf ball	*kūrit ilgolf*	كورِة الڤولْف
golf club	*klūb mtē3 golf*	كْلوب مْتاع ڤولْف
golf course	*tērrã mtē3 golf*	تارّان مْتاع ڤولف
hockey	*hokēy*	هوكاي
to ski, go skiing	*3mel skī*	عْمل سْكي
tennis	*tēnīs*	تانيس
tennis ball	*kūrit tēnīs*	كورِة تانيس
tennis court	*tērrã mtē3 tēnīs*	تارّان مْتاع تانيس
tennis net	*šebkit ittēnīs*	شبْكِة التّانيس
tennis racket	*rākēt mtē3 tēnīs*	راكات مْتاع تانيس
volleyball	*volēy (bol)*	ڥولي (بول)
volleyball net	*šebkit ilvolēy (bol)*	شبكِة الڥولي (بول)

to kick (a ball)	*šāṭ*	شاط
to hit	*ẓrab*	ضْرب
to throw	*rmē*	رْمى
to catch	*šedd*	شدّ
to win (a game); **to beat** (a team)	*rbaɧ*	رْبح
to lose (a game; to a team)	*xsar*	خْسر
Who won?	*škūn rbaɧ?*	شْكون رْبح؟

player	*lē3ib* *jūwør (fr: joueur)*	لاعِب جُوّور
team	*ferīq (firaq)* *ekīp* *ekīpe*	فريق (فِرق) أكيپ أكيپة
to play against (a team, a player)	*l3ab ẓid*	لْعب ضِد
champion	*bṭal (ebṭēl)*	بطل (أبْطال)
score	*ntīje* *skor*	نْتيجة سْكور
What's the score?	*qaddēš isskor?*	قدّاش السْكور؟
The score is two to four.	*isskor ŧnīn arb3a.* *inntīje ŧnīn arb3a.*	السْكور ثْنين أرْبْعة. النّتيجة ثْنين أرْبْعة.
They're tied three to three.	*t3ādlu tlēŧe tlēŧe.*	تْعادْلو تْلاثة تْلاثة.
The match ended in a draw (tie).	*ilmētš wfē ta3ādul.*	الماتْش وْفا تعادُل.
fitness	*fītnēs*	فيتْناس
exercise, workout, training	*ãtrēnmã (fr: entrainement)*	أونْتْرانْمون
to exercise, work out	*trēne*	تْرانا
How often do you exercise?	*titrēne kull qaddē?*	تِتْرانا كُلّ قدّاه؟
I try to exercise at least twice a week.	*nḫāwil nitrēne 3a-laql martīn fī -jjim3a.*	نْحاوِل نِتْرانا عالأقلّ مرْتين في الجِّمْعة.
I had a really good workout at the gym this morning.	*trēnīt b-ilgdē -lyūm ilṣbēḫ fī -ṣṣāle.*	تْرانيت بِالقْدا اليوم الصْباح في الصّالة.
gym, health club	*ṣāl dø spor (fr: salle de sport)*	صال دُ سْپور

to go to the gym	*mšē l-ṣāl dø spor*	**مشا لْصال دُ سْپور**
I go to the gym every morning.	*kull ṣbēɧ nimši l-ṣāl dø spor.*	كُلّ صْباح نِمْشي لْصال دُ سْپور.
membership	*ebonmã*	**أبونْمون**
to join a gym, become a member of a gym	*3mel ebonmã (fr: abonnement) fī ṣāl dø spor*	**عْمل أبونْمون في صال دُ سْپور.**
member	*mãbɣ (fr: membre)*	**مومْبغ**
How much is a monthly membership at this gym?	*b-qaddēš -lebonmã mtē3 šhar fī -ṣṣāl dø spor hēđī?*	بْقدّاش الأبونْمون مْتاع شْهر في الصّال دُ سْپور هاذي؟
Is there a contract?	*femme kõtrā?*	فمّا كونْتْرا؟
personal trainer	*ãtrēnør pērsonēl (fr: entraineur personnel)* *ãtrēnør xāṣṣ*	**أونْتْرانور پارْسونال** **أونْتْرانور خاصّ**
I'd like (to hire) a personal trainer.	*nɧibb ãtɣēnøɣ pēɣsonēl.* *nɧibb ãtrēnør xāṣṣ.*	نْحِبّ أونْتْغانوغ پاغْسونال نْحِبّ أونْتْرانور خاصّ.
training session	*sēãs d-ãtɣēnmã (fr: séance d'entrainement)*	**ساوُنس د أونْتْغانْمون**
How much does it cost per training session?	*b-qaddēš sēãs d-ãtɣēnmã?*	بْقدّاش ساوُنس د أونْتْغانْمون؟
My goal is to gain muscle.	*nɧibb nmeskel. (fr: muscle)*	نحِبّ نْمسْكل.
to gain weight	*smin*	**سْمِن**
I feel like I've gained a bit of weight.	*ɧāsis kēyinni zidt šweyye kīlūwēt.*	حاسِس كايِنّي زِدْت شْويّة كيلُوّات.
to lose weight	*ẓ3uf*	**ضْعُف**
I want to lose weight.	*nɧibb niẓ3āf.*	نْحِبّ نِضْعاف.
I need to lose five kilos.	*lēzimni nṭayyaɧ xamse kīlū.*	لازِمْني نْطيّح خمْسة كيلو.
to go on a diet	*3mel rejīm*	**عْمل رجيم**

I'm on a diet.	*ēne 3āmil rejīm.*	آنا عامل رجيم.
locker room, changing room	*vēstyēr (fr: vestiaire)*	**ڤاسْتْيار**
locker	*kēzyē (fr: casier)*	**كازْيا**
to change one's clothes	*beddel debšu* *beddel ɧwēyju*	**بدّل دبْشُه** **بدّل حْوايْجُه**
gym clothes, workout clothes	*ɧwēyij spor [pl.]* *ɧwēyij ãtrēnmã [pl.]*	**حْوايِج سپور** **حْوايِج أونْتْرانْمون**
a barbell; dumbbell	*altēɣ (fr: haltère)* *ɧdīd*	**ألْتاغ** **حْديد**
free weights	*pwā lībr (fr : poids libres)*	**پْوا ليبْر**
to lift weights	*hezz -lɧdīd*	**هزّ الحْديد**
weight machine	*mēkīnit müskülēsyõ (fr: musculation)*	**ماكينِة موسكولاسيون**
to adjust the weight	*3addel -lpwā (fr: poids)*	**عدّل الپْوا**
Adjust the weight before you get on the machine.	*3addel ilpwā qbel mē tixdim 3a-lmēkīne.*	عدّل الپْوا قْبل ما تِخْدِم عالماكينة.
Excuse me, how do you use this machine?	*sēmaɧni, kīfēš nista3melhe ilmēkīne hēđī?* *sēmaɧni, kīfēš nixdim bīhe ilmēkīne hēđī?*	سامحْني، كيفاش نِسْتعْملْها الماكينة هاذي؟ سامحْني، كيفاش نِخْدِم بيها الماكينة هاذي؟
to do cardio exercise	*3mel kārdyo*	**عْمل كارْدْيو**
to burn calories	*ɧraq dē kēlorī (fr: des calories)*	**حْرق دا كالوري**
running machine, treadmill	*tēpi (fr: tapis)*	**تاپي**
elliptical trainer	*ellīptīk (fr: elliptique)*	**ألّيپْتيك**
stationary bicycle	*bisklēt*	**بِسْكْلات**

to run; to jog, go jogging	*jrē*	**جْرى**
I usually spend 20 minutes on the running machine.	*-lekŧriyye ne3mil 3išrīn dqīqe 3a-ttēpī.* *-lekŧriyye ne3mil arb3e drāj 3a-ttēpī.*	الأكْثْرِيّة نعْمِل عِشْرين دقيقة عالتّاپي. الأكْثْرِيّة نعْمِل أرْبْعة دْراج عالتّاپي.
exercise	*egzārsīs*	**أڨْزارْسيس**
to do sit-ups, work one's abs	*xdim lē-zēbdo (fr: les abdos)*	**خْدِم لا زابْدو**
to do push-ups	*3mel būmbēt* *3mel pūš āp*	**عْمل بومْبات** **عْمل پوش آپ**
a set	*sērī*	**ساري**
reps	*marrāt [pl.]*	**مرّات**
Do three sets of ten reps each.	*a3mil tlēŧe sēriyyēt mtē3 3ašra marrāt.*	أعْمِل ثْلاثة سارِيّات مْتاع عشْرة مرّات.
Rest for one minute between sets.	*irtēħ dqīqa mē bīn issēriyyēt.*	اِرْتاح دْقيقة ما بين السّارِيّات.
to do aerobics	*3mel āyrobīk*	**عْمل آيروبيك**
to do yoga	*3mel yogā*	**عْمل يوڨا**
to push	*dezz*	**دزّ**
to pull	*jbid*	**جْبِد**
to lift	*hezz*	**هزّ**
to lower	*habbaţ*	**هبّط**
Lift the barbell over your head, then slowly lower it back down.	*hiz ileltēr fūq rāsik w b3dīke habbaţhe b-iššweyye.*	هِز الألْتار فوق راسِك، و بعْديكا هبّطْها بِالشْويّة.
to breathe in	*ijbid nfes*	**اِجْبِد نْفس**
to breathe out	*xarrij nfes*	**خرِّج نْفس**

Don't forget to breathe!	*mē-tinsēš bēš titneffes!*	ما تِنْساش باش تِتْنفّس!
a jump rope	*kūrde*	**كورْدة**
to jump rope	*neggiz b-ilkūrde*	**نقِّز بِالكورْدة**
scale	*mīzēn*	**ميزان**
to weigh oneself	*wzin rūḫu*	**وْزِن روحُه**

24 Travel and Vacations

travel, traveling	*sfer*	**سْفر**
to travel, go on a journey	*sēfir*	**سافِر**
vacation	*ṣlē3a* *3uṭle*	**صْلاعة** **عُطْلة**
to take a vacation	*ṣalla3*	**صلّع**
a trip	*riḫle*	**رِحْلة**
tourism	*siyēḫa*	**سِياحة**
tourist	*tūrīst*	**توريسْت**
to go on a tour	*mšē ydūr*	**مْشا يْدور**
tour guide	*gīd (fr: guide)* *muršid syēḫi*	**ڨيد** **مُرشِد سياحي**
tourist police	*šurṭit syēḫa*	**شُرْطِة سْياحة**

at the seaside	*3a-lbḫar*	**عالبْحر**
seaside resort	*wtīl 3a-lbḫar*	**وْتيل عالبْحر**
at the beach	*3a-ššaṭṭ*	**عالشّطّ**

on the coast	*3a-ssēђil*	**عالسّاحِل**
beach	*šaţţ (šţūţ)*	**شطّ (شْطوط)**
I just got back from the beach.	*mizzilt kī rawwaђt mi-ššaţţ.*	مِزِّلت كي روّحْت مِالشّط.
sand	*rmel*	**رْمل**
to build a sand castle	*bnē qşar b-irrmel*	**بْنى قْصر بِالرّمل**
sun umbrella, beach umbrella	*pārāsol (fr: parasol)*	**پاراسول**
to sunbathe	*tibranze*	**تِبْرنْزا**
to sunburn	*tiђraq b-iššems* *tišmis*	**تِحْرق بِالشّمْس** **تِشْمِس**
I'm so sunburned! It hurts!	*tiђraqt biēlššems, mewjū3!*	تِحْرقْت بِالشّمْس، مَوْجوع!
to put on sunblock	*ђaţţ ekrã (fr: écran)*	**حطّ أكْرون**
to tan	*tibranze*	**تِبْرنْزا**
tanned	*mitibranzi*	**مِتِبْرنْزي**
to go into the water	*hbaţ li-lmē*	**هْبط لِلْما**
wave	*mūje (mūj, mūjēt, emwēj)*	**موجة (موج، موجات، أمْواج)**
to swim	*3ām*	**عام**
swimming	*3ūmēn*	**عومان**
swimming pool	*pīsīn (fr: piscine)*	**پيسين**
Do you know how to swim?	*ta3rif t3ūm?*	تعْرِف تْعوم؟
I can swim pretty well.	*na3rif n3ūm b-ilgdē.*	نعْرِف نْعوم بِالقْدا.
I don't know how to swim.	*mē-na3rifš n3ūm.*	ما نعْرِفْش نْعوم.
to dive, go scuba diving	*ɣţus*	**غْطُس**
to snorkel	*3mel plõjē (fr: plongée)*	**عْمل پْلونْجا**

to go camping	*3mel kompīng*	عْمل كومْپينْق
camp	*muxayyim*	مُخيِّم
tent	*xīme (xyim)*	خيمة (خْيِم)
to go hiking, trek	*3mel rãdonnē (fr: randonnée)*	عْمل رونْدونّا

suitcase	*felīje*	فليجة
to pack one's suitcase	*ħazzar felījtu* *lemm felījtu*	حضّر فليجْتُه لمّ فليجْتُه
to unpack one's suitcase	*ħall felījtu*	حلّ فليجْتُه

passport	*pēspor (fr: passeport)*	پاسْپور
to get a passport	*ṭalla3 pēspor*	طلّع پاسْپور
passport photo	*taṣwīrit pēspor*	تصْويرةِ پاسْپور
to issue a visa	*ṭalla3 vīze*	طلّع ڥيزا
visa	*vīze (fr: visa)*	ڥيزا
tourist visa	*vīze tūrīstīk (fr: visa touristique)*	ڥيزا توريسْتيك
residence permit	*šhēdit iqāme*	شْهادةِ إقامة
work permit	*šhēdit 3amel*	شهادةِ عمل
valid	*ṣāliħ*	صالح
to expire	*wfē*	وْفا
abroad	*ilbarra*	البرّا
to travel abroad	*sēfir -lbarra*	سافِر البرّا
Have you ever been abroad?	*3umrikši sēfirt ilbarra?*	عُمْرِكْشي سافِرْت البرّا؟

border	*ɧdūd [pl.]*	حْدود
customs	*dīwēne*	دِيْوانة
customs officer	*dīwēnji*	دِيْوانْجي
to declare	*ṣarraɧ*	صرّح
to smuggle	*harrab* *kantar*	هرّب كنْتر
exchange office	*büro d- šãj (fr: bureau de change)*	بيرو د شونْج
to change money	*beddel ilflūs*	بدّل الفْلوس
I'd like to change $100 to Tunisian Dinars, please.	*brabbi nɧibb nbeddel myē dolār li-ddīnār.*	بْربيّ نْحِبّ نْبدّل مْياة دولار لِلدّينار.
exchange rate	*ilkūr*	الكور
ticket	*tiskra (tsēkir)*	تِسْكْرة (تْساكِر)
to buy a ticket	*šrē tiskra*	شْرا تِسْكْرة
airplane	*ṭayyāra*	طيّارة
flight	*ṭayarān*	طَيران
to fly	*ṭār*	طار
to book a seat	*rēzerve (fr: réserver) blāṣa* *ɧjiz blāṣa*	رازرْڥا بْلاصة حْجِز بْلاصة
I'd like to book a seat on the next available flight.	*nɧibb nrēzervi blāṣa fī aqrab sefre dīsponībl (fr: disponible).*	نْحِبّ نْرازرْڥي بْلاصة في أقْرب سفْرة ديسْپونيبْل.
first class	*prømyēr klēs (fr: premiere classe)* *først klēs (eng: first class)*	پْرومْيار كْلاس فورْسْت كْلاس

I've never flown first class before.	*3umri mē sēfirt prømyēr klēs.*	عُمْري ما سافِرْت پْرومْيار كْلاس.
business class	*biznis klēs*	**بيزْنِس كْلاس**
economy class, coach	*klēs ekonomīk*	**كْلاس أكونوميك**
airfare	*ɧaqq ittiskra*	**حقّ التِّسْكْرة**
The airfare was reasonable.	*ɧaqq ittiskra ma3qūl.* *ɧaqq ittiskra bēhi.*	حقّ التِّسْكْرة معْقول. حقّ التِّسْكْرة باهي.
airport	*maţār*	**مطار**
to check in	*tšek in*	**تْشاك إين**
aisle seat	*blāşa ɧđē -lellē (fr: allée)* *kursi ɧđē -lellē*	**بْلاصة حْذا الألّا** **كُرْسي حْذا الألّا**
window seat	*blāşa ɧđē -ššubbēk* *kursi ɧđē -ššubbēk*	**بْلاصة حْذا الشُّبّاك** **كُرْسي حْذا الشُّبّاك**
I prefer an aisle seat.	*mē đēbiyye blāşa ɧđē -lellē.*	ما ذابيّا بْلاصة حْذا الألّا.
gate	*bewwēbe* *gēyt*	**بوّابة** **ڨايْت**
to board	*ţla3*	**طْلع**
to be delayed	*waxxar* *-twaxxar*	**وخّر** **اتْوخّر**
Your flight has been delayed by two hours.	*ilvol (fr: vol) mtē3ik waxxar b-sē3tīn.* *riɧltik twaxxarit b-sē3tīn.*	الڤول مْتاعِك وخّر بْساعْتين. رِحْلتِك تْوخّرِت بْساعْتين.
to be canceled	*tilɣa* *ennülē (fr: annulé)*	**تِلْغى** **أنّولا**
to take off	*ţla3*	**طْلع**

Our flight leaves in 30 minutes from gate 5.	*ţayyāritne tiţla3 ba3d nuşş sē3e mi-lgēyt nūmru xamse.*	طيّارتْنا تِطْلع بعْد نُصّ ساعة مِالڤايت نومْرو خمْسة.
to land	*hbaţ*	**هْبط**
pilot	*pīlot (pīlotēt)*	**پيلوت (پيلوتات)**
flight attendant	*muẓīf*	**مُضيف**
to transfer, change planes	*eskēl (fr: escale)*	**أسكال**
I had a 3-hour layover in Dubai.	*3melt tlēŧe swēya3 eskēl fī dubey.*	عْملت تلاثة سوايع أسكال في دُبي.

train	*trīnu (trīnūwēt)*	**تْرينو (تْرينُوّات)**
to take the train	*rkib fī -ttrīnu*	**رْكِب في الترْينو**
first class	*prømyēr klēs (fr: premiere classe)* *først klēs (eng: first class)*	**پْرومْيار كْلاس** **فورْسْت كْلاس**
second class	*døzyēm klēs*	**دُزْيام كْلاس**
third class	*trwāzyēm klēs*	**تْرْوازْيام كْلاس**
train station	*engār* *mħaţţit ittrīnu*	**أنڤار** **مْحطّة الترْينو**
one-way ticket	*tiskra meši* *tiskra jey*	**تِسْكْرة مشي** **تِسْكْرة جَي**
round-trip ticket	*tiskra meši-jey* *tiskra ellē-røtūr (fr: allée-retour)*	**تِسْكْرة مشي-جي، تِسكْرة ألّا-رْتور**
waiting room	*sēl dāttāt (fr: salle d'attente)*	**سال داتّونت**
platform	*plētform*	**پْلاتْفورْم**
track, rails	*sikke*	**سِكّة**
railway, railroad	*sikkit ittrīnu*	**سِكّة الترْينو**

to arrive	*wṣil*	**وْصِل**
arrival	*wṣūl*	**وْصول**
to depart	*mšē*	**مْشى**
departure	*meši*	**مشي**
compartment	*maqṣūra*	**مقْصورة**
(train) car	*vēgūne*	**ڥاڤونة**
express	*trīnu eksprēs*	**تْرينو أكْسْپْراس**
non-express train	*trīnu 3ādi*	**تْرينو عادي**
to change trains	*beddel ittrīnu*	**بدّل الترْينو**

bus	*kār (kīrān)*	**كار (كيران)**
to take the bus	*xđē -lkār*	**خْذا الكار**
I took a bus from Tunis to Sousse.	*xđīt kār min tūnis l-sūse.*	خْذيت كار مِن تونِس لْسوسة.
air-conditioned	*klīmātīzør (fr: climatiseur)*	**كْليماتيزور**
comfortable	*mirtēђ*	**مِرْتاح**
uncomfortable, tiring	*mūš mirtēђ*	**مِوش مِرْتاح**
bus station	*ārrē -lkār*	**آرّا الكار**

hitchhiking	*otostop*	**أوتوسْتوپ**
to hitchhike	*waqqaf otostop*	**وقّف أوتوسْتوپ**
hitchhiker	*illi ywaqqaf otostop*	**اِلّي يْوقّف أوتوسْتوپ**
Hitchhiking is dangerous.	*-lotostop muxṭir.*	الأوتوسْتوپ مُخْطِر.

hotel	*wtīl (witle)*	**وْتيل (وِتْلة)**

to reserve, book	*rēzerve (fr: reserver)*	رازرْڤا
I have a reservation.	*3andi rēzervēsyō̃.*	عنْدي رازرْڤاسْيُون.
room	*bīt (byūt)*	بيت (بْيوت)
I want to book a room.	*nɧibb nrēzervi bīt.*	نْحِبّ نْرازرْڤي بيت.
a single room	*bīt singl*	بيت سِنْڨْل
a double room	*bīt dūbl (fr: double)*	بيت دوبْل
How much is it per night?	*b-qaddēš illīle?*	بْقدّاش اللّيلة؟
I'd like to stay for three nights.	*nɧibb nuq3ud tlēṯe lyēli.*	نْحِبّ نُقْعُد ثْلاثة لْيالي.
to check in	*3mel tšek in*	عْمل تْشاك إين
to check out	*3mel tšek ēwt*	عْمل تْشاك آوت
What time is checkout?	*waqtēš ittšek ēwt?*	وقْتاش التْشاك آوت؟
lobby	*hol (fr: hall)*	هول
porter	*bewwēb*	بوّاب

25 Government and Politics

government	*ɧkūme* *ɧukūme*	حْكومة حُكومة
to govern, rule over	*ɧkum*	حْكُم
cabinet	*mejlis wzarā*	مجْلِس وْزراء
ministry, department	*wzāre*	وْزارة
minister, secretary	*wzīr (wizra)*	وْزير (وِزْرا)
prime minister	*raʔīs -lwzarā*	رئيس الوْزراء

parliament	*barlemēn* *mejlis iššaʕb*	برْلمان مجْلِس الشّعْب
member of parliament, MP	*3iẓw fī -lbarlemēn*	عِضْو في البرْلمان
president	*raʔīs (ruʔesē)*	رئيس (رُؤساء)
vice president	*nēyb -rraʔīs*	نايْب الرّئيس
republic	*jumhūriyye*	جُمْهوريّة
The Republic of Tunisia (Tunisia's official name)	*iljumhūriyye -ttūnisiyye*	الجُمْهوريّة التّونِسِيّة

kingdom	*memleke (memēlik)*	ممْلكة (ممالِك)
monarchy, royalty	*mulukiyye*	مُلُكِيّة
king	*melek (mulūk)*	ملك (مُلوك)
queen	*melike*	ملِكة
prince	*ēmīr (umarā)*	أمير (أُمراء)
princess	*ēmīra*	أميرة
emperor	*emberāṭor*	امْبراطور
empress	*emberāṭora*	امْبراطورة
empire	*emberāṭorīyye*	امْبراطورِيّة

people, nation	*ša3b (š3ūb, šu3ūb)*	شعْب (شْعوب، شُعوب)
citizen	*muwāṭin (muwāṭnīn)*	مُواطِن (مُواطْنين)
to vote	*ṣawwit*	صوِّت
voter	*nēxib*	ناخِب
majority	*aɣlebiyye*	أغْلبِيّة
minority	*aqalliyye*	أقلِّيّة

(political) party	*ɧizeb (aɧzēb)*	**حِزب (أحْزاب)**
to nominate	*raššaɧ*	**رشّح**
nomination	*taraššuɧ*	**ترشُّح**
elections	*intixābēt [pl.]*	**إنْتِخابات**
to elect	*intxab* *intaxab*	**إنْتْخب** **إنْتخب**
He was elected president.	*intaxbūh raʔīs.*	إنْتْخْبوه رئيس.
presidential term	*fetrit irriʔēse*	**فتْرِة الرِّئاسة**
In the US, a president can serve a maximum of two terms.	*fī emerīkye irraʔīs mē-ynejjimš yuq3ud ekŧir min zūz fetrāt riʔēsiyye.*	في أمْريكْيا الرّئيس ما يْنجِّمْش يُقْعُد أكْثرِ مِن زوز فترْات رِئاسِيّة.
democracy	*dīmuqrāţiyye*	**ديمُقْراطِيّة**
democratic	*dīmuqrāţi*	**ديمُقْراطي**
constitution	*dustūr (dsētir, desētir)*	**دُسْتور (دْساتِر، دساتِر)**
reform	*işlēɧ (işlēɧāt)*	**إصْلاح (إصْلاحات)**
dictator	*diktātūr*	**دِكْتاتور**
dictatorship	*diktātūriyye*	**دِكْتاتورِيّة**
capital, capital city	*3āşme (3awāşim)*	**عاصْمة (عواصِم)**
Tunis is the capital of Tunisia.	*tūnis hiyye 3āşimt tūnis.*	تونِس هِيَّ عاصِمْة تونِس.
province	*mɧāfʐa*	**مْحافْظة**
state	*wilēye*	**وِلاية**
politics	*siyēse*	**سِياسة**

political; politician	*siyēsi*	سِياسي
summit	*qimme*	قِمّة

demonstration, protest	*muẓāhra*	مُظاهْرة
march	*mesyira*	مسْيرة
to demonstrate, protest	*itẓāhir*	اتْظاهِر
demonstrator, protester	*mutẓāhir*	مُتْظاهِر
revolution	*ŧewra*	ثَوْرة

society	*mujtema3*	مُجْتمع
social	*ijtimē3i*	إجْتِماعي
free	*ђur (aђrār)*	حُر (أحْرار)
freedom	*ђurriyye*	حُرِّيّة

26 Crime and Justice

crime	*jrīme (jrāyim)*	جْريمة (جْرايِم)
criminal	*mujrum (mjarrme)*	مُجرِم (مْجرْمة)
to commit a crime	*3mel jrīme*	عْمل جْريمة
to break the law	*mē-ђtaramš ilqānūn*	ما احْترمْش القانون
theft	*sirqa*	سِرْقة
to steal, rob	*sraq*	سْرق
thief	*sēriq*	سارِق
to break into a house	*iqtaђam dār*	اقْتحم دار

rape	*iɣtişāb*	اِغْتِصاب
to rape	*iɣtaşib*	اِغْتصِب
murder	*qatl* *jrīme*	قتْل جْريمة
to murder, kill	*qtal*	قْتل
murderer	*qātil (arwēɧ)* *mujrum*	قاتِل (ارْواح) مُجرُم
assault	*i3tidēʔ*	اِعْتِداء
to assault, attack	*t3adde 3lē*	اتْعدّى عْلى
vandalism	*taxrīb*	تخْريب
to vandalize	*xarrab*	خرّب
to pickpocket	*krif*	كْرِف
a pickpocket	*neššēl* *karrēf*	نشّال كرّاف

to arrest	*waqqaf*	وقّف
to be arrested	*twaqqaf*	اتْوقّف
to interrogate	*istejwib*	اِسْتجْوِب

court	*maɧkme (maɧākim)*	محْكْمة (محاكِم)
justice	*3adl*	عدْل
judge	*qāz̧i (quz̧āt)*	قاضي (قُضاة)
lawyer	*muɧāmi (muɧāmīn)*	مُحامي (مُحاميين)
prosecutor	*ilmudda3i -l3āmm*	المُدّعي العامّ
law	*qānūn (qawānīn)*	قانون (قَوانين)

legal	*qānūni*	**قانوني**
illegal	*mūš qānūni*	**موش قانوني**
I think that's illegal.	*nitṣawwir mūš qānūni.*	نِتْصوِّر موش قانوني.

judgment, sentence	*ɧukm (aɧkēm)*	**حُكْم (أحْكام)**
to convict	*ithem*	**اِتْهم**
punishment	*3qūbe*	**عْقوبة**
to sentence __ to	*ɧkum 3lē __ b-*	**حكُم عْلى __ بْـ**
The judge sentenced him to five years in prison.	*ilqāẓi ɧkum 3līh b-xamse snīn ɧabs.*	القاضي حكُم عْليه بْخمْسة سْنين حبْس.
prison	*ɧabs (ɧbūsēt)*	**حبْس (حْبوسات)**
to be sentenced	*tiɧkem 3līh*	**تِحْكم عليه**
He was sentenced to life in prison.	*tiɧkem 3līh muʔebbed.*	تِحْكم عليه مُؤبّد.
in prison, imprisoned; prisoner	*maɧbūs* *marbūṭ*	**محْبوس** **مرْبوط**
to escape from prison	*hrab mi-lɧabs*	**هْرب مِالحبْس**
death sentence, capital punishment	*i3dēm*	**إعْدام**
I don't believe in the death penalty.	*ēne mē-nneminš b-3uqūbit ili3dēm.*	آنا ما نّمِنْش بعُقوبةِ الإعْدام.
to accuse __ of	*thim __ b-*	**تْهِم __ بْ**
He was accused of murdering his wife.	*tihmūh illi qtel martu.*	تِهْموه اِلّي قْتل مرْتُه.
accused of	*mithem b-*	**مِتْهم بْـ**
charge, accusation	*tuhme (tuhem)*	**تُهْمة (تُهم)**
defense	*difē3*	**دِفاع**

to be hanged	*tišnaq*	تِشْنق

27 Money

money; funds	*flūs [pl.]*	فْلوس
currency	*3umle*	عُمْلة
dollar	*dolār*	دولار
euro	*øro (ørowēt)*	أورو (أورُوّات)
pound sterling	*pēwnd* *pūnde*	پاوْنْد پونْدة
Tunisian dinar	*iddīnār ittūnsi*	الدّينار التّونْسي
millime (1,000 millimes = 1 dinar)	*millīm*	مِلّيم
500 millimes	*xamsimyēt millīm* *nuṣṣ dīnār*	خمْسِمْيات مِلّيم نُصّ دينار
50 dinars	*xamsīn dīnār*	خمْسين دينار
coin	*byēse*	بْياسة
bill	*warqa (awrāq)*	ورْقة (أوْراق)
a 10-dinar bill	*warqa b-3ašra ilēf (lit. 10,000-millime bill)*	ورْقة بْعشْرة اِلاف
a 50-dinar bill	*warqa b-xamsīn elf (lit. 50,000-millime bill)* *warqa b-xamsīn dīnār*	ورْقة بْخمْسين ألْف ورْقة بْخمْسين دينار
change (coins)	*ṣarf*	صرْف
to break a bill, make change	*ṣarraf*	صرّف
Could you break this bill, please?	*brabbi tnejjim tṣarraf-lī?*	بْربيّ تْنجِّم تْصرّفْلي؟

tax	*tēks* *ẓarībe (ẓarāyib)*	تاكْس ضريبة (ضرايِب)
to tax	*fraẓ tēks 3lē*	فْرض تاكْس عْلى
to pay taxes	*xallaṣ tēks*	خلّص تاكْس
to evade taxes	*hrab mi-ttēks*	هْرب مِالتّاكْس
VAT (sales tax)	*tē vē ā*	ت.ڥ.آ. (TVA)

income	*medxūl*	مدْخول
expenses	*maṣārīf [pl.]*	مصاريف
financial, fiscal, monetary	*mēli*	مالي
rich	*ɣnī (ɣunye)*	غْني (غُنْيا)
wealth	*ŧarwe*	ثرْوة
poor	*fqīr (fqāra)*	فْقير (فْقارا)
poverty	*faqr*	فقْر
upper class	*iṭṭabqa -lɣniyye*	الطّبْقة الغْنيّة
middle class	*iṭṭabqa ilwusṭa* *iṭṭabqa -lmitwessṭa*	الطّبْقة الوُسْطى الطّبْقة المِتْوسّْطة
working class	*iṭṭabqa il3āmle*	الطّبْقة العامْلة

28 Business and Commerce

business, commercial venture; commerce, trade	*tijāra* *komērs* *biznis*	تِجارة كومارْس بِزْنِس

commercial	*tijēri*	تِجاري
merchant, salesperson	*beyyē3 (beyyē3e)* *tējir (tujjār)*	بيّاع (بيّاعة) تاجر (تُجّار)
store, shop	*ḫānūt (ḫwēnit)*	حانوت (حْوانِت)

businessman; entrepreneur	*rjul a3mēl*	رجُل أعْمال
businesswoman	*fām d-ēffēr (fr: femme d'affaire)*	فام دافّار
to start one's own business	*lanṣa -lmešrū3 mtē3u* *bdē fī -lmešrū3 mtē3u*	لنْصا المشْروع مْتاعُه بْدا في المشْروع مْتاعُه

company	*šerīke*	شريكة
to go on a business trip	*sēfir fī xidme*	سافِر في خِدْمة
committee	*lejne*	لجْنة
board, council	*mejlis (mejēlis)*	مجْلِس (مجالِس)
chair, chairman	*raʔīs (ruʔesē)*	رئيس (رُؤَساء)
administration	*idāra*	إدارة
to meet	*qābil* *3mel ijtimē3*	قابِل عْمل اِجْتِماع
meeting	*ijtimē3*	اِجْتِماع
appointment	*rãdēvu (rãdēvuwēt) (fr: rendez-vous)*	رونْداڥو (رونْداڥوّات)
to cancel	*lɣa*	لْغى
to postpone	*ejjel* *waxxar*	أجّل وخّر
conference	*muʔtemar*	مُؤْتمر

seminar	*semīnēr (fr: séminaire)* *nedwe*	سمينار ندْوة
proposal	*3arẓ (3urūẓ)* *iqtirāђ*	عرْض (عْروض) اِقْتِراح
office	*bīrū (bīrūwēt)*	بيرو (بيرُوّات)
head office, head quarters	*maqar raʔīsi*	مقر رئيسي

factory	*ma3mil (m3āmil)*	معْمِل (مْعامِل)
to manufacture	*ṣna3*	صْنع
industry	*ṣinē3e*	صِناعة

29 Agriculture

agriculture	*flēђa*	فْلاحة
farm	*sēnye (swēni)*	سانْية (سْواني)
farmer	*fellēђ (fellēђa)*	فلّاح (فلّاحة)

barn, pen, corral, coop	*ђaẓīra*	حظيرة
cattle	*bgar [collective]* *begrāt [pl.]*	بْقر بقْرات
cow	*begra*	بقْرة
to milk	*ђlib*	حْلِب
donkey	*bhīm (bhēyim)*	بْهيم (بْهايِم)
goat	*mi3ze (mi3zēt, m3īz)*	مِعْزة (مِعْزات، مْعيز)

The farmer is out feeding his goats.	*ilfellēɧ ilbarra ywekkil fī mi3zētu.*	الفلّاح البرّة يْوكّل في مِعْزاتُه.
mule	*bɣal (bɣūle)*	**بْغل (بْغولة)**
pig	*ɧallūf (ɧlēlif)*	**حلّوف (حْلالِف)**
sheep	*3allūš (3alēliš)* *ɣnem [collective]*	**علّوش (علالِش)** **غْنم**
shepherd	*rā3i -lɣnem*	**راعي الغْنم**

chicken, hen	*djēje (djēj)*	**دْجاجة (دْجاج)**
rooster (UK: cock)	*serdūk (srēdik)*	**سرْدوك (سْرادِك)**
chick	*fellūs (flēlis)*	**فلّوس (فْلالِس)**
to lay an egg	*bāẓ 3aẓme*	**باض عظْمة**
duck	*baţţa (baţţāt, baţţ)*	**بطّة (بطّات، بطّ)**
goose	*wizze (wezz, wizzēt)*	**وِزّة (وزّ، وِزّات)**
turkey	*dendūn*	**دنْدون**

camel	*jmel (jmēl, jmūle)*	**جْمل (جْمال، جْمولة)**
horse	*ɧşān (uɧşne)*	**حصان (أُحْصْنة)**
stable	*zrībe*	**زْريبة**
to graze	*r3ā*	**رْعى**
hay	*tbin*	**تْبِن**
field	*arẓ (arāẓi)*	**أرْض (أراضي)**

to plow	*ɧraŧ*	**حْرث**
tractor	*traktūr*	**ترْكْتور**

orchard	*bustēn*	بُسْتان
to plant	*zra3*	زْرع
to irrigate	*sqā*	سْقى
harvest	*ɧaṣād*	حصاد
to harvest	*ɧṣid*	حْصِد
wheat	*qamɧ*	قمْح
corn	*qṭānye*	قْطانْيا
grain, cereals	*ɧbūb*	حْبوب

30 Military

war	*ɧarb (ɧrūbēt)*	حرْب (حْروبات)
peace	*silm*	سِلْم
to declare war on	*3lin ilɧarb 3lē*	عْلِن الحرْب عْلى
to be at war with	*kēn fī ɧarb ẓid*	كان في حرْب ضِد
military; army	*3askir* *jeyš*	عسْكِر جَيْش
air force	*quwwēt jewiyye [pl.]*	قُوّات جَوِيّة
navy	*quwwēt baɧriyye [pl.]*	قُوّات بحْرِيّة
soldier	*jundi (junūd)* *jeyš*	جُنْدي (جُنود) جَيْش
sailor	*baɧɧār (baɧɧāra)*	بحّار (بحّارة)
to recruit, enlist	*jennid*	جنِّد
battle	*ma3rke*	معْركة

attack	*hujūm*	هُجوم
to attack	*hējim*	هاجِم
to defend	*dēfa3*	دافع
defense	*difē3*	دِفاع
bomb	*qunble (qnēbil)*	قُنْبْلة (قْنابِل)
grenade	*grønād (fr: grenade)*	ڨْروناد
to explode	*itfarqa3* *iṭṭaršaq* *itqanbel*	اِتْفرْقع اِطّرْشق اِتْقنْبل
explosion	*tqanbīl*	تْقنْبيل
mine	*luɣm (elɣām)*	لُغْم (ألْغام)
missile	*ṣārūx (ṣwērix)*	صاروخ (صْوارِخ)
tank	*tenk* *dbbēbe*	تنْك دْبّابة
to occupy	*aђtel*	اَحْتل
occupation	*iђtilēl*	اِحْتِلال
to liberate	*ђarrar*	حرّر
liberation	*taђrīr*	تحْرير

31 The Mind

mind	*3qal (3qūlēt)*	عْقل (عْقولات)
consciousness	*wa3y*	وعْي
to think about	*fekkar fī*	فكّر في

What are you thinking about?	*fēš tfekkar?*	فاش تْفكّر؟
to remember	*tfekkar* *tđekkar*	**اتْفكّر** **تْذكّر**
Do you remember me?	*tfekkartnī?* *tđekkartnī?*	اتْفكّرْتْني؟ اتْذكّرْتْني؟
to remind __ about	*đekkar __ fī*	**ذكّر __ في**
Remind me to set my alarm.	*đekkarni n3ammar ilelārm.*	ذكّرْني نْعمّر الألارْم.
to plan on	*xaţţiţ l-*	**خطّط لـ**
plan	*xuţţe (xuţaţ)*	**خُطّة (خُطط)**
to forget	*nsē*	**نْسى**
forgetful	*nessēy*	**نسّاي**
memory	*đikra (đikrayēt)* *sūvønīr (fr: souvenir)*	**ذِكرى (ذِكرَيات)** **سوڤْنير**
to believe	*şaddaq*	**صدّق**
I don't believe that!	*mē-nşaddaqš!*	ما نْصدّقْش!
to understand	*fhim*	**فْهِم**
understanding	*fehm*	**فهْم**
to decide	*qarrar*	**قرّر**
decision	*qarār*	**قرار**
to know	*3raf*	**عْرف**
knowledge	*ma3rfe*	**معْرْفة**
to imagine	*txayyal*	**اتْخيّل**
imagination	*xeyēl*	**خَيال**
to guess	*ţalla3*	**طلّع**

How did you guess?	*kīfēš ţalla3t?*	كيفاش طلّعْت؟
guess	*ţullī3a*	**طُلّيعة**
to predict, expect	*twaqqa3*	**اتْوقّع**
prediction	*teweqqu3*	**تَوَقُّع**
crazy, insane	*mehbūl* *mejnūn*	**مهْبول** **مجْنون**
intelligent, clever	*đkī (đkīyīn)*	**ذْكي (ذْكيِّين)**
intelligence, intellect	*đkē*	**ذْكا**
stupid	*mūš đkī* *bhīm (lit. donkey)*	**موش ذْكي** **بْهيم**
stupidity, idiocy	*bhēme*	**بْهامة**

32 Feelings

feeling, emotion	*iђsēs*	**إحْساس**
to feel	*ђass*	**حسّ**
feeling good, comfortable, at ease	*mirtēђ*	**مِرْتاح**
feeling bad, uncomfortable, ill at ease	*mūš mirtēђ*	**موش مِرْتاح**
How do you feel?	*kīfēš tђiss fī rūђik?*	كيفاش تْحِسّ في روحِك؟
to laugh	*ẓђak*	**ضْحك**
laughter	*ẓaђke* *ẓuђke*	**ضحْكة** **ضُحْكة**
to cry	*bkē*	**بْكى**

to smile	*-tbessem*	**اتْبسّم**
to frown	*keššax*	**كشّخ**
happy	*ferħān*	**فرْحان**
I'm really happy about the news.	*ēne b-ilħaq ferħān bhe -laxbār.*	آنا بِالحق فرْحان بْها الأخْبار.
sad	*ħzīn (ħzēne, ħzēn)*	**حْزين (حْزانا، حْزان)**
very sad, depressed	*fī ħāle*	**في حالة**
upset, angry (with __ about __)	*mnerviz (mnervzīn) (min __ 3lē __)* *mitɣaššiš (mitɣaššīn) (min __ 3lē __)*	**مْنرْڤِز (مْنرْڤْزين) مِن __ عْلى __** **مِتْغشِّش (مِتْغشّين) مِن __ عْلى __**
to annoy	*feddid*	**فدِّد**
annoyed by, fed up with	*fēdid min* *fēdid 3lē*	**فادِد مِن** **فادِد عْلى**
I'm really annoyed at myself for that.	*b-ilħaq fēdid 3lē rūħi 3a-lħkēye.*	بِالحق فادِد عْلى روحي عالحْكاية.
annoying	*yfeddid*	**يْفدِّد**
to surprise	*3mel sürprīz* *fēji?*	**عْمل سُرْپْريز** **فاجِئ**
That really surprises me.	*hēđē b-ilħaqq fēji?ni.*	هاذا بِالحقّ فاجِئْني.
surprising	*mufēji?*	**مُفاجِئ**
to be surprised	*tfēji?*	**اتْفاجِئ**
surprised	*mitfēji?*	**مِتْفاجِئ**
excited about	*mitħammis*	**مِتْحمِّس**
exciting	*mušewwiq*	**مُشوِّق**
tired	*tē3ib*	**تاعِب**

tiring	*yta33ab*	يْتعّب
to fear, be afraid of	*xāf min*	خاف مِن
fear	*xūf*	خوف
proud of	*ferɧān b-*	فرْحان بـ
embarrassed by	*ɧāšim b-*	حاشِم بـ
thankful, grateful	*mu3terif* *yrā bīh*	مُعْترِف يرا بيه

33 Personality

personality	*šaxṣiyye*	شخْصِيّة
modest	*mitwwāẓa3*	مِتْواضع
shy	*ɧaššēm*	حشّام
friendly	*emīkēl (fr: amical)*	أميكال
sociable	*sosyēbl (fr: sociable)*	سوسْيابل
cruel, harsh	*xāyib* *mismēm*	خايِب مِسْمام
kind	*ṭayyib* *jãti (fr: gentil)*	طيِّب جونْتي
generous	*krīm*	كْريم
greedy	*ṭammē3*	طمّاع
hard-working, diligent	*xaddēm*	خدّام
lazy	*bxīl*	بْخيل
serious	*jiddi* *sēryø (fr: sérieux)*	جِدّي سارْيو

funny, jovial, likeable	*fedlēk*	**فدْلاك**
nice, pleasant, sweet	*maɧlēh*	**محْلاه**
jovial, merry, lively	*baɧbūɧ*	**بحْبوح**
strange	*bīzār (fr: bizarre)*	**بيزار**
jealous, envious	*muɣyār*	**مُغْيار**

34 Likes and Dislikes

to like, love	*ɧabb*	**حبّ**
I like traveling and learning foreign languages.	*nɧibb nsēfir w nit3allim luɣāt jdud.*	نْحِبّ نْسافِر و نِتْعلِّم لُغات جْدُد.
to enjoy	*itfarhid*	**اِتْفرْهِد**
to hate	*krah*	**كْره**
I hate getting up early.	*nakrah ilqūmēn bikri.*	نكْره القومان بِكْري.

interested in	*muhtem b-*	**مُهْتم بـ**
I'm not interested in politics.	*mēnīš muhtem b-issiyēse.*	مانيش مُهْتم بـالسِّياسة.
hobby	*hiwēye*	**هِواية**
What are your hobbies?	*šnūme hiwēyētik?*	شْنوما هِواياتِك؟
to praise	*škar* *mdaɧ*	**شْكر** **مْدح**
praise	*šukr* *madɧ*	**شُكْر** **مدْح**
to criticize	*nqad*	**نْقد**

criticism	*naqd*	**نقْد**
to complain about	*škē*	**شْكى**
complaint	*škēye (škēwi)*	**شْكاية (شْكاوي)**
to admire, like	*mu3jib b-*	**مُعْجِب بـ**
I love this color.	*nђibbu -llūn hēđē.*	نْحِبُّه اللّون هاذا.
to prefer __ to	*xayyar __ 3lē*	**خيّر __ على**
I prefer the train to the bus.	*ēne nxayyar iltrīnu 3a-lkār.*	آنا نْخيّر الترْينو عالكار.

35 Opinions and Agreement

agreement	*mufēhme*	**مُفاهْمة**
certain, sure	*mitekkid*	**مِتْأكِّد**
okay	*bēhi* *okē*	**باهي** **أوكا**
to get along with; agree with	*-tfēhim m3a*	**اتْفاهِم مْعَ**
They don't get along (with each other) very well.	*hūme mē-yitfēhmūš barše m3a b3aẓhum.*	هوما ما يِتْفاهْموش برْشا مْعَ بعْضْهُم.
to argue about	*itnēqiš fī*	**اِتْناقِش في**
They're always arguing about politics.	*hūme dīme yitnēqšu fī -ssiyēse.*	هوما ديما يِتْناقْشو في السِّياسة.
to have a discussion	*-tђāwir m3a*	**اتْحاوِر مْع**
to disagree with	*mē-tfēhimš m3a* *txālif m3a*	**ما اتْفاهِمْش مْع** **اتْخالِف مْع**

opinion	*rāy (ārā?)*	**راي (آراء)**
What do you think about __?	*šnuwwe rāyik fī __?*	شْنُوّا رايِك في __؟
I think...	*nitṣawwir..*	**نِتْصوِّر..**
in my opinion	*fī rāyi...* *min rāyi...*	**في رايي...** **مِن رايي...**

36 Desires and Intentions

desire	*šēhye (šhēwi)*	**شاهْية (شْهاوي)**
to desire	*šthē*	**اشْتْهى**
intention	*niyye (nwēye)*	**نِيّة (نْوايا)**
to want	*ɧabb (3lē)*	**حبّ (عْلى)**
I want to...	*nɧibb (3lē)...*	**نْحِبّ (عْلى)...**
I want a car.	*nɧibb 3lē karhbe.*	نْحِبّ عْلى كرْهْبة.
I don't want...; I don't feel like...	*mē-3īnīš*	**ما عينيش**
I don't want to eat anything.	*mē-3īni nēkil ɧatte šey.*	ما عيني ناكِل حتّى شَي.

to wish, hope	*tmenne*	**اتْمنّى**
I hope that...	*nitmenne...* *inšālle...*	نِتْمنّى... اِن شا الله...
I hope to see you again.	*inšālle n3āwid nšūfik marra uxra.*	اِن شاء الله نْعاوِد نْشوفِك مرّة أُخْرى.

I hope nothing happened to him.	*inšālle yiṭla3 mē-ṣārlu šey.* *inšālle yiṭla3 mē-jrēlū šey.*	اِن شاء الله يِطْلع ما صارْلُه شَي. اِن شاء الله يِطْلع ما جْرالُه شَي.
I wish...	*mē-ṣāb...* *yē rīt...*	**ما صاب...** **يا ريت...**
I wish I were in Tunisia.	*mē-ṣābni jīt fī tūnis.*	ما صابْني جيت في تونِس.
I wish I had a car.	*mē-ṣāb jēt 3andi karhbe.*	ما صاب جات عنْدي كرْهْبة.
to look forward to	*mēđēbīye* *mitšewwiq*	**ماذابِيّا** **مِتْشوِّق**
I'm looking forward to meeting you.	*mēđēbīye nqāblik.* *mitšewwiq bēš nqāblik.*	ماذابِيّا نْقابْلِك. مِتْشوِّق باش نْقابْلِك.

37 Religion

religion	*dīn (edyēn)*	**دين (أدْيان)**
religious (concerning religion)	*dīni*	**ديني**
faith, belief	*īmēn*	**إيمان**
secular	*3ilmēni*	**عِلْماني**
to believe in	*mimmin b-*	**مِمّن بْـ**
Do you believe in God?	*inti temmen b-rabbi?*	اِنْتِ تمّن بْربّي؟
religious (person)	*middeyyin (middeyynīn)*	**مِدّيِّن (مِدّيْنين)**
He's a very religious man.	*huwwe middeyyin barše.*	هُوَّ مِدّيِّن برْشا.
ceremony	*ṭaqs (ṭuqūs)*	**طقْس (طُقوس)**

to pray	*d3ā*	**دْعى**
prayer	*du3ā?*	**دُعاء**
She prayed to God that her son would be alright.	*hiyye d3āt rabbi bēš wildhe ykūn lē-bēs.*	هِيَّ دْعات ربيّ باش وِلْدْها يْكون لاباس.
soul	*rūђ (arwēђ)*	**روح (أرْواح)**
Heaven, Paradise	*jenne*	**جنّة**
a god	*ilēh (ēlhe, lē dyø)*	**إله (آلْهة، لا دْيو)**
a goddess	*ēlhe*	**آلْهة**
God, Allah	*allāh* *rabbi*	**الله** **ربيّ**
prophet	*nebi (enbiyē?)*	**نبي (أنْبِياء)**
messenger	*rasūl (rusl)*	**رسول (رُسْل)**
angel	*mlēyke (mlēyke)*	**مْلايْكة (مْلايْكة)**
jinn, genie	*jin (jnūn)*	**جِن (جْنون)**
Hell	*jhennem*	**جْهنّم**
devil, demon	*šīṭān (šwāṭin)*	**شيطان (شْواطِن)**
the Devil, Satan	*blīs*	**ابْليس**
sin	*đenb (đnūb)*	**ذنْب (ذْنوب)**
to sin	*rakkib đenb (3lē rūђu)*	**ركّب ذنْب (عْلى روحُه)**
evil (noun)	*šarr*	**شرّ**
evil (adjective)	*širrīr (ešrār)*	**شِرّير (أشْرار)**
superstition	*xrāfe*	**خْرافة**
superstitious (person)	*yimmin b-ilxrāfēt*	**يمِّن بِالخْرافات**
(good) luck	*zhar*	**زْهر**

bad luck	*zhar xāyib*	زْهر خايِب
pagan	*weŧeni*	وثني
paganism	*weŧeniyye*	وثنِيّة
Islam	*islēm*	إسْلام
Muslim	*muslim*	مُسْلِم
Islamic	*islēmi*	إسْلامي
The Prophet Muhammad (peace be upon him)	*-rrasūl muɧammed (ṣalle - llāh 3eleyhi we sellem)*	الرّسول مُحمّد (صلّى الله عليْهِ وَ سلّم)
Christianity	*ilmesīɧiyye*	المسيحِيّة
Christian	*mesīɧi (mesīɧ, mesīɧiyyīn)*	مسيحي (مسيح، مسيحِيّن)
Jesus, Christ	*3īse*	عيسى
Judaism	*-lyhūdiyye*	اليْهودِيّة
Jew, Jewish	*yhūdi (yhūd)*	يْهودي (يْهود)
Buddhism	*-lbūđiyye*	البوذِيّة
Buddhist	*būđi*	بوذي
Buddha	*būđē*	بوذا
Hinduism	*ilhindūsiyye*	الهِنْدوسِيّة
Hindu	*hindūsi*	هِنْدوسي
atheism	*ilɧād*	إلْحاد
atheist	*mulɧid*	مُلْحِد
mosque	*jēmi3 (jwēma3)*	جامِع (جْوامع)
masjid	*mesjid (msējid)*	مسْجِد (مْساجِد)

Friday prayer	*ṣlēt ijjim3a*	صْلاة الجُّمْعة
imam	*imēm (eyimme)*	إمام (أيمّة)
Friday sermon	*xuṭbit ijjim3a*	خُطْبِة الجُّمْعة
to preach	*xṭab*	خْطب
call to prayer	*ēđēn*	آذان
to call to prayer	*eđđen*	أذّن
ablution (ceremonial washing before praying)	*wuẓūʔ*	وُضوء
to perform ritual abllutions	*-twaẓẓa*	اتْوضّى
to perform prayer	*ṣalle*	صلّى
prayer	*ṣlēt (ṣlēwēt)*	صْلاة (صْلاوات)
dawn prayer	*ṣlēt ilfejr*	صْلاة الفجْر
Duha prayer (voluntary morning prayer)	*ṣlēt iṣṣubɧ (lit. morning prayer)*	صْلاة الصُّبح
noon prayer	*ṣlēt iẓẓuhr*	صْلاة الضُّهْر
afternoon prayer	*ṣlēt il3aṣr*	صْلاة العصْر
sunset prayer	*ṣlēt ilmuɣrib*	صْلاة المُغْرِب
evening prayer	*ṣlēt il3šē*	صْلاة العْشاء
Eid prayers	*ṣlēwēt il3īd*	صْلاوات العيد
Quran	*qurʔēn*	قُرآن
to recite the Quran	*qrā qurʔēn*	قْرا قُرآن
sura (chapter of Quran)	*sūre (suwar)*	سورة (سُوَر)
verse	*ēye*	آية
Hadith	*ɧadīŧ (aɧādīŧ)*	حديث (أحاديث)
Sunnah	*sunne*	سُنّة

church	*knīse* *knīsīyye*	كْنيسة كْنيسِيّة
church service	*servīs dø lēglīz (fr: service de l'église)*	سرْڤيس دُ لاڨْليز
minister, pastor; monk	*babbāṣ*	ببّاص
nun	*babbāṣa*	ببّاصة
priest (Catholic, Orthodox)**; minister, pastor**	*kēhin*	كاهِن
pope	*ilbāba* *pāp (fr: pape)*	البابا پاپ
pulpit	*minbar*	مِنْبر
altar	*međbaḫ*	مذْبح
choir	*køɣ (fr: choeur)* *koɣāl (fr: chorale)*	كوغ كوغال
Bible	*bībl*	بيبْل
The New Testament; the Bible	*-linjīl*	الإنْجيل
evangelical	*injīli*	إنْجيلي
to baptize	*3ammed*	عمّد
baptism	*bētēm (fr: bapteme)* *ta3mīd*	باتام تعْميد

38 Language

language	*luɣa*	لُغة
foreign language	*lɣa ejnebiyye*	لُغة أجْنبِيّة
(foreign) accent	*lehje* *eksã (fr: accent)*	لهْجة أكْسون
native language	*luɣa aṣliyye*	لُغة أصْليّة
Chinese	*šinwe*	شِنْوا
Dutch	*datš*	دوتْش
English	*ãglē* *inglīzi*	أنْڨْلا إنْڨْليزي
Farsi	*fērsi*	فارْسي
French	*frãsē* *fransēwi (fr: français)*	فرُنْسا فْرنْساوي
German	*elmēni*	ألْماني
Greek	*yūnēni*	يوناني
Hebrew	*3ibri*	عِبْري
Hindi	*hindi*	هِنْدي
Italian	*ṭalyēni*	طلْياني
Japanese	*jeppūni*	جپّوني
Korean	*kūri*	كوري
Portuguese	*purtugēli*	پُرْتُڨالي
Russian	*rūsi*	روسي
Spanish	*sbēnyūri*	سْبانْيوري
Turkish	*turki*	تُرْكي

Classical Arabic; Modern Standard Arabic	*3arabiyye* *3arabiyye fuşɧa* *fuşɧa*	عربِيّة عربِيّة فُصْحى فُصْحى
(spoken) Arabic	*3arbi*	عرْبي
dialect	*lehje*	لهْجة
colloquial language	*iddērje* *il3āmmiyye*	الدّارْجة العامّية
Tunisian Arabic	*illehje -ttūnsiyye* *iddērje -ttūnsiyye*	اللّهْجة التّونْسِيّة الدّارْجة التّونْسِيّة
Egyptian Arabic	*illehje -lmaşriyye*	اللّهْجة المصْرية
Moroccan Arabic	*illehje -lmaɣribiyye*	اللّهْجة المغْرِبِيّة
Levantine Arabic	*illehje -ššēmiyye*	اللّهْجة الشّامِيّة
Gulf Arabic	*illehje -lxalījiyye*	اللّهْجة الخليجِيّة

to learn	*-t3allim*	اتْعلّم
practice, exercise	*temrīn (tmērīn)*	تمْرين (تمْارين)
to practice	*trēne 3lē*	تْرانا عْلى
level	*mustewe (musteweyēt)*	مُسْتَوى (مُسْتَوَيات)
beginner's	*dēbütã (fr: débutant)*	دابيتون
intermediate	*mitwessiţ* *ãtēɣmēdyēɣ (fr: intermédiaire)*	مِتْوسّط أنْتاغْمادْياغ
advanced	*avãsē (fr: avancé)* *mitqaddim* *nīvo (fr: niveau) mitqaddim*	أڥونْسا مِتْقدّم نيڥو مِتْقدّم

writing	*ktībe*	**كْتيبة**
to write	*ktib*	**كْتِب**
reading	*qrāye*	**قْراية**
to read	*qrā*	**قْرا**
letter	*ђarf (ђrūf)*	**حرْف (حْروف)**
alphabet	*ilђrūf ilebjediyye*	**الحْروف الأبْجدِيّة**
Chinese characters	*ilђrūf iṣṣīniyye* *-lђrūf iššinwēziyye*	**الحْروف الصّينِيّة** **الحْروف الشّنْوازِيّة**
to spell	*nţaq*	**نْطق**
spelling	*nuţq*	**نُطْق**
How do you spell that?	*kīfēš titiktib ilkilme hēđī?*	كيفاش تِتِكْتِب الكِلْمة هاذي؟
handwriting, penmanship	*xaţţ*	**خطّ**
I have such bad penmanship.	*xaţţi yēsir xāyib.*	خطّي ياسِر خايِب.
legible	*yitaqra*	**يِتقْرا**
illegible	*mē-ytiqrāš*	**ما يْتِقْراش**
His handwriting is completely illegible.	*xaţu mē-ytiqrāš jimle.* *xaţu mē-ytiqrāš b-ilkull.*	خطُه ما يْتِقْراش جِمْلة. خطُه ما يْتِقْراش بِالكُلّ.
calligraphy	*fen ilxaţţ*	**فن الخطّ**

speaking, speech	*klēm* *ђdīŧ*	**كْلام** **حْديث**
I need to practice speaking more.	*lēzimni nitrēne 3a-lorāl (fr: orale) ekŧir.*	لازِمْني نِتْرانا عالأورال أكْثِر.
You can't understand anything he says.	*mē-tifhim min klēmu šey.*	ماتِفْهِم مِن كْلامُه شَي.
to speak	*-tkellem*	**اتْكلّم**

Can you speak Arabic?	*titkellem 3arbi?* *titkellem b-il3arbi?*	تِتْكلّم عرْبي؟ تِتْكلّم بِالعرْبي؟
I know a few words.	*na3rif šweyye kilmēt.*	نعْرِف شْويّة كِلْمات.
I know some basic Arabic.	*na3rif ḫājēt bsīṭe b-il3arbi.*	نعْرِف حاجات بْسيطة بِالعرْبي.
I can speak a little Arabic.	*ennejjim nitkellem šweyye 3arbi.* *ennejjim nitkellem šweyye b-il3arbi.*	انّجّم نِتْكلّم شْويّة عرْبي. انّجّم نِتْكلّم شْويّة بِالعرْبي.
I can get by in Arabic.	*nrīgil rūḫi fī -l3arbi.*	نْريقِل روحي في العرْبي.
I speak Arabic pretty well.	*nitkellem b-ilgdē b-ilgdē b-il3arbi.*	نِتكلّم بِالقْدا بِالقْدا بِالعرْبي.
broken Arabic	*3arbi mkessir*	**عرْبي مْكسِّر**
fluently, very well	*b-ilgdē*	**بِالقْدا**
I speak Arabic fluently.	*ēne naḫki b-ilgdē b-il3arbi.* *ēne naḫki b-ilgdē b-ilgdē b-il3arbi.* *ēne nleblib b-il3arbi.*	آنا نحْكي بِالقْدا بالعرْبي. آنا نحْكي بِالقْدا بِالقْدا بالعرْبي. آنا نْلبْلِب بِالعرْبي.
pronunciation	*nuṭq*	**نُطْق**
How do you pronounce this word?	*kīfēš titinṭaq ilkilme hēđī?*	كيفاش تِتِنْطق الكِلْمة هاذي؟
to pronounce	*nṭaq*	**نْطق**
Your Arabic pronunciation is quite good.	*nuṭqik b-il3arbi bēhi.*	نُطْقِك بِالعرْبي باهي.
listening	*issma3* *issam3*	**السّمع** **السّمْع**
I need to work on my listening skills in (Standard) Arabic.	*lēzimni nitrene 3lē -ssam3 fī -l3arabiyye.*	لازِمْني نِتْرانا عْلى السّمْع في العربِيّة.

to listen to	*sma3*	سْمع
vocabulary	*klēm* *vokēbülēr (fr: vocabulaire)* *vokēb*	كْلام ڥوكابيلار ڥوكاب
word	*kilme*	كِلْمة
dictionary	*qāmūs* *dīksyonēr (fr: dictionnaire)*	قاموس ديكْسْيونار
to look up a word in the dictionary	*lewwej 3lē kilme fī - ddīksyonēr*	لوّج عْلى كِلْمة في الدّيكْسْيونار
to repeat	*3āwid*	عاوِد
repetition	*tikrār*	تِكْرار
grammar	*naɧu*	نحو
grammatical	*naɧwi*	نحْوي
grammatical rule	*qā3de naɧwiyye (qawē3id naɧwiyye)*	قاعْدة نحْوِيّة (قواعِد نحْوِيّة)
to inflect, conjugate, decline	*ṣarraf*	صرّف
inflection, conjugation, declension	*taṣrīf*	تصْريف
suffix	*ɧarf fī ēxir ilkilme* *süfīks (fr: suffixe)*	حرْف في آخر الكِلْمة سوفيكْس
prefix	*ɧarf fī uwwil ilkilme* *pɣēfīks (fr: préfixe)*	حرْف في أوِّل الكِلْمة پْغافيكْس
case	*ɧāle*	حالة
tense	*zemen (ezmine)*	زمن (أزْمِنة)

gender	*jins (ejnēs)*	جِنْس (أجْناس)
singular	*mufrad*	مُفْرد
dual	*muṭenne*	مُثنّى
plural	*jem3*	جمْع
masculine	*muđakkar*	مُذكّر
feminine	*muʔenneṭ*	مُؤنّث
neuter	*muɧāyid*	مُحايِد
the present tense	*zemen ilmuẓāra3*	زمن المُضارع
the past tense	*zemen ilmāẓi*	زمن الماضي
the future tense	*zemen ilmustqabil*	زمن المُسْتقْبِل
article	*edēt ta3rīf*	أداة تعْريف
preposition	*ɧarf jarr*	حرْف جرّ
noun	*ism (esmēʔ)*	اِسْم (أسْماء)
verb	*fi3l (ef3āl)*	فِعْل (أفْعال)
adjective	*ṣife*	صِفة
adverb	*ẓarf (ẓurūf)*	ظرْف (ظُروف)
subject	*fē3il*	فاعِل
object	*mef3ūl bihi*	مفْعول بِهِ
definite	*mu3arraf*	مُعرّف
indefinite	*ɣeyr mu3arraf*	غَيْر مُعرّف
word order	*tertīb ilkilimēt*	ترْتيب الكلِمات
sentence	*jumle (jumel)*	جُمْلة (جُمل)
paragraph	*faqra*	فقْرة
vowel	*ɧarf muteɧarrik*	حرْف مُتحرِّك

consonant	*ɧarf sēkin*	حرف ساكِن
syllable	*maqṭa3 (mqāṭi3)*	مقْطع (مْقاطِع)

punctuation	*tanqīṭ*	تنْقيط
punctuation mark	*3lēmit tanqīṭ*	عْلامِة تنْقيط
period	*nuqṭa (nuqaṭ)*	نُقْطة (نُقط)
comma	*fāṣil*	فاصِل
exclamation mark	*nuqṭit ta3ajjub*	نُقْطِة تعجُّب
question mark	*nuqṭit istifhēm*	نُقْطِة اِسْتِفْهام

Quotation marks are not consistently used in Arabic. Quotes are often introduced with a colon instead.

colon	*nuqaṭṭīn*	نُقطْتين
parenthesis, bracket	*qūs (aqwēs)*	قوس (أقْواس)
(a pair of) parentheses	*qūsīn* *zūz aqwēs*	قوسين زوز أقْواس

39 Countries and Nationalities

country, nation	*blēd [f.] (buldēn)*	بْلاد (بُلْدان)
What countries have you been to?	*šnūme -lbuldēn illi mšītilhum?*	شْنوما البُلْدان اِلِّي مْشيتِلْهُم؟
international	*duweli*	دُوَلي
worldwide	*3ālemi*	عالمي
culture	*ŧqāfe*	ثْقافة
foreign; foreigner	*ejnebi (ejēnib)*	أجْنبي (أجانِب)

nationality, citizenship	*jnsiyye*	جِنْسِيّة
Where are you from?	*mnīn inti?*	مْنين اِنْتِ؟
I'm from Tunisia	*ēne min tūnis.*	آنا مِن تونِس.
I'm Tunisian.	*ēne tūnsi.*	آنا تونْسي.

Arab	*3arbi (3rab)*	عرْبي (عْرب)
The Arab World	*il3ālem il3arbi*	العالم العرْبي

Tunisia **Tunisian**	*tūnis* *tūnsi*	تونِس تونْسي
Algeria **Algerian**	*dzēyir* *dzīri*	دْزايِر دْزيري
Morocco **Moroccan**	*maɣrib* *maɣribi*	مغْرِب مغْرِبي
Egypt **Egyptian**	*maṣr* *maṣrī*	مصْر مصْري
Sudan **Sudanese**	*sūdēn* *sūdēni*	سودان سوداني
Libya **Libyan**	*lībye* *lībi*	ليبْيا ليبي
Palestine **Palestinian**	*felesṭīn* *felesṭīni*	فلسْطين فلسْطيني
Jordan **Jordanian**	*urdun* *urduni*	أُرْدُن أُرْدُني

Lebanon	*lubnēn*	لُبْنان
Lebanese	*lubnēni*	لُبْناني
Syria	*sūrya*	سورْيا
Syrian	*sūri*	سوري
Iraq	*3irāq*	عِراق
Iraqi	*3irāqi*	عِراقي
Kuwait	*kuweyt*	كُوَيْت
Kuwaiti	*kuweyti*	كُوَيْتي
Qatar	*qaţar*	قطر
Qatari	*qaţari*	قطري
Bahrain	*baђreyn*	بحْرَيْن
Bahraini	*baђreyni*	بحْرَيْني
The Emirates	*imārāt*	إمارات
Emirati	*imārāti*	إماراتي
Saudi Arabia	*su3ūdiyye*	سُعودِيّة
Saudi	*su3ūdi*	سُعودي
Oman	*3umēn*	عُمان
Omani	*3umēni*	عُماني
Yemen	*yemen*	يمن
Yemeni	*yemeni*	يمني
Somalia	*şūmāl*	صومال
Somali	*şūmāli*	صومالي
Ethiopia	*eŧyūbye*	أثْيوبْيا
Ethiopian	*eŧyūbi*	أثْيوبي

Nigeria	*nījīrya*	نيجيرْيا
Nigerian	*nījīri*	نيجيري
South Africa	*jenūb ifrīqya*	جنوب إفْريقْيا
South African	*jenūb ifrīqi*	جنوب إفْريقي

Norway	*norvēj*	نورْڥاج
Norwegian	*norvēji*	نورْڥاجي
Sweden	*swēd*	سْواد
Swedish	*swēdwa (fr: suédois)*	سْوادْوا
Finland	*finlende*	فِنْلنْدا
Finnish	*finlendi*	فِنْلنْدي
Denmark	*dēnmārk*	دانْمارْك
Danish	*dēnmārki*	دانْمارْكي
Germany	*elmēnye*	ألْمانْيا
German	*elmēni*	ألْماني
The Netherlands, Holland	*holānde*	هولانْدا
Dutch	*holāndi*	هولانْدي
Belgium	*biljīkye*	بِلْجيكْيا
Belgian	*biljīki*	بِلْجيكي
Ireland	*īrlānde*	إيرْلنْدا
Irish	*īrlāndi*	إيرْلنْدي
Great Britain	*brīṭānye*	بْريطانْيا
	brīṭāni	بْريطاني
England	*ingiltra*	إنڨِلْترا
English	*inglīzi*	إنْڨليزي

Scotland	*skotlende*	اسْكُتْلنْدا
Scottish	*skotlendi*	اسْكُتْلنْدي
Wales	*weylz*	وَيْلْز
France	*frānse*	فْرانْسا
French	*frānsēwi*	فْرانْساوي
Spain	*isbēnyē*	إسْبانْيا
Spanish	*sbenyori*	سْبنْيوري
Portugal	*portugāl*	پُرْتُقال
Portuguese	*portugāli*	پُرْتُقالي
Switzerland	*swīsra*	سْويسْرا
Swiss	*swīsri*	سْويسْري
Italy	*īṭālye*	ايطالْيا
Italian	*ṭalyēni*	طلْياني
Austria	*nimse*	نمِْسا
Austrian	*nimsēwi*	نمِْساوي
The Czech Republic	*tšēk*	تْشاك
Czech	*tšīki*	تْشيكي
Slovakia	*slovēkye*	سْلوڥاكْيا
Slovakian	*slovēki*	سْلوڥاكي
Poland	*būlonye*	بولونْيا
Hungary	*majar*	مجر
Romania	*rūmēnye*	رومانْيا
Bulgaria	*bulɣārye*	بُلْغارْيا
Turkey	*turkye*	تُرْكْيا
Turkish	*turkī*	تُرْكي
The Ukraine	*okrānye*	أوكْرانْيا

Russia	*rūsye*	روسْيا
Iran	*īrān*	إيران
Afghanistan **Afghan**	*efɣānistēn* *efɣānistēni*	أفْغانِسْتان أفْغانِسْتاني
Pakistan	*pēkistēn*	پاكِسْتان
India	*hind*	هِنْد
China	*-ṣṣīn* *-ššīn*	الصّين الشّين
South Korea	*kūrya -ljenūbiyye*	كورْيا الجنوبِيّة
Japan	*yēbēn*	يابان
Taiwan	*tāywān*	تايْوان
Thailand	*taeylēnde*	تايْلانْدا
Vietnam	*viyētnām*	ڤِياتْنام
Malaysia	*mēlīzye*	ماليزْيا
Indonesia	*indūnīsye*	إنْدونيسْيا
The Philippines	*filippīn*	فِلِپّين
Australia	*ostrālye*	أُسْتْرالْيا
New Zealand	*nyūzīlende*	نْيوزيلنْدا
Canada	*kanada*	كندا

The United States (of America)	*ilwilēyēt -lmuttaɧde (-lemrīkiyye)*	الوِلايات المتّحْدة (الأمْريكِيّة)
America	*emerīkye*	أمريكْيا
American	*emerīkēni*	أمريكاني
Mexico	*meksīk*	مكْسيك
Colombia	*kolombye*	كولومْبْيا
Venezuela	*venēzwelle*	ڤنازْويلّا
Brazil	*brēzīl*	بْرازيل
Argentina	*arjãtīn*	أرْجُنْتين
Chile	*šīli*	شيلي

40 Tunisia

The Mediterranean Sea	*ilbaɧr ilabyiẓ ilmutewessiṭ*	البحْر الأبْيِض المتُوسِّط
Northern Tunisia	*šemēl tūnis*	شمال تونِس
Tunis (capital)	*tūnis* *tūnis ilkubra*	تونِس تونِس الكُبْرى
Habib Bourguiba Avenue (central thoroughfare of Tunis and most cities throughout Tunisia)	*šāra3 ilɧabīb būrgībe*	شارع الحبيب بورْقيبة
Cathedral of St. Vincent de Paul	*knīsit sã vãsã dø pol*	كْنيسِة سان ڤانْسون دُ پول
The Great Synagogue of Tunis	*issīnagog*	السّيناڤوڤ
Municipal Theater of Tunis	*ilmesraɧ ilbeldi*	المسْرح البلْدي

Medina of Tunis (old part of Tunis and UNESCO World Heritage site)	*-lmdīne -l3arbi (lit. the Arab town)*	المْدينة العرْبي
Hotel Africa (famous hotel downtown)	*wtīl -lefrīke*	وْتيل الأفْريكا
Bardo National Museum	*metḫaf bērdū*	متْحف بارْدو
Café des Délices, Sidi bou Said-Tunis (famous seaside café)	*qahwit sīdi ša3bēn* *kēffe dē dēlīs*	قهوِة سيدي شعبان كافّا دا داليس
Carthage (suburb of Tunis)	*karţāj* *qarţāj*	كرْطاج قرْطاج

Bizerte (northernmost city in Tunisia)	*binzart*	بِنْزرت
Cap Blanc (Tunisia's nothernmost point)	*kāp blã*	كاپ بْلون
Tabarka (city in the northwest)	*ţbarqa*	طْبرْقة
Sakiet Sidi Youssef (town in west on Algerian border)	*sēqīt sīdi yūsif*	ساقيِة سيدي يوسِف
Medjerda River (longest river in Tunisia)	*wēd majarda*	واد مجرْدة
Beni Mtir Dam	*sud bni mţīr*	سُد بْني مْطير
El Kef (city in the northwest)	*ilkēf*	الكاف
The Gulf of Tunis	*xalīj tūnis*	خليج تونِس
Port La Goulette (the most significant commercial and passenger port in Tunisia)	*burţ ḫalq ilwēd*	بُرْط حلْق الوادي
Sidi bou Said (city in the north)	*sīdi bu s3īd*	سيدي بو سْعيد
Nabeul (city in the northeast)	*nēbil*	نابِل

Jar of Nabeul (fountain and roundabout in Nabeul)	*jarrit nēbil*	جرّة نابِل
Kelibia (city in the northeast)	*qlībye*	قْليبْيا
El Mansoura Beach (in Kelibia)	*bḫar ilmenṣūra*	بْحر المنْصورة
The Gulf of Hammamet	*xalīj ilḫammēmēt*	خليج الحمّامات
Cap Bon (peninsula between the Gulf of Tunis and the Gulf of Hammamet)	*kāp bõ*	كاپ بون
Hammamet (city in the northeast)	*ilḫammēmēt*	الحمّامات
Yasmine Hammamet (resort town)	*yēsmīn ilḫammēmēt*	ياسْمين الحمّامات
The Tunisian Coast (from the Gulf of Hammamet to the Gulf of Gabes)	*issēḫil ittūnsi*	السّاحِل التّونْسي
Sousse (city in the northeast)	*sūse*	سوسة
Port El Kantaoui (yacht harbor in Sousse)	*burṭ ilqanṭēwi*	بُرْط القنْطاوي
Monastir (city on the Coast of Tunisia; hometown of Habib Bourguiba, Tunisia's first president; tourist resort)	*monestīr*	مُنسْتير
Ribat of Monastir (historical fortress)	*ribāṭ ilmistīr*	رِباط المِسْتير
Habib Bourguiba Mausoleum (in Monastir)	*ẓarīḫ izza3īm*	ضريح الزّعيم
Mahdia (city in the northeast	*ilmehdiyye*	المهْدِيّة
El Djem (city halfway between Sousse and Sfax)	*iljemm*	الجمّ

Colosseum of El Djem	*kūlīzē -jjemm*	كوليزا الجّمّ
Sfax (2nd largest city)	*ṣfēqis*	صْفاقِس
The Gulf of Gabes (on Tunisia's east coast)	*xalīj gēbis*	خليج ڨابِس
Gabes (seaside oasis)	*gēbis*	ڨابِس
Central Tunisia	*wesaṭ tūnis*	وسط تونِس
Kairouan (a Muslim holy city and UNESCO World Heritage site)	*ilqayrawēn* *-lqarwēn*	القيْروان القرْوان
Great Mosque of Uqba Ibn Nafe (in Kairouan)	*jēmi3 3uqbe -bnu nēfa3*	جامع عُقْبة ابْنُ نافع
The Aghlabid Basins (in Kairouan)	*fusqīt -laɣālbe*	فُسْقيّة الأغالْبة
Sidi Bouzid (city in central Tunisia)	*sīdi būzīd*	سيدي بوزيد
Kasserine (city in west-central Tunisia)	*ilgaṣrīn*	القْصْرين
Mount Chaambi (in west-central Tunisia; highest mountain in the country)	*jbel iššā3mbi*	جْبل الشّعانْبي
Gafsa (city in central Tunisia)	*gafṣa*	ڨفْصة
Southern Tunisia	*iljenūb ittūnsi*	الجنوب التّونْسي
Tozeur (city and oasis in central Tunisia)	*tūzir*	توزِر
Dar Cherait (museum and hotel in Tozeur)	*dār šrayyiṭ*	دار شْريِّط
Chebika (mountain oasis north of Tozeur)	*iššbīke*	الشّبيكة
Chott El Djerid (salt lake in southern Tunisia stretching from the Gulf of Gabes to Algerian border)	*šaṭṭ iljarīd*	شطّ الجريد

Douz (city in the south, at the edge of the Sahara desert)	*dūz*	دوز
Matmata (Berber village in the south)	*maţmāţa*	مطْماطة
The Tunisian Desert (the Sahara within Tunisia)	*işşaђra*	الصّحْراء
Ong El Jemel (area in the south where Star Wars was filmed)	*3unq iljjmel*	عُنق الجْمل
Borj El Khadhra (southernmost point in Tunisia)	*burj ilxaẓra*	بُرج الخضْراء
Island of Djerba (largest island in Tunisia)	*jezīrit jirbe*	جزيرةِ جِرْبة
Island of Kerkennah	*jezīrit qarqnne*	جزيرةِ قرْقْنّة

41 Earth and Space

land; ground, soil; earth	*arẓ (arāẓī)*	أرْض (أراضي)
island	*jezīra (juzur)*	جزيرة (جُزُر)
peninsula	*šibh jezīra*	شِبْه جزيرة
mountain	*jbel (jbūlēt)*	جْبل (جْبولات)
tunnel	*nafaq* *dihlīz*	نفق دِهْليز
mountain range	*silsilt jbūlēt* *šēn (fr: chaine) mtē3 jbūlēt*	سِلْسِلْة جْبولات شان مْتاع جْبولات
mountainous, hilly	*jebeli*	جبلي
hill	*tell (tlēl)*	تلّ (تْلال)
flat	*sehl*	سهْل

plateau	*haẓbe*	هضْبة
valley, ravine, gorge	*wēd (widyēn)*	واد (وِدْيان)
cliff	*fēlēz (fr: falaise)*	فالاز

continent	*qārra*	قارّة
North America	*emerīkye -ššemēliyye*	أمريكْيا الشّماليّة
South America	*emerīkye iljenūbiyye*	أمريكْيا الجنوبِيّة
Europe	*urūppe*	أوروپّا
Africa	*ifrīqya*	إفْريقْيا
Asia	*ēsye*	آسْيا
Australia	*ostrālye*	أُسْتْرالْيا

water	*mē*	ما
to freeze	*itjemmid* *jmid*	اِتْجمِّد جْمِد
to melt	*đēb*	ذاب
sea	*bḩar (bḩūrāt)*	بْحر (بْحورات)
bay, gulf	*xalīj*	خليج
canal	*qanēt (qanuwēt)* *kanēl (fr: canal)*	قناة (قنوات) كانال
river	*wēd (widyēn)*	واد (وِدْيان)
stream	*nahr*	نهْر
lake	*lēk (fr: lac)*	لاك
waterfall, cataract	*šellēl*	شلّال
swamp	*mustenqa3*	مُسْتنْقع

ocean	*muɦīţ*	مُحيط
Pacific Ocean	*ilmuɦīţ ilhēdi*	المحيط الهادي
Atlantic Ocean	*ilmuɦīţ ilaţlesi*	المحيط الأطْلسي
Indian Ocean	*ilmuɦīţ ilhindi*	المحيط الهندي

equator	*xaţ ilistiwēʔ*	خط الإسْتِواء
the tropics	*ilmenāţiq ilmdēriyye*	المناطِق المْدارِيّة
the arctic	*ilquţb iššemēli*	القُطْب الشّمالي
desert	*şaɦra (şɦāri)*	صحراء (صْحاري)
forest, jungle	*ɣābe* *edɣāl*	غابة أدْغال
plains, grasslands	*suhūl*	سُهول
sand dunes	*kuŧbēn ramliyye*	كُثْبان رمْلِيّة
oasis	*wēɦa* *oēzīs*	واحة أُوّازيس

volcano	*burkēn (barākīn)*	بُرْكان (براكين)
lava	*nār ilburkēn* *lāv (fr: lave)*	نار البُرْكان لاڥ
to erupt	*ţaršaq* *itfejjar*	اطّرْشق اِتْفجّر
eruption	*infijār*	اِنْفِجار
dormant, extinct	*xāmid* *rēqid*	خامِد راقِد

This volcano hasn't erupted in millions of years.	*ilburkēn hēđē rēqid 3andu melyūn snē.*	البرْكان هاذا راقِد عنْدُه ملْيون سْنا.
earthquake	*zilzēl (zlēzil)*	**زِلْزال (زْلازِل)**
an earthquake struck	*zlzēl ẓrab*	**زلزال ضْرب**
Did you feel the earthquake this morning?	*fiqt b-izzilzēl ilyūm iṣṣbēђ?*	فِقْت بِالزّلْزال اليوم الصّباح؟

air	*hwē*	**هْوا**
sky	*smē (smēwēt)*	**سْما (سْماوات)**
moon	*gamra*	**قمْرة**
planet	*kewkib (kewēkib)*	**كَوْكِب (كَواكِب)**
sun	*šems (šmūsēt)*	**شمْس (شْموسات)**
star	*nijme (njūm)*	**نِجمة (نْجوم)**
universe, cosmos	*il3ālim* *ilkewn*	**العالِم** **الكَوْن**
space, outer space	*faẓā?*	**فضاء**
comet	*muđennib*	**مُذنِّب**
meteorite, falling star	*etwāl fīlãt (fr: étoile filante)* *šihēb*	**أتْوال فيلونْت** **شِهاب**
sunlight	*ẓaw iššems*	**ضَو الشّمْس**
sunrise	*šrūq (ēššems)*	**شْروق (الشّمْس)**
The sun rises in the east.	*iššems tušruq mi-ššarq.*	الشّمْس تُشْرُق مِالشّرْق.
sunset	*ɣrūb (iššems)*	**غْروب (الشّمْس)**
The sun sets in the west.	*iššems tuɣrub mi-lɣarb.*	الشّمْس تُغْرُب مِالغرْب.
dusk, twilight	*ilmuɣrub*	**المُغْرُب**

compass	*būṣle*	**بوصْلة**
map	*xarīṭa (xrāyiṭ)*	**خريطة (خْرايِط)**
north	*šemēl*	**شمال**
south	*jenūb*	**جنوب**
west	*ɣarb*	**غرْب**
east	*šarq*	**شرْق**
northwest	*šemēl ɣarb*	**شمال غرْب**
southwest	*jenūb ɣarb*	**جنوب غرْب**
northeast	*šemēl šarq*	**شمال شرْق**
southeast	*jenūb šarq*	**جنوب شرْق**
Bizerte is in the north of Tunisia.	*binzart tjī fī šemēl tūnis.*	بِنْزرْت تْجي في شمال تونِس.
The desert is to the south of Tunisia.	*iṣṣaḫra tjī fī jenūb tūnis.*	الصّحْراء تْجي في جنوب تونِس.
northern	*šemēli, šmēli*	**شمالي، شْمالي**
southern	*jenūbi*	**جنوبي**
western	*ɣarbi*	**غرْبي**
eastern	*šarqi*	**شرْقي**
the north pole	*ilquṭb iššemēli*	**القُطْب الشّمالي**
the south pole	*ilquṭb ijjenūbi*	**القُطْب الجنوبي**

42 Weather

weather	*ṭaqs*	**طقْس**
What's the weather like today?	*kīfēš iṭṭaqs ilyūm?*	كيفاش الطّقْس اليوم؟
The weather is __.; It's __.	*iṭṭaqs __.*	الطّقْس __.
good, nice, fair	*maḫlēh* *bēhi* *mizyēn*	**محْلاه** **باهي** **مِزْيان**
bad, miserable	*xāyib* *mūš bēhi*	**خايِب** **موش باهي**
What a nice day!	*maḫlēh nhār ilyūm!* *maḫlēh -ṭṭaqs ilyūm!*	محْلاه نْهار اليوم! محْلاة الطّقْس اليوم!

temperature, heat	*sxāne*	**سْخانة**
What's the temperature?	*qaddēš issxāne?*	قدّاش السُّخانة؟
(It's) 25 **degrees**.	*xamse w 3išrīn derje.* *xamse w 3išrīn døgrē (fr: degré).*	خمْسة و عِشْرين **درْجة**. خمْسة و عِشرين **دُقْرا**.
It's **around** 30 degrees.	*ta3mil hekkēke tlēŧīn derje.* *ta3mil hekkēke tlēŧīn døgrē.*	تعْمِل **هكّاكة** تْلاثين درْجة. تعْمِل **هكّاكة** تْلاثين دُقْرا.
It's **over** 30 degrees.	*ekŧar min tlēŧīn derje.*	**أكْثر مِن** تْلاثين درْجة.
It's **below** zero. It's **below** freezing.	*ilsxāne taḫt iṣṣfir.*	السْخانة **تحْت** الصُّفِر.
the maximum temperature, the high	*derjit -lḫrāra -lkubra*	**درْجِة الحْرارة الكُبْرى**
the minimum temperature, the low	*derjit -lḫrāra -ṣṣuɣra*	**درْجة الحْرارة الصُّغْرى**

الدِّنْيا *iddinye* and الطَّقس *iṭṭaqs* serve as subjects when talking about the weather, where in English the subject would be "it", as in "It's hot", "It's sunny". The predicate can be a true adjective, or a noun used adjectivally. Keep in mind that nouns, unlike true adjectives, are invariable and do not have a feminine form.

It's __.	*iddinye __.* *iṭṭaqs __.*	**الدِّنْيا __.** **الطَّقْس __.**
It's very hot.	*iddinyē sxūne barše.* *iṭṭaqs sxūn barše.*	الدِّنْيا سْخونة برْشا. الطّقْس سْخون برْشا.
warmth	*dfē*	**دْفا**
coolness, coldness	*bard*	**برْد**
It's really cold.	*iddinye bērde barše* *iṭṭaqs bērd barše.*	الدِّنْيا بارْدة برْشا. الطّقْس بارْد برْشا.
It's freezing outside.	*iddinye bērde glāṣ.* *iṭṭaqs bērd glāṣ.*	الدِّنْيا بارْدة ڨْلاص. الطّقْس بارْد ڨْلاص.
heatwave	*mūjt sxāne*	**موجْة سْخانة**
How hot does it get where you're from?	*qaddēš issxāne fī blēdkum?*	قدّاش السّْخانة في بْلادْكُم ؟
Where I'm from, it doesn't usually get over 30 degrees in the summer.	*fī blēdi ilekŧariyye issxāne mē-tfūtiš ittlēŧīn derje.*	في بْلادي الأكْثرِيّة السّْخانة ما تْفوتِش التّْلاثين درْجة.
It's hotter than it was yesterday.	*iṭṭaqs esxan mi-lbēraḫ.*	الطّقْس أسْخن مِالبارح.
I don't like hot weather.	*mē-nḫibbūš iṭṭaqs issxūn!*	ما نْحِبّوش الطّقْس السّْخون!

sky	*smē [f.] (smēwēt)*	**سْما (سْماوات)**
The sky is clear.	*issmē ṣāfye.* *issmē zarqa.*	السّْما صافْية. السّْما زرْقا.
It's sunny.	*iddinye šems.*	الدِّنْيا شمْس.

sun	*šems [f.] (šmūsēt)*	**شمْس (شمْوسات)**
The sun has come out.	*iššems ţal3it.*	الشّمْس طلْعِت.
The sun is shining.	*iššems tiš3il.*	الشّمْس تِشْعِل.
darkness	*z̧lēm*	**ضْلام**
It's dark.	*iddinyē z̧lēm.*	الدِّنْيا ضْلام.
cloud	*sɦābe (sɦāb)* *ɣīme (ɣyūm)*	**سْحابة (سْحاب)** **غيمة (غْيُوم)**
It's cloudy.; It's overcast.	*iddinye mɣayme.* *iddinye msaɦɦbe.* *iţţaqs mɣayyim.* *iţţaqs msaɦɦib.*	الدِّنْيا مْغيْمة. الدِّنْيا مْسحْبة. الطّقْس مْغيِّم. الطّقْس مْسحِّب.

rain	*mţar [f.]*	**مْطر**
It is raining.; It's rainy.	*iddinye mţar.*	**الدِّنْيا مْطر.**
It's started to rain.	*iddinye bdēt tmaţţir.*	**الدِّنْيا بْدات تمْطِّر.**
It's stopped raining.	*-lmţar wiqfit.*	**المْطر وِقْفِت.**
It is pouring.	*ilmţar qwiyye.*	**المْطر قْويّة.**
It is drizzling.	*iddinye tmaţţir.*	**الدِّنْيا تمْطِّر.**
rainbow	*qaws quzaɦ*	**قَوْس قُزح**

wind	*rīɦ*	**ريح**
It's windy.	*iddinye rīɦ.*	**الدِّنْيا ريح.**
to blow	*nfax*	**نْفخ**
hot, dusty southerly wind in the spring	*(rīɦ) iššhīli*	**(ريح) الشّهيلي**

snow	*ŧilj*	ثِلْج
It's snowing.	*iddinye ŧilj.*	الدِّنْيا ثِلْج.
Does it snow where you're from?	*yşub iŧŧilj fī blēdkum?*	يْصُب الثِّلْج في بْلادْكُم ؟
Where I'm from, it snows a lot in the winter.	*yşub barše ŧilj fī -šštē fī blēdi.*	يْصُب بَرْشا ثِلْج في الشْتا في بْلادي.
hail	*tebrūri*	تبْروري
It's hailing.	*ittebrūri yşub.*	التّبْروري يْصُب.
fog	*ẓbēb*	ضْباب
It's foggy.	*iddinye mẓabbbe.*	الدِّنْيا مْضبْبّة

storm	*3āşfe (3awāşif)*	عاصْفة (عَواصِف)
There's a windstorm. It's stormy.	*femme 3āşfe.*	فمّا عاصْفة.
There's a rainstorm.	*femme 3āşfit mţar.*	فمّا عاصْفِة مْطر.
There's a sandstorm.; There's a dust storm.	*femme 3āşfit ɣabra.* *femme 3āşfit trāb.*	فمّا عاصْفِة غبْرة. فمّا عاصْفِة تْراب.
hurricane, typhoon, cyclone	*i3şār (a3āşīr)*	إعْصار (أعاصير)
tornado	*tūrnād (fr: tornade)*	تورْناد
dust devil	*zūb3a*	زوبْعة
the eye of the storm	*merkiz -li3şār*	مرْكِز الإعْصار
lightning	*braq*	بْرق
There was a flash of lightning.	*kēn femme braq.*	كان فمّا بْرق.
Lightning struck the tree.	*-lbraq ẓrab šujra.*	البْرق ضْرب شُجْرة.
thunder	*r3ad*	رْعد

The thunder woke me up last night.	*ṣūt irr3ad feyyaqni -lbēraḫ fī -llīl.*	صوت الرّعد فيّقْني البارح في اللّيل.

weather forecast	*mētēo (fr: météo)*	**ماتاؤ**
What's the forecast for tomorrow?	*kīfēš ilmētēo ɣudwe?*	كيفاش الماتاؤ غُدْوة؟
Do you think it's going to rain?	*za3me bēš tṣub ilmṭar?*	زعْما باش تْصُب المْطر؟
It looks like (it's going to) rain.	*ẓāhir fīhe bēš tṣubb.*	ضاهِر فيها باش تْصُب.
We're expecting a storm.	*aḫne mitwaq3īn 3āṣfe.*	أحْنا مِتْوقْعين عاصْفة.

climate	*ṭaqs* *munēx*	**طقْس** **مُناخ**
arid, dry	*šēyeḫ* *jēf*	**شايح** **جاف**
Kairouan has a very arid climate.	*iṭṭaqs fī -lqarwēn šēyeḫ barše.*	الطّقس في القيروان شايح برشا
humid	*mniddi*	**مْنِدّي**
tropical	*istiwēʔi* *tropīkēl*	**اِسْتِوائي** **تْروپيكال**
The weather is quite changeable.	*iṭṭaqs fīsa3 mē yitbeddel.*	الطّقْس فيسع ما يِتْبدّل.
drought	*jefēf* *qaḫṭ*	**جفاف** **قحْط**
flood	*fayẓānēt [pl.]*	**فَيْضانات**

43 Animals

animal	*ḫayewēn*	**حَيَوان**
pet	*ḫayewēn elīf* *ḫayewēn ehli*	**حَيَوان أليف** **حَيَوان أهْلي**
Do you have any pets?	*3andik ḫayewēnēt ehliyye?*	عنْدِك حَيَوانات أهْلِيّة؟
dog	*kelb (klēb)*	**كلْب (كْلاب)**
cat	*qaṭṭūs (qṭāṭis)*	**قطّوس (قْطاطِس)**
I like cats, but I don't like dogs so much.	*ēne nḫibb ilqṭāṭis emme - lklēb mē-nḫibbhumš barše.*	آنا نْحِبّ القْطاطِس أمّا الكْلاب ما نْحِبْهُمْش برْشا.
cage	*qfaṣ (qfuṣāt, qfaṣāt)*	**قْفص (قْفُصات، قْفصات)**
kennel	*bīt (byūt) mtē3 ḫayewēnēt*	**بيت (بْيوت) مْتاع حَيَوانات**
leash	*ḫbel* *ṣelsle*	**حْبل** **سلْسْلة**
dog collar	*kūlyē (fr:collier) mtē3 kelb*	**كولْيا مْتاع كلْب**
to train	*rēne*	**رانى**
(pet) food, feed	*mēkle (mtē3 ḫayewēnēt)*	**ماكْلة (مْتاع حَيَوانات)**
to feed	*wekkel*	**وكّل**

Both masculine and feminine noun forms exist for most animals. These are, of course, used when referring to animals of a specific gender. Otherwise, it is usually the masculine form that is used to refer to an animal. However, certain animals are more commonly referred to by their feminine forms. The more common form is listed below.

mammal	*ḫayewēn ṭedyi*	**حَيَوان ثدْيي**
bear	*dib (dbūbe)*	**دِب (دْبوبة)**

buffalo	*jēmūs* *bīzõ (fr: bison)*	جاموس بيزون
cheetah	*gēpār (fr: guépard)*	ڨاپار
deer, gazelle	*ɣzēle*	غْزالة
elephant	*fīl (fyūle)*	فيل (فْيولة)
fox	*ŧa3lib (ŧ3ālib)*	ثعْلِب (ثْعالِب)
giraffe	*zerēfe*	زرافة
hippopotamus	*farasu -nnehr*	فرسُ النّهْر
kangaroo	*kõgūru (fr: kangourou)*	كُنْڨورو
koala	*kwāla*	كوالا
leopard	*fehd (fhūd)*	فهْد (فْهود)
lion	*ṣīd (ṣyūde)*	صيد (صْيودة)
mouse; rat	*fār (fīrēn)*	فار (فيران)
polar bear	*dib quṭbi*	دِب قُطْبي
rabbit	*arnib (arānib)*	أرْنِب (أرانِب)
rhinoceros	*weɧīd ilqarn*	وحيد القرْن
skunk	*sifš*	سِفْش
squirrel	*sinjēb (snējib)*	سِنْجاب (سْناجِب)
tiger	*nimr (nmūra)*	نمِر (نْمورة)
wolf	*đīb (đyūbe)*	ذيب (ذْيوبة)

seal	*fuqme*	فُقْمة
sealion	*ṣīd -lbɧar*	صيد البْحر
dolphin	*dofã (dofēnēt) (fr: dauphin)*	دوفان (دوفانات)

whale	*bēlēn (fr: baleine)*	بالان

bird	*3aṣfūr (3ṣāfir)*	عصْفور (عْصافِر)
canary	*kēnēlu (kēnēluwēt)*	كانالو (كانالُوات)
crow, raven	*ɣrāb*	غْراب
dove, pigeon	*ɧmēme*	حْمامة
eagle, condor, vulture	*nisr (nsūrāt)*	نِسْر (نْسورات)
hawk, falcon	*ṣaqr*	صقْر
ostrich	*n3āme*	نْعامة
parrot	*babbaɣayyu*	ببّغيّو
peacock	*ṭāwis*	طاوِس
penguin	*baṭrīq*	بطْريق
seagull	*newris*	نَوْرِس
stork	*laqlaq (lqāliq)*	لقْلق (لْقالِق)
swallow	*xuṭṭīfe*	خُطّيفة
swan	*wizze*	وِزّة

reptiles	*zewēɧif [pl.]*	زَواحِف
cobra	*kobra*	كوبْرا
crocodile	*timsēɧ (tmēsiɧ)*	تِمْساح (تْماسِح)
lizard	*umm ilbūye*	أُمّ البويا
snake	*ɧneš (ɧnūšēt)*	حْنش (حْنوشات)
turtle, tortoise	*fakrūn (fkērin)*	فكْرون (فْكارِن)

frog	*jrāne (jrān)*	جْرانة (جْران)

fish	*ɧūte (ɧūt)*	حوتة (حوت)
shark	*qirš* *røkã (fr: requin)*	قِرْش روكان
jellyfish	*ɧurrīqa*	حُرّيقة

insect, bug	*ɧašre (ɧašarāt)*	حشْرة (حشرات)
ant	*nimmēle (nimmēl)*	نمّالة (نمّال)
bee	*naɧle (nɧal)*	نحْلة (نْحل)
A bee stung me.	*femme naɧle qarşitni.*	فمّا نحْلة قرْصِتْني.
bee-sting	*qarşit naɧle*	قرْصِة نحْلة
beehive	*xalīt nɧal*	خليّة نْحل
beetle	*xanfūse (xnēfis)*	خنْفوسة (خْنافِس)
butterfly	*farʈaʈʈu (farʈaʈʈūwēt)* *farāše*	فرْططّو (فرْططُّوات) فراشة
cockroach; cricket	*kāfār* *farzīʈ (frāziʈ)*	كافار فرْزيط (فْرازِط)
flea	*barɣūŧe (barɣūŧ)*	برْغوثة (برْغوث)
fly	*đubbēne (đubbēn)*	ذُبّانة (ذُبّان)
grasshopper, locust	*jrāde (jrād)*	جْرادة (جْراد)
louse (lice)	*qamle (qmel)* *sībēne (sībēn)*	قمْلة (قْمل) سيبانة (سيبان)
The child has head lice.	*iʈʈful 3andu qmel fī rāsu.*	الطُّفُل عنْدُه قْمل في راسُه.
mosquito	*nemmūse (nemmūs)*	نمّوسة (نمّوس)
mosquito bite	*qarşit nemmūse*	قرْصِة نمّوسة

A mosquito bit me.	*femme nemmūse qarṣitni.*	فمّا نمّوسة قرْصِتْني.
moth	*farṭaṭṭu (farṭaṭṭūwēt)*	**فرْططّو (فرْططّوات)**
scorpion	*3aqrib (3qārib)*	**عقْرِب (عْقارِب)**
snail	*ɧalezūn*	**حلزون**
spider	*3ankebūte (3ankebūt)*	**عنْكبوتة (عنْكبوت)**
spider web	*šebkit 3ankebūt*	**شبْكِة عنْكبوت**
I'm afraid of spiders.	*ēne nxāf mi-l3ankebūt*	آنا نْخاف مِالعنْكبوت.
wasp	*gēp (fr: guepe)* *naɧle*	**ڨاپ** **نحْلة**
worm	*dūde (dūd)*	**دودة (دود)**

beak, bill	*minqār*	**مِنْقار**
claws, talons	*mxālb [pl.]*	**مْخالِب**
feathers	*rīše (rīš)*	**ريشة (ريش)**
feeler, antenna	*ãtēn (fr: antenne)*	**أونْتان**
fur	*fūrür (fr: fourrure)*	**فورير**
horn, antler	*garn (grūn)*	**ڨرْن (ڨْرون)**
paw, leg	*sēq (sāqīn)*	**ساق (ساقين)**
tail	*ba3būṣ (b3ābiṣ)* *đīl (đyūle)*	**بعْبوص (بْعابِص)** **ذيل (ذْيولة)**
udder, teats	*tētīn (fr: tétines)*	**تاتين**
wing	*jnēɧ (jwēniɧ)*	**جْناح (جْوانِح)**

44 Plant Life

plant	*nebte*	نبْتة
tree	*šujra (šujarāt, jjarr)*	شُجْرة (شُجرات، شْجرّ)
bush, shrub	*šujra ṣɣīra*	شجرة صْغيرة
leaf	*warqit (ewrāq) šujre*	ورْقِة (أَوْراق) شُجْرة
branch	*ɣuṣn (aɣṣān)*	غُصْن (أغْصان)
trunk	*sēq iššujra*	ساق الشُّجْرة
bamboo	*xayzurān*	خَيْزُران
palm tree; date palm	*naxle (nxal, naxlēt)*	نخْلة (نْخل، نخْلات)
oak tree	*šujrit ilbellūṭ*	شُجرِة البلّوط
pine tree	*ṣanūbir*	صنوبِر
sycamore tree	*sīkomoɣ (fr: sycomore)*	سيكوموغ
willow tree	*ṣafṣāf*	صفْصاف
flower	*newwāre (newwār, newwarāt)*	نَوّارة (نوّار، نَوّرات)
petal	*pētēl (fr: pétale)* *warqit ilnnewwāra*	پاتال ورْقِة النّوّارة
stem, stalk	*sēq (sīqān)*	ساق (سيقان)
carnation	*qrunfle (qrunfil, qrunflēt)*	قْرُنْفْلة (قْرْنْفِل، قْرُنْفْلات)
daisy, mum, chrysanthemum	*mārgērīt (fr: marguerite)*	مارْڤاريت
rose	*warde (ward, wardēt)*	ورْدة (ورْد، ورْدات)
sunflower	*3abbēd iššems*	عبّاد الشّمْس
tulip	*tülīp*	توليپ

violet	*benefsej*	بنفْسج
cactus	*ṭābye* *kēktüs*	طابْية كاكْتوس
moss	*ṭuħlub (ṭaħālib)*	طُحْلُب (طحالِب)
vine	*ša3bāṭa*	شعْباطة
seed	*beđra* *zurrī3a*	بذْرة زُرّيعة
to plant (a seed), grow (a plant)	*zra3* *ɣris*	زْرع غْرِس
(a plant) to grow	*kbir* *ṭla3*	كْبِر طْلع
This plant is really growing fast!	*innebte hēđī bi-rrasmi qā3de tikbir fīsa3.*	النّبْتة هاذي بِالرّسْمي قاعْدة تِكْبِر فيسع.
to water (a plant)	*sqā*	سْقى
to fertilize	*ɣbār*	غْبار
to weed a garden	*naẓẓaf ijjnīne*	نظّف الجْنينة
plant pot	*maħbis (mħābis)*	محْبِس (مْحابِس)

45 Colors

color	*lūn (elwēn)*	لون (ألْوان)
black	*ekħil [m.], kaħle [f.] (kħul [pl.])*	أكْحِل، كحْلا (كْحُل)

white	*ebyiz̧ [m.], bīz̧a [f.] (byuz̧ [pl.])*	أبْيِض، بيضا (بْيُض)
blue	*azraq [m.], zarqa [f.] (zruq [pl.])*	أزْرق، زرْقا (زْرُق)
green	*axz̧ar [m.], xaz̧ra [f.] (xz̧ur [pl.])*	أخضر، خضرا (خضُر)
red	*aɧmar [m.], ɧamra [f.] (ɧmur [pl.])*	أحْمر، حمْرا (حْمُر)
yellow	*aşfir [m.], şafra [f.] (şfur [pl.])*	أصْفِر، صفْرا (صْفُر)
beige	*bēj (fr: beige)*	باج
brown	*mārrõ (fr: marron)* *bunni*	مارّون بُنّي
fushia	*fūšye*	فوشْيا
gray	*grī [m.] (fr: gris), grīz [f.] (grise)*	ڨري، ڨريز
lemon-yellow	*jon sītɣõ (fr: jaune citron)*	جون سيتْغون
light blue	*azraq fētiɧ*	أزْرق فاتح
navy blue	*azraq ɣāmiq* *blū māɣīn (fr: bleu marine)*	أزْرق غامِق بْلو ماغين
olive	*olīv (fr: olive)*	أوليڥ
orange	*burtuqāli* *orãjē (fr: orangé)*	برتُقالي أورونْجا
pink	*roz (fr: rose)*	روز
purple, violet	*mūv (fr: mauve)* *viyolē (fr: violet)*	موڥ ڥيولا
turquoise	*türkwāz (fr: turquoise)*	تُرْكواز

shade	*tõ (fr: ton)*	**تون**
light	*fētiḫ*	**فاتِح**
light green	*axẓar fētiḫ*	أخْضر فاتِح
dark	*ɣāmiq*	**غامِق**
dark red	*aḫmar ɣāmiq*	أحْمر غامِق
colorful, multi-colored	*mlewwin*	**مْلوِّن**

46 Shapes, Sizes, and Measurements

shape	*fūrme* *šekl*	**فورْمة** **شكْل**
circle	*dewwīra*	**دوِّيرة**
circular	*mdewwar*	**مْدوّر**
oval(-shaped)	*ovēl*	**أوڥال**

square(-shaped)	*murbba3*	**مُربّع**
rectangle; rectangular	*musteṭīl*	**مُسْتطيل**
triangle; triangular	*muŧelleŧ (muŧellŧēt)*	**مُثلّث (مُثلّْثات)**

big, large	*kbīr (kbār)*	**كْبير (كْبار)**
small, little	*ṣɣīr (ṣɣār)*	**صْغير (صْغار)**
length **height (person)**	*ṭūl*	**طول**
long **tall (person)**	*ṭwīl (ṭwēl)*	**طْويل (طْوال)**

short	*qṣīr (qṣār)*	قْصير (قْصار)
width	*3urẓ*	عُرْض
measurement	*qyēs*	قْياس
to measure	*qēs*	قاس
size, volume	*kubr* *kbur*	كُبْر كْبُر
surface area	*misēḫa*	مِساحة
distance	*msēfe* *dīstãs (fr: distance)*	مْسافة ديسْتونْس
millimeter	*millīmetr*	مِلّيمترْ
centimeter	*sãti* *sãtīmetr*	سانْتي سانْتيمترْ
meter	*mītru (mītrūwēt)*	ميتْرو (ميترْوّات)
kilometer	*kīlūmetr*	كيلومترْ
inch	*šbir (ešbār)*	شْبِر (أشْبار)
foot	*qdam*	قْدم
square meter	*mitr murabba3*	مِترْ مُربّع
cubic meter	*mitr muka33ab*	مِترْ مُكعّب
weight	*mīzēn*	ميزان
to weigh	*wzin*	وْزِن
gram	*grēm*	ڨْرام

kilogram	*kīlū*	**كيلو**
ton (metric)	*ţon*	**طُن**
pound	*rţal (arţāl)*	**رْطل (أرْطال)**

47 Quantity

every; all	*kull*	**كُلّ**
every child	*kull ţful* *kull şɣīr*	كُلّ طْفُل كُلّ صْغير
all of the children	*işşɣār ilkull*	الصّْغار الكُلّ
most	*ekŧariyye*	**أكْثريّة**
most people	*ekŧariyyit innēs* *ekŧariyyit -l3bēd*	أكْثرِيّة النّاس أكْثرِيّة العْباد
some	*ba3z̧*	**بعْض**
some people	*ba3z̧ innēs* *ba3z̧ -l3bēd*	بعْض النّاس بعْض العْباد
no, none of	*ɧatte wēɧid* *wele wēɧid*	**حتّى واحِد** **ولا واحِد**
no students, none of the students	*ɧatte wēɧid mi-ţţalebe* *wele wēɧid mi-ţţalebe*	حتّى واحِد مِالطّلبة ولا واحِد مِالطّلبة
a lot of; several	*barše*	**برْشا**
a lot of money	*barše flūs*	برْشا فْلوس
a lot of people; several people	*barše nēs* *barše 3bēd*	برْشا ناس برْشا عْباد
a little; a few	*šweyye*	**شْويّة**

a little time	*šweyye waqt*	شْويّة وقْت
a little money	*šweyye flūs*	شْويّة فْلوس
a few people	*šweyye nēs* *šweyye 3bēd*	شْويّة ناس شْويّة عْباد
a few days	*šweyye -yyēmēt*	**شْويّة أيّامات**
a couple of __	*__-īn* *zūz __*	**ـــين** **زوزـــ**
a couple of months	*šharīn* *zūz ušhra*	شهرين زوز أُشْهْرة

48 Numbers

number, numeral	*raqm (arqām)* *3ded (a3dēd)*	**رقْم (أرْقام)** **عْدد (أعْداد)**
to count	*ђsib*	**حْسِب**
odd	*fardi*	**فرْدي**
even	*zewji*	**زَوْجي**
zero	*ṣfir*	**صْفِر**
cardinal number	*3ded aṣli*	**عْدد أصْلي**
one	*wēђid [m.], waђde [f.]*	**واحد، وحْدة**
two	*ŧnīn* *zūz*	**ثْنين** **زوز**
two tables and two chairs	*zūz ţwēwil w zūz krēsi*	زوز طْواوِل و زوز كْراسي
three	*tlēŧe*	**ثْلاثة**

four	*arb3a*	أَرْبْعة
five	*xamse*	خمْسة
six	*sitte*	سِتّة
seven	*seb3a*	سبْعة
eight	*ŧmenye*	ثْمْنية
nine	*tis3a*	تِسْعة
ten	*3ašra*	عشْرة
eleven	*ɧdēš*	حْداش
twelve	*aŧnāš*	أَثْناش
thirteen	*tluttāš*	تْلُتّاش
fourteen	*arba3tāš*	أَرْبعْتاش
fifteen	*xmustāš*	خْمُسْتاش
sixteen	*suttāš*	سُتّاش
seventeen	*sba3tāš*	سْبعْتاش
eighteen	*ŧmuntāš*	ثْمنْتاش
nineteen	*tsa3tāš*	تْسعْتاش
twenty	*3išrīn*	عِشْرين
twenty-one	*wēɧid w 3išrīn*	واحِد و عِشْرين
twenty-two	*ŧnīn w 3išrīn*	ثْنين و عِشْرين
twenty-three	*tlēŧe w 3išrīn*	تْلاثة و عِشْرين
thirty	*tlēŧīn*	تْلاثين
forty	*arb3īn*	أَرْبْعين
fifty	*xamsīn*	خمْسين

sixty	*sittīn*	سِتّين
seventy	*seb3īn*	سبْعين
eighty	*ŧmēnīn*	ثْمانين
ninety	*tis3īn*	تِسْعين
one hundred	*myē*	مْيا
two hundred	*mītīn*	ميتين
three hundred	*tlēŧimyē*	تْلاثِمْيا
four hundred	*arb3amyē*	أرْبْعمْيا
five hundred	*xamsemyē*	خمْسمْيا
six hundred	*sittimyē*	سِتّمْيا
seven hundred	*seb3amyē*	سبْعمْيا
eight hundred	*ŧmēnnimyē*	ثْمانّمْيا
nine hundred	*tis3amyē*	تِسْعمْيا
one thousand	*elf*	ألْف
two thousand	*elfīn*	ألْفين
three thousand	*tlēŧelēf*	تْلاثْلاف
four thousand	*arb3alēf*	أرْبْعلاف
five thousand	*xamselēf*	خمْسلاف
six thousand	*sittelēf*	سِتّلاف
seven thousand	*seb3alēf*	سبْعلاف
eight thousand	*ŧmēnyēlēf*	ثْمانْيالاف
nine thousand	*tis3alēf*	تِسْعلاف
ten thousand	*3šaralēf*	عشرلاف
eleven thousand	*ђdēšn elf*	حْداشْن ألْف

twenty thousand	*3išrīn elf*	**عِشْرين ألْف**
one hundred thousand	*myēt elf*	**مْياة ألْف**
million	*melyūn*	**ملْيون**
billion	*milyār*	**مِلْيار**

arithmetic, calculation	*ḫsēb*	**حْساب**
to calculate, to work out	*ḫsib*	**حْسِب**
calculator	*kelkülatrīs (fr: calculatrice)*	**كالْكيلاتْريس**
How did you work that out in your head? I need a calculator!	*kīfēš ḫsibthe min muxxik? ēne lēzimni kelkülatrīs.*	كيفاش حْسِبْتْها مِن مُخِّك؟ آنا لازِمْني كالْكيلاتْريس.
to add, add up	*jma3* *zēd*	**جْمع** **زاد**
Add up the price of all the items to get the total.	*zīd sūm ilḫājēt ilkul bēš ta3rif ittotēl (fr: total).*	زيد سوم الحاجات الكُلّ باش تعْرِف التّوتال.
to subtract	*ţraḫ*	**طْرح**
Subtract the smaller amount from the larger to find the difference.	*iţraḫ -l3ded işşɣīr mi-l3ded -lkbīr bēš ta3rif ilfarq / bēš telqa -lfarq.*	إطْرح العْدد الصْغير مِالعْدد الكْبيرباش تعْرِف الفرْق \ باش تلْقى الفرْق.
to multiply by	*ʐrab fī*	**ضْرب في**
Multiply the length and width to find the area of the rectangle.	*aʐrab iţţūl fī -l3urʐ bēš ta3rif misēḫt ilmusteţīl / bēš telqa misēḫit ilmusteţīl.*	أضْرب الطّول في العُرْض باش تعْرِف مِساحْة المُسْتطيل \ اش تلْقى مِساحِة المُسْتطيل.
to divide by	*qsim 3lē*	**قْسِم علْى**

Divide the total by the number of people to find the average.	*aqsim ittotēl 3lē 3ded innēs bēš telqa -lmu3addil / bēš ta3rif ilmwāyēn (fr: moyenne).*	أقْسِمِ التّوتال عْلى عْدد (النّاس) باش تلْقى المُعدِّل \ باش تعْرِف المْوايان.
equals, is	*yusēwi*	**يُساوي**
plus, and	*u, w* *m3a*	**وْ** **مْعَ**
Three plus two equals five.	*tlēŧe m3a tlēŧe yusēwi xamse / yusēwiyu xamse / yjiyu xamse.*	تلاثة مْعَ تلاثة يُساوي خمْسة \ يُساوِيو خمْسة \ يْجِيو خمْسة.
minus	*nēqiṣ* *ille*	**ناقِص** **إلّا**
Ten minus nine equals one.	*3ašra ille tis3a yusēwi wēħid / yusēwiyu wēħid / yijyu wēħid.*	عشْرة إلّا تِسْعة يُساوي واحِدْ \ يُساوِيو واحِدْ \ يْجِيو واحِدْ.
times	*marrāt*	**مرّات**
Three times four equals twelve.	*tlēŧe marrāt arb3a yusēwi aŧnāš / yusēwiyu aŧnāš / yjiyu aŧnāš.*	تلاثة مرّات أرْبْعة يُساوي أثناش \ يُساوِيو أثناش \ يْجِيو أثناش.
divided by	*3lē* *aqsamhe 3lē*	**عْلى** **أقْسمْها عْلى**
Twenty divided by four equals five.	*3išrīn 3lē arb3a yusēwi xamse.* *3išrīn aqsamhe 3l- arb3a yjiyu xamse.*	عِشْرين عْلى أرْبْعة يُساوي خمْسة. عِشْرين أقْسمْها عْلى أرْبْعة يْجِيو خمْسة.
ordinal number	*3ded tartībi*	**عْدد ترْتيبي**

first	*ewwil*	**أوّل**
second	*ŧēni*	**ثاني**
third	*ŧēliŧ*	**ثالِث**
fourth	*rāba3*	**رابع**
fifth	*xāmis*	**خامِس**
sixth	*sēdis*	**سادِس**
seventh	*sēba3*	**سابع**
eighth	*ŧēmin*	**ثامِن**
ninth	*tēsa3*	**تاسع**
tenth	*3āšir*	**عاشِر**

There are no unique ordinal forms for numbers over 10. The cardinal number is used. Compare the following:

There are **twenty** books, and the **twentieth** book is mine.	*femme 3išrīn ktēb, w ilktēb nūmru 3išrīn mtē3ī.*	فمّا **عِشْرين** كْتاب، و الكْتاب نُومْرو **عِشْرين** مْتاعي.
the last __	*ēxir*	**آخِر**

fraction	*juzʔ (ejzēʔ)*	**جُزْء (أجْزاء)**
whole	*kull*	**كُلّ**
half	*nuṣṣ (enṣāf)*	**نُصّ (أنْصاف)**
Two halves make a whole.	*nūṣṣīn ya3mlu juzʔ kēmil.* *nūṣṣīn ykewwnu juzʔ kēmil.*	نُصّين يعْمْلو جُزْء كامِل. نُصّين يْكوّْنو جُزْء كامِل.
a third	*ŧluŧ (eŧlēŧ)*	**ثْلُث (أثْلاث)**
a fourth, a quarter	*rbu3 (arbē3)*	**رْبُع (أرْباع)**
a fifth	*xmus (axmēs)*	**خْمُس (أخْماس)**
three fifths	*tlēŧ- axmēs*	**ثْلاثة أخْماس**

Fractions above 10 are formed with ordinal numbers separated by عْلى *3lē*.

one twelfth (1/12)	*wēħid 3l-aṯnāš*	واحِد عْلى أَثْناش
three twentieths (3/20)	*tlēṯe 3lē 3išrīn*	ثْلاثة عْلى عِشْرين

percentage	*nisbe (niseb)*	نِسْبة (نِسب)
a large percentage	*nisbe kbīra*	نِسْبة كْبيرة
what percentage of	*qaddēš nisbit il-*	قدّاش نِسْبِة الـ
__ percent	*__ fī -lmyē*	__ في المْيا
fifty percent of people	*xamsīn fī -lmyē mi-ššа3b*	خمْسين في المْيا مِالشّعْب

49 Time

time	*waqt (ewqāt)*	وقْت (أوْقات)

day	*yūm (eyyēm, eyyēmēt)* *nhār*	يوم (أيّام، أيّامات) نْهار
in the morning	*fī -ṣṣbēħ*	في الصْباح
at noon	*fī -lqāyle*	في القايْلة
in the afternoon	*fī -l3šiyye*	في العشيّة
in the evening,	*fī -l3šiyye maxxar*	في العشيّة مخّر
at night	*fī -llīl*	في اللّيل
at midnight	*m3a nuṣṣ illīl*	مْعَ نُصّ اللّيل

three days ago	*tlēṯ- eyyēm ill tēli* *ūtil bēraħtīn*	ثْلاثة أيّام الّ تالي أوتِل بارحْتين

the day before yesterday	*ūtil bēraɧ*	أوتِل بارح
yesterday	*ilbēraɧ*	البارح
yesterday morning	*ilbēraɧ iṣṣbēɧ*	البارح الصْباح
last night	*ilbēraɧ fī -llīl*	البارح في اللّيل
today	*ilyūm*	اليوم
this morning	*ilyūm iṣṣbēɧ* *ilyūm fī iṣṣbēɧ*	اليوم الصْباح اليوم في الصْباح
this afternoon	*ilyūm il3šiyye* *ilyūm fī -l3šiyye*	اليوم العْشِيّة اليوم في العْشِيّة
this evening,	*ilyūm il3šiyye maxxar* *ilyūm fī -l3šiyye maxxar*	اليوم العْشِيّة مخّر اليوم في العْشِيّة مخّر
tonight	*ilyūm fī -llīl*	اليوم في اللّيل
tomorrow	*ɣudwe*	غُدْوا
tomorrow morning	*ɣudwe -ṣṣbēɧ*	غُدْوا الصْباح
tomorrow evening	*ɣudwe -l3šiyye maxxar*	غُدْوا العْشِيّة مخّر
the day after tomorrow	*ba3d ɣudwe*	بعْد غُدْوا
in three days	*ba3d ɣudwtīn*	بعْد غُدْوْتين

every day	*kull yūm*	كُلّ يوم
every other day	*nhār ba3d nhār*	نْهار بعْد نْهار
all day	*nhār kēmil*	نْهار كامِل

week	*jim3a*	جِمْعة
weekday, work day	*nhār xidme*	نْهار خِدْمة

(on) the weekend	*fī -lwīkēnd* *fī ixxir ijjim3a*	في الويكانْد في إخِّر الجُّمعة
Sunday	*-laɦad*	الأحد
Monday	*-liŧnīn*	الإثْنين
Tuesday	*-ttlēŧe*	التّلاثة
Wednesday	*-lērb3a*	الارْبعا
Thursday	*-lxmīs*	الخْميس
Friday	*-jjim3a*	الجُّمْعة
Saturday	*issibt*	السِّبْت
See you on Saturday!	*nšūfik nhārit ilssibt*	نْشوفِك نْهارْة السِّبْت

last week	*ijjim3a illi fētit*	الجُّمْعة اِلِّي فاتِت
this week	*ijjim3a hēđī*	الجُّمْعة هاذي
next week	*ijjim3a -jjēye*	الجُّمْعة الجّاية
I'll tell you next week or the week after.	*tewwe nqullik ijjim3a -jjēye welle illi ba3dhe.*	توّا نْقُلِّك الجُّمْعة الجّاية ولّا الِّي بعْدْها.

month	*šhar (ušhra)*	شهر (أُشْهْرة)
January	*jānvī*	جانْڥي
February	*fīvrī*	فيڥْري
March	*mārs*	مارْس
April	*evrīl*	أڥْريل
May	*mēy*	ماي
June	*jwã*	جْوان
July	*jwīlye*	جْويلْية

August	*ūt*	**أوت**
September	*septambr*	**سپْتمْبر**
October	*oktobr*	**أكْتوبْر**
November	*novambr*	**نوڤمْبْر**
December	*dēsambr*	**دَيْسمْبْر**
I was born in December.	*ēne tūlidt fī dēsambr.*	آنا تولِدْت في ديسمْبْر.
calendar	*yewmiyye*	**يَوْمِيّة**

last month	*iššhar illi fēt*	**الشْهر اللّي فات**
this month	*iššhar hēđē*	**الشْهر هاذا**
next month	*iššhar ijjēy* *iššhar iddēxil*	**الشْهرالجّاي** **الشْهر الدّاخِل**

season	*fṣl (fuṣūl)*	**فصْل (فُصول)**
spring	*rbī3*	**رْبيع**
summer	*ṣīf*	**صيف**
fall, autumn	*xrīf*	**خْريف**
winter	*štē*	**شْتا**
I like to go to Tabarka in the winter.	*nḫibb nimšīlhe ṭbarqa fī - ššte.*	نْحِبّ نِمْشيلْها طْبرْقة في الشْتا.

holiday	*ṣlē3a* *3uṭle (3uṭal)*	**صْلاعة** **عُطْلة (عُطل)**
New Year's Eve	*līlit rās il3ām*	**ليلةِ راس العام**
New Year's Day	*rās il3ām*	**راس العام**

Valentine's Day	*sã vēlãtã (fr: Saint Valentin)*	سان ڢالُنْتان
Halloween	*hēlūwīn*	هالُوّين
Dates for holidays celebrated in Tunisia are specified in parentheses.		
2011 Revolution Day (January 14)	*3īd iŧŧewra* *3īd ŧewrit ilyēsemīn* *3īd iŧŧewra w iššebēb*	عيد الثَّوْرة عيد ثَوْرِةِ الياسمين عيد الثَّوْرة و الشّباب
1956 Independence Day (March 20)	*3īd ilistiqlēl*	عيد الإسْتِقْلال
1938 Martyrs Day (April 9)	*3īd iššuhedē?*	عيد الشُّهداء
Labor Day (May 1)	*3īd iššuɣl*	عيد الشُّغْل
Mother's Day (last Sunday in May)	*3īd ilumm*	عيد الأُمّ
1957 Republic Day (July 25)	*3īd iljumhūriyye*	عيد الجُمْهوريِّة
Women's Day (August 13)	*3īd ilmar?a*	عيد المرْأة
1963 Evacuation Day (October 15)	*3īd iljelē?*	عيد الجلاء
Muslim holidays follow the Islamic lunar calendar, and thus may fall at various times of the year.		
Ramadan	*rumẓān*	رُمْضان
Eid Al-Fitr, the Lesser Eid (3 days)	*-l3īd iṣṣɣīr* *3īd ilfiṭr*	العيد الصُّغير عيد الفِطْر
Eid Al-Adha, the Feast of the Sacrifice, the Greater Eid (4 days)	*-l3īd -lkbīr* *3īd -laẓɦa*	العيد الكْبير عيد الأضْحى
Mawlid (Birth of the Prophet Mohammad)	*ilmūlid*	المولِد
Christmas	*nowēl*	نُوّال

Easter	*pēk (fr: paques)*	**پاك**
year	*3ām (a3wēm)* *sene (snīn, snē)*	**عام (أعْوام)** **سنة (سْنين، سْنا)**
twenty years **ago**	*3išrīn snē ill tēli* *3išrīn 3ām ill tēli*	عِشْرين سْنا **الّ تالي** عِشْرين عام **الّ تالي**
last year	*il3ām illi fēt* *3āmnēwil*	**العام الِّي فات** **عامْناوِل**
this year	*il3ām hēđē* *issnē*	**العام هاذا** **السّْنا**
next year	*il3ām ijjēy*	**العام الجّاي**
in five years	*ba3d xamse snīn*	**بعْد** خمْسة سْنين
period, era, age	*mudde* *3aṣr* *3mur*	**مُدّة** **عصْر** **عْمُر**
decade	*3iqd* *3ašra snīn (lit. ten years)*	**عِقْد** **عشْرة سْنين**
in the 1980s	*fī -ŧŧmēnīnēt*	في الثّْمانينات
century	*qarn (qrūn)*	**قرْن (قْرون)**
in the 19th century, in the 1800s	*fī -lqarn ittsa3tāš*	في القرْن التّْسعْتاش
millennium	*elfiyye*	**ألْفيّة**
in the present	*fī -lḩāẓir* *fī -lwaqt ilḩāẓir*	**في الحاضِر** **في الوقْت الحاضِر**

now	*tewwe* *tew*	توّا تَو
in the past	*qbel* *min bikri*	قْبل مِن بِكْري
just, just now	*mizzēl*	مِزّال
I just went to the bank.	*mizzilt kī kunt fī -lbēnke.*	مِزِّلْت كي كُنْت في البانْكا.
in the future	*fī -lmustaqbil*	في المُسْتقْبِل
right now, right away	*tewtew*	تَوْتَو
Okay, I'll do it right away!	*bēhi, tew na3milhe tewtew.*	باهي، تَو نعْمِلْها تَوْتَو.
soon, in a bit	*ba3d* *ba3d šweyye*	بعْد بعْد شْويّة
I'll go to bed soon.	*bēš nšidd ferši ba3d šweyye.*	باش نْشِدّ فرْشي بعْد شْويّة.
later	*ba3dīke* *ba3d*	بعْديكا بعْد
one day, some day	*fī nhār mi-nnhārāt* *fī yūm mi-leyyēm*	في نْهار مِالنّهارات في يوم مِالأيّام

hour	*sē3a (swēye3)*	ساعة (سْوايع)
minute	*dqīqe (dqāyiq)*	دْقيقة (دْقايِق)
second	*sugūnde*	سُقونْدة
What time is it?	*qaddēš ilwaqt?*	قدّاش الوقْت؟
It's one o'clock. (1:00)	*māẓi sē3a*	ماضي ساعة
It's two o'clock. (2:00)	*māẓi sē3tīn*	ماضي ساعْتين
It's three o'clock. (3:00)	*māẓi tlēṭe*	ماضي ثْلاثة

It's five past three. (3:05)	*māẓi tlēṭe w draj.* *māẓi tlēṭe w xamse dqāyiq.*	ماضي ثْلاثة و دْرج. ماضي ثْلاثة و خمْسة دْقايِق.
It's ten past three. (3:10)	*māẓi tlēṭe w darjīn.* *māẓi tlēṭe w 3ašra dqāyiq.*	ماضي ثْلاثة و دْرجين. ماضي ثْلاثة و عشْرة دْقايِق.
It's a quarter past three. (3:15)	*māẓi tlēṭe w rbu3.* *māẓi tlēṭe w xamustāšin dqīqa.*	ماضي ثْلاثة و رْبُع. ماضي ثْلاثة و خمُسْتاشِن دقْيقة.
It's twenty past three. (3:20)	*māẓi tlēṭe w arb3a.* *māẓi tlēṭe w 3išrīn dqīqa.*	ماضي ثْلاثة و أرْبْعة. ماضي ثْلاثة و عِشْرين دْقيقة.
It's twenty-five past three. (3:25)	*māẓi tlēṭe w xamse.* *māẓi tlēṭe w xamse w 3išrīn dqīqa.*	ماضي ثْلاثة و خمْسة. ماضي ثْلاثة و خمْسة و عِشْرين دْقيقة.
It's three thirty. (3:30)	*māẓi tlēṭe w nuṣṣ*	ماضي ثْلاثة و نُصّ.
It's twenty-five to four. (3:35)	*māẓi tlēṭe w seb3a*	ماضي ثْلاثة و سبْعة.
It's twenty to four. (3:40)	*-larb3a ɣīr arb3a.*	الأرْبْعة غير أرْبْعة.
It's a quarter to four. (3:45)	*-larb3a ɣīr rbu3.*	الأرْبْعة غير رْبُع.
It's ten to four. (3:50)	*-larb3a ɣīr darjīn.*	الأرْبْعة غير درْجين.
It's five to four. (3:55)	*-larb3a ɣīr draj.*	الأرْبْعة غير دْرج.
It's almost four o'clock.	*-larb3a mē-ɧarrarš.*	الارْبْعة ما حرّرْش.
The following expressions are the Arabic equivalents of 'a.m.' and 'p.m.' The hours for which each expression is commonly used are listed.		
in the morning (4-11 a.m.)	*mtē3 -ṣṣbēɧ*	مْتاع الصّْباح
9 a.m.	*ittis3a mtē3 iṣṣbēɧ*	التِّسعة مْتاع الصّْباح
in the afternoon (12-3 p.m.)	*mtē3 ilqāyle*	مْتاع القايْلة

3 p.m.	*ilmāẓi tlēṭe mtē3 ilqāyle*	الماضي تلاثة مْتاع القايْلة
in the afternoon; in the evening (3-8 p.m.)	*mtē3 il3šiyye*	**مْتاع العشيّة**
at night (9 p.m. - 3 a.m.)	*mtē3 illīl*	**مْتاع اللّيل**
in the morning (3-6 a.m.)	*mtē3 ilfejr*	**مْتاع الفجْر**

what time, when	*fēnu waqt?* *waqtēš?*	**فانو وقْت؟** **وقْتاش؟**
What time do you get up?	*fēnu waqt tqūm?* *waqtēš tqūm?*	**فانو وقْت تْقوم؟** **وقْتاش تْقوم؟**
at __ o'clock	*il- __*	**الـ __**
around __ o'clock	*m3a __ (ekkēke/hekēke)*	**مْعَ __ (اكّاكا\هكَاكا)**
I usually get up around seven (o'clock).	*-lekṭariyye nqūm m3a -sseb3a (-kkēke/hekēke).*	الأكْثرِيّة نْقوم مْعَ السّبْعة (اكّاكا\هكَاكا).
at __ o'clock sharp	*il- __ pīl* *il- __ qadqad*	**الـ __ پيل** **الـ __ قدْقد**

early	*bikri*	**بِكْري**
I went home early from school today.	*ilyūm rawwaḫt bikri mi-lmektib.*	اليوم روّحْت بِكْري مِالمكْتِب.
late	*-mmaxxar*	**امّخّر**
He got home late at night.	*rawwaḫ li-ddār -mmaxxar fī -llīl.*	روّح لِلدّار امّخّر في اللّيل.

since	*min*	**مِن**

I've been living in Sousse since 2010.	*ēne 3āyiš fī sūse min (3ām) elfīn w 3ašra.*	آنا عايِش في سوسة مِن (عام) ألْفين و عشْرة.
for	*3andu*	**عنْدُه**
I've been learning Arabic for two years.	*nit3allim fī -l3arabiyye (tewwe) 3andi 3āmīn.*	نِتْعلِّم في العربِيّة (توّا) عنْدي عامين.
until	*ɧatte* *ɧattēkši* *li-*	**حتّى** **حتّاكْشي** **لِ**
I watched TV until eleven o'clock.	*q3adt nitfarrij fī -ttelvze ɧatte -lɧdēš / ɧattēkši - lɧdēš / l-ilɧdēš.*	قْعدْت نِتْفرِّج في التّلْفْزة حتّى الحْداش \ حتّاكْشي الحْداش \ لِلحْداش.

50 Pronouns

I	*ēne*	**آنا**
we	*aɧne*	**أحْنا**
you	*inti*	**اِنْتِ**
you, you guys	*intūme*	**اِنْتوما**
he, it	*huwwe*	**هُوَّ**
she, it	*hiyye*	**هِيَّ**
they	*hūme*	**هوما**
this	*hēđē [m.], hēđī [f.]*	**هاذا، هاذي**
that	*hēđēke [m.], hēđīke [f.]*	**هاذاكا، هاذيكا**
these	*hēđum*	**هاذُم**

those	*hēđūkum*	**هاذوكُم**
everyone	*innēs ilkull* *-l3bēd ilkull*	**النّاس الكُلّ** **العْباد الكُلّ**
Everyone needs friends.	*innēs ilkull tistɧaqq l-aşɧāb.* *-l3bēd ilkull yistɧaqqu l-aşɧāb.*	النّاس الكُلّ تِسْتْحقّ لصْحاب. العْباد الكُلّ يِسْتْحقّو لصْحاب.
someone	*wēɧid*	**واحِد**
Someone is at the door.	*femme škūn fī -lbēb.* *femme wēɧid fī -lbēb.*	فمّا شْكون في الباب. فمّا واحِد في الباب.
anyone	*eyy wēɧid*	**أيّ واحِد**
Anyone can do it.	*eyy wēɧid ynejjim ya3milhe.*	أيّ واحِد يْنجِّم يعْمِلْها.
no one	*ɧatte ɧadd* *ɧatte wēɧid*	**حتّى حدّ** **حتّى واحِد**
No one lives forever.	*mē-femme ɧatte ɧadd bēš y3īš 3lē ţūl.*	ما فمّا حتّى حدّ باش يْعيش عْلى طول.
everything	*kull šey*	**كُلّ شَي**
Everything is ready.	*kull šey ɧāẓir.*	كُلّ شَي حاضِر.
something	*ɧāje*	**حاجة**
I want to eat something sweet.	*nɧibb nēkil ɧāje ɧluwwe.*	نحِبّ ناكِل حاجة حْلُوّة.
anything	*eyy ɧāje*	**أيّ حاجة**
- What do you want to eat? - Anything is fine.	*- šnewwe tɧibb tēkil?* *- eyy ɧāje.*	- شْنوّا تْحِبّ تاكِل؟ - أيّ حاجة.

nothing	*ħatte šey*	**حتّى شَي**
- What did you buy? - Nothing!	*- ši-šrīt? / - šnewwe šrīt?* *- ħatte šey.*	- شِشْريت؟ \ شْنوّا شْريت؟ - حتّى شَي.

51 Question Words

what	*šnewwe*	**شْنوّا**
What is that?	*šnewwe hēđē?*	شْنوّا هاذا؟
What do you want?	*šnewwe tħibb?*	شْنوّا تحِبّ؟
who	*škūn*	**شْكون**
Who told you that?	*škūn qāllik hakka?*	شْكون قالِّك هكّا؟
Who did you tell?	*inti li-škūn qult?*	اِنْتِ لِشْكون قُلْت؟
which __	*ēnēhū, ēnēhuwwe __ [m.]; ēnēhī, ēnēhiyye __ [f.]*	**آناهو، آناهُوَّ __؛ آناهي، آناهِيَّ __**
Which movie do you want to see?	*ēnēhū fīlm tħibb titfarrij fīh?*	آناهو فيلْم تْحِبّ تِتْفرِّج فيه؟
where	*wīn* *fīn*	**وين** **فين**
Where do you live?	*wīn t3īš?* *fīn t3īš?*	وين تْعيش؟ فين تْعيش؟
when	*waqtēš* *waqtēh*	**وقْتاش** **وقْتاه**
When are you going on vacation?	*waqtēš tuxruj fī ṣlē3a?* *waqtēh tuxruj fī ṣlē3a?*	وقْتاش تُخْرُج في صْلاعة؟ وقْتاه تُخْرُج في صْلاعة؟
what time	*fēnu waqt*	**فانو وقْت**

What time did you get here?	*fēnu waqt jīt li-hnē?*	فانو وقْت جيت لِهْنا؟
how	*kīfēš*	**كيفاش**
How do you usually get to work?	*kīfēš timši tixdim fī -l3āde?*	كيفاش تِمْشي تِخْدِم في العادة؟
why	*3lēš* *3lēh*	**عْلاش** **عْلاه**
Why are you late?	*3lēš waxxart?* *3lēh waxxart?* *šbīk waxxart?*	عْلاش وخّرْت؟ عْلاه وخّرْت؟ شْبيك وخّرْت؟
how many, how much	*qaddēš* *qaddēh*	**قدّاش** **قدّاه**
How many people are there in your family?	*qaddēš min wēɧid femme fī 3āyiltik?* *qaddēh min wēɧid femme fī 3āyiltik?*	قدّاش مِن واحِد فمّا في عايِلْتِك؟ قدّاه مِن واحِد فمّا في عايِلْتِك؟
How much does this cost?	*b-qaddēš hēđē?*	بْقدّاش هاذا؟
how much, how many; how long, how much time	*qaddēš*	**قدّاش**
How much water is there in the bottle?	*qaddēš femme mē fī -ddebbūze?*	قدّاش فمّا ما في الدّبّوزة؟
How many people died in the revolution?	*qaddēš min 3bēd mētu fī -ŧŧewra?*	قدّاش مِن عْباد ماتو في الثّوْرة؟
How long does it take you to get to work?	*qaddēš yɧibblik bēš tūṣil l-ilxidme?*	قدّاش يْحِبّْلِك باش توصِل لِلخِدْمة؟
How long have you been married?	*qaddēš 3andik m3arris?*	قدّاش عنْدِك مْعرِّس؟
How long is this carpet?	*qaddēš ţūlhe -zzarbiyye hēđī?*	قدّاش طولْها الزّرْبِيّة هاذي؟

how old	*qaddēš 3mur*	**قدّاش عْمُر**
How old are you?	*qaddēš 3umrik?*	قدّاش عُمْرِك؟
how big	*qaddēš kubur* *qaddēš kbur*	**قدّاش كُبُر** **قدّاش كْبر**
How big is your house?	*qaddēš kuburhe dārik?* *qaddēš kburhe dārik?*	قدّاش كُبُرْها دارِك؟ قدّاش كْبُرْها دارِك؟
how far	*qaddēš bu3dhe*	**قدّاش بُعْدها**
How far is it from here to downtown?	*qaddēš bu3dhe min hnē l-wisṭ ilblēd?*	قدّاش بُعْدها مِن هْنا لْوِسْط البْلاد؟
how often	*kull qaddēš?*	**كُلّ قدّاش؟**
How often do you exercise?	*kull qaddēš titrēne?*	كُلّ قدّاش تِتْرانا؟

52 Adverbs

slowly	*b-iššweyye*	**بِالشْويّة**
fast, quickly	*fīsa3* *b-izzarbe*	**فيسع** **بِالزّرْبة**
especially	*xāṣṣaten* *süɣtu (fr: surtout)*	**خاصّةً** **سيغْتو**
at least	*3a-laqall*	**عالأقلّ**
almost, nearly, around, about	*taqrīb* *maɧsūb* *prēsk (fr: presque)*	**تقْريب** **محْسوب** **پْراسْك**
again	*marra uxra*	**مرّة أُخْرى**
alone	*waɧdu*	**وحْدُه**

also	*zēde*	**زادة**

here	*hnē*	**هْنا**
there	*lɣādi* *ɣādi*	**لْغادي** **غادي**
everywhere	*fī -lblēyiṣ ilkull*	**في البْلايِص الكُلّ**
I see him everywhere.	*nšūfu fī -lblēyiṣ ilkull.*	نْشوفُه في البْلايِص الكُلّ.
somewhere	*blāṣa*	**بْلاصة**
I want to go somewhere fun.	*nɦibb nimši li-blāṣa ɦluwwe.*	نْحِبّ نِمْشي لِبْلاصة حْلْوّة.
anywhere	*eyy blāṣa*	**أيّ بلاصة**
You can buy it anywhere.	*tnejjim tišrīh min eyy blāṣa.*	تْنجِّم تِشْريه مِن أيّ بْلاصة.
nowhere	*ɦatte blāṣa*	**حتّى بْلاصة**
Nowhere is safe.	*ɦatte blāṣa mēhi ēmne.*	حتّى بْلاصة ماهي آمْنة.

always; often	*dīme*	**ديما**
She always does her homework.	*dīme tixdim drūshe.*	ديما تِخْدِم دْروسْها.
I often see him at the café.	*dīme nšūfu fī -lqahwe.*	ديما نْشوفُه في القهْوة.
sometime	*marra*	**مرّة**
Let's have coffee sometime.	*heyye na3mlu qahwe marra.*	هيّا نعْملو قهْوة مرّة.
sometimes	*ba3d sē3āt* *sē3āt*	**بعْد ساعات** **ساعات**
I sometimes get up late.	*ba3d sē3āt nqūm -mmaxxar.*	بعْد ساعات نْقوم امّخّر.
anytime	*fī eyy waqt*	**في أيّ وقْت**

You can call me anytime.	*tnejjim tkellemni fī eyy waqt.*	تْنجِّم تْكلّمْني في أيّ وقْت.
never	*b-3umru mē*	**بْعُمْرُه ما**
I never eat breakfast.	*b-3umri mē nufṭur fṭūr iṣṣbēḥ.*	بْعُمْري ما نُفْطُر فْطور الصُّباح.
They've never been out of Tunisia.	*b-3murhum mē xarju min tūnis.*	بْعُمْرْهُم ما خرْجو مِن تونِس.
usually	*fī -l3āde* *-lekŧariyye*	**في العادة** **الأكْثريّة**
I usually go to work by car, but I sometimes walk.	*ēne -lēkŧariyye nimši li-lxidme b-ilkarhbe, emme ba3d sē3āt 3lē sāqayye.*	آنا الأكْثريّة نمْشي لِلخِدْمة بِالكرْهْبة، أمّا بعْد ساعات عْلى ساقيّا.
somehow	*drē kīfēš* *drē kīfēh*	**دْرا كيفاش** **دْرا كيفاه**
The cat somehow got in the house.	*ilqaṭṭūs drē kīfēš dxal li-ddār.*	القطّوس دْرا كيفاش دْخل لِلدّار.
very	*barše*	**برشا**
very good	*bēhi barše*	باهي برْشا
__ enough	*__ b-ilgdē*	**__ بِالْقْدا**
big enough	*kbīr b-ilgdē*	كْبير بِالْقْدا
too __, too much __, too many __	*__ 3a-llixxir*	**__ عاللِّخِّر**
too big	*kbīr 3a-llixxir*	كْبير عاللِّخِّر
too much, too many	*barše 3a-llixxir*	برْشا عاللِّخِّر
too much money	*flūs barše 3a-llixxir*	فْلوس برْشا عاللِّخِّر
too many people	*nēs barše 3a-llixxir*	ناس برْشا عاللِّخِّر

well	*b-ilgdē*	**بِالقْدا**
She speaks Arabic well.	*hiyye taɧki b-il3arbi b-ilgdē.*	هِيَّ تحْكي بِالعرْبي بِالقْدا.
still	*mezzēl*	**مزّال**
I'm still hungry.	*ēne mizzilt jī3ān.*	آنا مِزّلْت جيعان.
not... yet	*l-tew lē*	**لْتَو لا**
He isn't here yet.	*huwwe l-tew lē jē.*	هُوَّلْتو لا جا.
I haven't finished my coffee yet.	*ēne l-tew lē kemmelt qahwti.*	آنا لْتَو لا كمّلْت قهْوْتي.
already	*dējā (fr: déjà)*	**داجا**
I already told you!	*qutlik dējā!*	قُتْلِك داجا!
I've already eaten lunch.	*fṭart ēne dējā.*	فْطرْت آنا داجا.
just	*mezzēl kī*	**مزّال كي**
I just ate.	*mizzilt kī klīt.*	مِزّلت كي كْليت.
I just told you!	*mizzilt kī qutlik!*	مِزّلت كي قُتْلِك!
inside	*l-dēxil*	**لْداخِل**
It's hot today. Let's stay inside.	*iddinye sxūne -lyūm, heyye nudxlu l-dēxil.*	الدِّنْيا سْخونة اليوم، هيّا نُدْخلو لْداخِل.
outside; abroad, overseas	*ilbarra*	**البرّا**
Let's sit outside.	*heyye nuq3du ilbarra.*	هيّا نُقْعْدو البرّا.

He lives abroad.	*huwwe y3īš ilbarra (mi-lblēd).*	هُوَّ يْعيش البرّا (مِالبْلاد).
I'm going abroad next week.	*ēne msēfir ilbarra -jjim3a -jjēyye.* *ēne bēš nsēfir ilbarra -jjim3a -jjēyye.*	آنا مْسافِر البرّا الجِّمْعة الجّايّة. آنا باش نْسافِر البرّا الجِّمْعة الجّايّة.

upstairs	*ilfūq*	**الفوق**
Come upstairs!	*aṭla3 ilfūq.*	أطْلع الفوق.
downstairs	*illūṭa*	**اللّوطة**

53 Conjunctions

and	*w, u*	**و**
or	*welle*	**ولّا**
but	*emme*	**أمّا**
whether, if	*kēn*	**كان**
that	*illi*	**اِلّي**
because	*3lē xāṭir*	**عْلى خاطِر**
I'm tired today because I went to bed late last night.	*ēne tē3ib ilyūm 3lē xāṭirni rqadt -mmaxxar ilbēraḫ fī -llīl.*	آنا تاعِب اليوم عْلى خاطِرني رْقدْت امّخّر البارح في اللّيل.
I feel good because I exercise every day.	*ēne nḫiss fī rūḫi mirtēḫ 3lē xāṭirni nitrēne kull yūm.*	آنا نْحِسّ في روحي مِرْتاح عْلى خاطِرني نِتْرانا كُلّ يوم.

so	*hēđēke 3lēš* *dõk (fr: donc)*	**هاذاكا عْلاش** **دونْك**
I went to bed late last night, so I'm tired today.	*ēne rqadt -mmaxxar ilbēraɧ fī -llīl, hēđēke 3lēš şbaɧt tē3ib / dõnk şbaɧt tē3ib.*	آنا رْقَدْت امّخّر البارح في اللّيل، هاذاكا عْلاش صْبحْت تاعِب \ دونْك صْبحْت تاعِب.
so that, in order to	*bēš* *biš*	**باش** **بِش**
You have to study hard in order to learn Arabic well.	*lēzmik taqra barše bēš tit3allim il3arbi b-ilgdē.*	لازْمِك تقْرا برْشا باش تِتْعلِّم العرْبي بِالقْدا.
We had to leave home early in order to get there on time.	*kēn lēzim nuxrju mi-lddēr bikri bēš naxlţu -lɣādi fī -lwaqt.*	كان لازِم نُخْرْجو مِالدّار بِكْري باش نخْلْطو لْغادي في الوقْت.
after	*ba3d mē*	**بعْد ما**
I had dinner after I got home last night.	*-t3aššīt ba3d mē rawwaɧt ilbēraɧ fī -llīl.*	اتْعشّيت بعْد ما روّحْت البارح في اللّيل.
I always have dinner after I get home.	*ēne dīme nit3ašše ba3d mē nrawwaɧ.*	آنا ديما نِتْعشّى بعْد ما نْروّح.
I'll have dinner after I get home this evening.	*ēne bēš nit3ašše ba3d mē nrawwaɧ fī -l3šiyye.*	آنا باش نِتْعشّى بعْد ما نْروّح في العْشِيّة.
before	*qbel mē*	**قْبل ما**
He opened the window before he went to bed last night.	*huwwe ɧall iššubbēk qbel mē yšidd faršu -lbēraɧ fī -llīl.*	هُوَّ حلّ الشُّبّاك قْبل ما يْشِدّ فرْشه البارح في اللّيل.
He always opens the window before he goes to bed.	*huwwe dīme yɧill iššubbēk qbel mē yšidd faršu.*	هُوَّ ديما يْحِلّ الشُّبّاك قْبل ما يْشِدّ فرْشُه.
He'll open the window before he goes to bed tonight.	*huwwe bēš yɧill iššubbēk qbel mē yšidd faršu -llīle.*	هُوَّ باش يْحِلّ الشُّبّاك قْبل ما يْشِدّ فرْشه اللّيلة.

until, by the time	*ħatte līn* *ħattēkši*	**حتّى لين** **حتّاكْشي**
I lived in Monastir until I graduated from university.	*ēne 3išt fī ilmistīr ħatte līn txarrajt mi-jjēm3a / ħattēkši txarrajt mi-jjēm3a.*	آنا عِشْت في المِسْتير حتّى لين اتْخرّجْت مِالجّامْعة \ حتّاكْشي تْخرّجْت مِالجّامْعة.
I'll stay in a hotel until I find an apartment.	*ēne bēš nuq3ud fī wtīl ħatte līn nelqa burṭmēn.*	آنا باش نُقْعُد في وْتيل حتّى لين نلْقى بُرْطْمان.

while	*w, u*	**و**
I did my homework while I was watching TV.	*3melt drūsi w ēne nitfarrij fī -ttelvze.*	عْملت دْروسي و آنا نِتْفرِّج في التّلْفِزة.
if	*lūkēn*	**لوكان**
If I have enough money, I'll buy it.	*lūkēn 3andi flūs, (rāni) nišrīhe.*	لوكان عنْدي فْلوس، (راني) نِشْريها.
If I had enough money, I'd buy it.	*lūkēn jē 3andi flūs, rāni kunt nišrīhe.*	لوكان جا عنْدي فْلوس، راني كُنْت نِشْريها.
If I had had enough money, I would have bought it.	*lūkēn jē 3andi flūs, rāni -šrīthe.*	لوكان جا عنْدي فْلوس، راني اشْريتْها.
when	*waqtēš* *waqtēh* *waqtilli*	**وقْتاش** **وقْتاه** **وقْتِلّي**
When we got home from work, we went straight to bed.	*waqtilli rawwaħne li-ddār, ṭūl mšīne rqadne.*	وقتِلّي روّحْنا لِلدّار، طول مْشينا رقدْنا.
I don't know when they're coming.	*mē-na3rifš waqtēš jēyyīn.* *mē-na3rifš waqtēh jēyyīn.*	ما نعْرِفْش وقْتاش جايّين. ما نعْرِفْش وقْتاه جايّين.

It was nine o'clock by the time he got up.	*ilwaqt tis3a pīl waqtilli qām.*	الوقت تِسْعة پيل وقْتلّي قام.
where	*fīn* *wīn*	**فين** **وين**
I can't remember where I put my keys.	*mē-ntfekkarš wīn ḫaṭṭīt ilmfētiḫ.* *mē-ntfekkarš fīn ḫaṭṭīt ilmfētiḫ.*	ما نْتْفكّرْش وين حطّيت المفْاتح. ما نْتْفكّرْش فين حطّيت المفْاتح.
why	*3lēš* *3lēh*	**عْلاش** **عْلاه**
Do you know why he said that?	*inti ta3rif 3lēš huwwe qāl hakka?* *inti ta3rif 3lēh huwwe qāl hakka?*	اِنْتِ تعْرِف عْلاش هُوَّ قال هكّا؟ اِنْتِ تعْرِف عْلاه هُوَّ قال هكّا؟
who	*škūn*	**شْكون**
I want to know who did it.	*nḫibb na3rif škūn illi 3mel hakka.*	نْحِبّ نعْرِف شْكون اِلّي عْمل هكّا.
what	*šnewwe*	**شْنوّا**
I want to know what you did.	*nḫibb na3rif šnewwe 3melt.*	نْحِبّ نعْرِف شْنوّا عْملْت.
I know what you did.	*ēne na3rif šnewwe 3melt.*	آنا نعْرِف شْنوّا عْملْت.

54 Prepositions

at, in, on	*fi* *f-*	**في** **فـ**

inside; into	*ldēxil*	**لْداخِل**
in the box	*fī-ṣṣandūq* *ldēxil fī-ṣṣandūq*	**في الصّنْدوق** **لْداخِل في الصّنْدوق**
outside of; out of	*ilbarra*	**البرّة**
on; onto	*3lē* *3a-* *fūq*	**عْلى** **عـ** **فوق**
on the table	*3a-ṭṭāwle* *fūq iṭṭāwle*	عالطّاوْلة فوق الطّاوْلة
He fell onto the hood of the car.	*ṭēḫ 3lē kebbūṭ ilkarhbe.*	طاح عْلى كبّوط الكرْهْبة
The cat climbed up the tree.	*ilqaṭṭūse ṭal3it fūq iššujra.*	القطّوسة طلْعِت فوق الشُّجْرة.
to	*l-*	**لـ**
from	*min* *mi-*	**مِن** **مـِ**
from my house to school	*min dāri li-lmektib*	مِن داري لِلْمكتِب
above, over	*fūq* *min fūq* *3lē*	**فوق** **مِن فوق** **عْلى**
The painting is hanging over the sofa.	*ittāblo m3allaq fūq ilfūtøy.* *ittāblo m3allaq 3lē -lfūtøy.*	التّابْلو مْعلّق فوق الفوتوي. التّابْلو مْعلّق عْلى الفوتوي.
The airplane flew over the mountains.	*iṭṭayyāra ṭārit min fūq ijjbūlēt.*	الطّيّارة طارِت مِن فوق الجُّبولات.
He jumped over the fence.	*huwwe neggiz min fūq issūr.*	هُوَّ نقِّز مِن فوق السّور.

under, beneath	*taђt*	**تحْت**
under the table	*taђt iţţāwle*	**تحْت الطّاوْلة**
between	*bīn* *mē-bīn*	**بين** **ما بين**
The post office is between the bank and the supermarket.	*ilbūsţe mē-bīn ilbēnke w issüpēr māršē.*	البوسْطة ما بين البانْكا و السّوپار مارْشا.
near, close to	*qrīb min* *qrīb mi-*	**قْريب مِن** **قْريب مِـ**
The Mosque of Uqba is near the Aghlabid basins.	*jēma3 3uqbe qrīb min fusqīt ilaɣālbe.*	جامع عُقْبة قْريب مِن فُسْقيّة الأغالْبة.
far from	*b3īd 3lē*	**بْعيد عْلى**
Bizerte is far from Tozeur.	*binzart b3īde 3lē tūzir.*	بِنْزرْت بْعيدة عْلى توزِر.
next to; along	*baђđe*	**بحْذا**
There's a coffee shop next to my office.	*femme qahwe baђđe bīrūye.*	فمّا قهْوة بحْذا بيرويا.
We walked along the river.	*mšīne baђđe -lwēd.*	مْشينا بحْذا الواد.
in front of; across from, opposite	*quddēm* *mqābil*	**قُدّام** **مْقابِل**
I sat down in front of the TV.	*ēne q3adt quddēm ittelvze.*	آنا قْعدْت قُدّام التّلفْزة.
He sat across from the interviewer.	*huwwe q3ad mqābil illi ya3millu fī intervyu.*	هُوَّ قْعد مْقابِل اِلِّي يعْمِلُّه في إنْترْڤيو.
behind	*wrā*	**وْرا**
I parked behind the house.	*ēne barkīt ilkarhbe wrā -ddār.*	آنا برْكيت الكرْهْبة وْرا الدّار.
around, surrounding	*dēyir b-*	**داير بـ**
There's a fence surrounding the house.	*femme sūr dēyir b-iddār.*	فمّا سور داير بِالدّار.

through	*fī wisṭ*	**في وِسط**
The train went through the tunnel.	*ittrīnu t3adde fī wisṭ iddihlīz.*	التّْرينو اتْعدّى في وِسْط الدِّهْليز.

Keep in mind that a verb followed by a preposition in English will not always require a preposition when translated into Arabic.

He swam across the river.	*t3adde -lwēd 3ūmēn. (lit. He crossed the river swimming.)*	اتْعدّا الواد عومان.

down (from); off	*min, mi-*	**مِن، مِـ**
Don't go down the ladder.	*mē-tahbiṭš mi-ssellūm.*	ما تهْبِطْش مِالسّلّوم.
The cat climbed down the tree.	*ilqaṭṭūse habṭit mi-ššujra.* *ilqaṭṭūse habṭit min fūq iššujra.*	القطّوسة هبْطِت مِالشُّجْرة. القطّوسة هبْطِت مِن فوقِ الشُّجْرة.
The book fell off the table.	*-lktēb ṭāḥ mi-ṭṭāwle.* *ilktēb ṭāḥ min fūq iṭṭāwle.*	الكْتاب طاح مِالطّاوْلة. الكْتاب طاح مِن فوق الطّاوْلة.
past	*min baḥđe*	**مِن بحذا**
I walked past the restaurant.	*-t3addīt min baḥđe -rrēstorã.*	اتْعدّيت مِن بحْذا الرّاسْتورون.

Prepositions are highly idiomatic, making them notoriously tricky to translate. Notice how 'against' is translated in the following English sentences literally as 'on' and 'in front of' in Arabic.

He leaned against the car.	*huwwe -ttekke 3a-lkarhbe.*	هُوَّ اتّكّى عالكرْهْبة.
The table is against the wall.	*iṭṭāwle mqāble ilḥīṭ.* *iṭṭāwle quddēm ilḥīṭ.*	الطّاوْلة مْقابْلة الحيط. الطّاوْلة قُدّام الحيط.
toward	*l-*	**لـ**
He ran toward the door.	*huwwe jrē l-ilbēb.*	هُوَّ جْرى لِلباب.

The train is heading toward Tunis.	*ittrīnu mēši l-tūnis.*	التّْرينو ماشي لْتونِس.
with	*m3a*	**مْع**
I had dinner with my friends.	*t3aššīt m3a -şɧābi.*	اتْعشّيت مْعَ اصْحابي.
by, with	*b-*	**بـ**
I came to work by bus.	*mšīt nixdim b-ilkār.*	مْشيت نِخْدِم بِالكار.
She wrote the letter by hand.	*hiyye kitbit ijjwēb b-ilyid.*	هِيَّ كِتْبِت الجّْواب بِاليِدْ.
She wrote the letter with a pencil.	*kitbit ijjwēb b-iqlam rşāş.*	كِتْبِت الجّْواب بِقْلم رْصاص.
without	*min ɣīr* *blēš b-*	**من غير** **بْلاش بـ**
I can't live without you.	*mē-nnejjimš n3īš min ɣīrik.* *mē-nnejjimš n3īš blēš bīk.*	**ما نّجّمْش نْعيش مِن غيرِك.** **ما نّجّمْش نْعيش بْلاش بيك.**

55 Verbs

The following common verbs did not fit neatly into other categories. If you cannot find a verb here, try the index in the back of the book to see if it is listed under another category.

to abandon, desert	*hjar*	**هْجر**
to accept	*qbil*	**قْبِل**
to accompany	*mšē m3a*	**مْشى مْعَ**
to adjust, correct	*3addel*	**عدّل**
to admit	*-sta3raf*	**اسْتعْرف**
to advise, recommend	*nşaɧ*	**نصح**
to affect	*eŧŧar 3lē*	**أثّر عْلى**

to allow	*xalle*	خلّى
to answer, respond, reply	*jēwib*	جاوِب
to apologize for	*ţleb issmēɧ 3lē*	طْلب السْماح عْلى
to appear	*ẓhur*	ظهُر
to appreciate	*qaddar*	قدّر
to approve of	*wēfiq 3lē*	وافِق عْلى
to arrange, organize	*naẓẓam*	نظّم
to ascend, go up	*ţla3*	طلع
to ask	*sʔil*	سْإِل
to attend	*ɧẓar* *mšē l-*	حْضر مْشى لـ
to be	*kēn*	كان
to be able to, can	*nejjim* *3raf*	نجِّم عْرف
Can you swim?	*tnejjim t3ūm?* *ta3rif t3ūm?*	تْنجِّم تْعوم؟ تعْرِف تْعوم؟
I can't understand a word you're saying.	*mē-nejjimt nifhim ɧatte kilme mi-lli tqūl fīh.*	ما نجِّمْت نِفْهِم حتّى كِلْمة مِالّي تْقول فيه.
to become, be	*welle*	ولّى
to beg, plead	*ţlab*	طْلب
to begin, start	*bdē*	بْدا
to behave	*iɧtaram*	اِحْترم
to bet	*qammar*	قمّر
to blame __ for	*lēm __ 3lē*	لام __ عْلى

to bother, disturb	*qallaq* *fedded*	قلّق فدّد
to break	*kessar*	كسّر
to bring, get	*jēb*	جاب
to burn	*ɧraq*	حْرق
to care	*tilhe*	تِلْهى
to carry, lift, pick up	*hezz*	هزّ
She carried the box to the kitchen.	*hiyye hezzit iṣṣundūq li-lkūjīne.*	هِيَّ هزِّت الصُّنْدوق لِلكوجينة.
He lifted the child up.	*huwwe hezz iṭṭful.*	هُوَّهزّ الطّفْل.
He picked the book up from the table.	*huwwe hezz -lktēb min fūq iṭṭāwle.*	هُوَّهزّ الكْتاب مِن فوق الطّاوْلة.
to change (something)	*beddel*	بدّل
to change (become different)	*-tbeddel*	اتْبدّل
to chase, pursue	*jrē fī jurrit* __	جْرى في جُرّة __
to cheat, deceive	*ɣašš*	غشّ
to cheer, encourage	*šejja3* *kūrij*	شجّع كورِج
to choose	*ixtār*	اِخْتار
to climb	*tša3biṭ*	تْشعْبِط
to close, lock	*sekkar*	سكّر
to come	*jē*	جا
to compare	*qārin*	قارِن

to contact	*ittaşal b-* *kontēkte*	اِتّصل بـ كونْتاكْتا
to continue; finish, complete, accomplish	*kemmel*	كمّل
to decline	*rfaẓ*	رْفض
to decrease, reduce	*naqqaş*	نقّص
to demand; order, request	*ţlab*	طْلب
to deny	*nkir*	نْكِر
to descend, go down	*hbaţ*	هْبط
to describe	*wşif*	وْصِف
to design	*şammem*	صمّم
to disappear	*đēb* *ɣāb*	ذاب غاب
to do, make	*3mel*	عْمل
to drop	*ţayyaђ*	طيّح
He dropped his book.	*ţayyaђ ktēbu.*	طيّح كْتابْه.
to end, come to an end, be finished	*wfē*	وْفا
to exit, go out, leave	*xraj*	خْرج
to express	*3abbir*	عبِّر
I can't express myself in Arabic very well.	*mē-nnejjimš n3abbir 3lē rūђi bi-lgdē bil3arbi.*	ما نّجِّمْش نْعبِّر عْلى روحي بِالقْدا بِالعرْبي.
to fall	*ţāђ*	طاح
to find	*lqā*	لْقى

to fix, repair	*șallaђ* *fikse* *rīgel*	**صلّح** **فيكْسا** **ريقل**
to float	*flūte (fr: flotter)*	**فْلوتا**
The ball is floating in the water.	*ilkūre tiflūti fūq ilmē.*	الكورة تِفْلوتي فوق الما.
to get, take, receive, obtain	*xđē*	**خْذا**
to give	*3ţā*	**عْطا**
to go; walk; leave	*mšē*	**مْشى**
to happen	*șār*	**صار**
to have	*kēn 3andu*	**كان عنْدُه**
to help	*3āwin*	**عاوِن**
to hit	*ẓrab*	**ضْرب**
to imagine	*-txayyel* *-stxāyil*	**اتْخيّل** **اسْتْخايِل**
to intend to	*nwē* *3ammil*	**نْوى** **عمِّل**
I intend to succeed at my job.	*ēne nēwi bēš ninjaђ fī xidimti.* *ēne m3ammil bēš ninjaђ fī xidimti.*	آنا ناوي باش نِنْجح في خِدِمْتي. آنا مْعمِّل باش نِنْجح في خِدِمْتي.
to jump	*neggez*	**نقّز**
to keep, continue (doing); to sit	*q3ad*	**قْعد**
to lie	*kđib*	**كْذِب**
to live	*3āš*	**عاش**

to lock	*qfil*	**قْفِل**
to look	*ɣzar*	**غْزر**
to lose	*xsar*	**خْسر**
to mean	*qṣad*	**قْصد**
to move	*-tɧarrak*	**اتْحرّك**
He hasn't moved in ten minutes.	*q3ad mē-yitɧarrakš l-muddit 3ašra dqāyiq.*	قْعد ما يِتْحرّكْش لْمُدّة عشْرة دْقايِق.
to move (something)	*ɧarrak*	**حرّك**
I can't move my leg!	*mē-nnejjimš nɧarrak sēqi!*	ما نّجِّمْش نْحرّك ساقي!
to name	*semme*	**سمّى**
to offer	*3riẓ* *-qtaraɧ*	**عْرِض** **اقْترح**
to open	*ɧall*	**حلّ**
to order, command	*kmende* *3adda (komãd)*	**كْمنْدا** **عدّى (كومونْد)**
to pass, go past	*-t3adde*	**اتْعدّى**
to prepare	*ɧaẓẓar*	**حضّر**
to prohibit	*mna3*	**مْنع**
to punish	*3āqib*	**عاقِب**
to put, set (down)	*ɧaṭṭ*	**حطّ**
He set down the book on the table.	*huwwe ɧaṭṭ -lktēb 3lē -ṭṭāwle.*	هُوَّ حطّ الكْتاب عْلى الطّاوْلة.
to release, let go	*seyyib*	**سيِّب**
to say, tell	*qāl*	**قال**
to show	*warra*	**ورّى**

to sink	*ɣruq*	غْرُق
The Titanic sank over a hundred years ago.	*ittītēnīk ɣruq (tewwe) 3andu ekŧir min myētin snē.*	التّيتانيك غْرُق (توّا) عنْدُه أكثرِ مِن مْياتِن سْنا.
to stay	*q3ad*	قْعد
to succeed	*njaɧ*	نْجح
to suggest, propose	*qtaraɧ* *propoze*	اقْترح پْروپوزا
to take	*xđē*	خْذا
to tear	*qaţţa3*	قطّع
to thank	*škar*	شْكر
to tie	*rbaţ*	رْبط
to touch	*mess*	مسّ
to try, attempt	*jarrab* *ɧāwil*	جرّب حاوِل
to use	*-sta3mil*	اسْتعْمِل
to wait	*-stenne*	اسْتنّى
to welcome, greet	*fraɧ b-*	فْرح بـ

56 Adjectives

good	*bēhi*	باهي
bad	*xāyib*	خايِب
hard	*yēbis*	يابِس
soft	*ţrī*	طْري

difficult, hard	*ṣ3īb* *kēsaɧ*	ضْعيب كاسح
easy	*sēhil*	ساهِل
important	*muhimm*	مُهِمّ
necessary	*ẓarūri* *lēzim minnu*	ضروري لازِم مِنُّه
strong	*qwī*	قْوي
weak	*ẓ3īf*	ضْعيف
deep	*ɣāriq*	غارِق
shallow	*mūš ɣāriq*	موش غارِق
long; tall (person)	*ṭwīl*	طْويل
He's very tall.	*huwwe ṭwīl barše.*	هُوَّ طْويل برْشا.
short	*qṣīr*	قْصير
She's quite short.	*hiyye qṣīra barše.*	هِيَّ قْصيرة برْشا.
old, ancient	*qdīm (qdum)*	قْديم (قْدُم)
new	*jdīd (jdud)*	جْديد (جْدُد)
clear, obvious	*wāẓiɧ (wāẓɧīn)*	واضِح (واضْحين)
His answer was very clear.	*ijēbtu kēnit wāẓɧa barše.*	إجابْتُه كانِت واضْحة برْشا.
unclear	*mūš wāẓiɧ*	موش واضِح
clean	*nẓīf (nẓāf)*	نْظيف (نْظاف)
dirty	*-mmassax (mmassxīn)*	امّسّخ (امّسْخين)
heavy	*ŧqīl (ŧqāl)* *razīn (razān)*	ثْقيل (ثْقال) رزين (رزان)
light	*xfīf (xfēf)*	خْفيف (خْفاف)
ready	*ɧāẓir (ɧāẓrīn)*	حاضِر (حاضْرين)

Are you ready yet?	*inti ђāẓir?*	اِنْتِ حاضِر؟
I'm ready!	*ēne ђāẓir.*	آنا حاضِر.
right (person)	*ṣђīђ (ṣђāђ)*	صْحيح (صْحاح)
Yes, you're right!	*ey, 3andik ilђaqq!*	أيه، عنْدِك الحقّ!
wrong (person)	*ɣāliṭ*	غالِط
I think you're wrong (about that).	*ẓāhirli fīk ɣāliṭ.*	ظاهِرْلي فيك غالِط.
slow	*b-iššweyye* *fī 3aqlu*	بِالشْويّة في عقْلُه
fast, quick	*srī3* *yizrib*	سْريع يِزْرِب
hot	*sxūn (sxān)*	سْخون (سْخان)
warm	*dēfi (dēfīn)*	دافي (دافين)
cool, cold	*bērid (bērdīn)*	بارِد (بارْدين)
famous	*ma3rūf*	معْروف
independent	*mustqall*	مُسْتْقلّ
busy	*lēhi (lēhīn)*	لاهي (لاهين)
empty; available, free (person)	*3andu waqt*	عنْدُه وقْت
Are you free tomorrow?	*3andik waqt ɣudwe?*	عنْدِك وقْت غُدْوا؟
full	*m3ibbi (m3ibbīn)*	مْعِبّي (مْعِبّين)
useful	*muhimm* *3andu fēyde*	مُهِمّ عنْدُه فايْدة
useless	*mūš muhimm* *mūš lēzim* *zēyid*	موش مُهِمّ موش لازِم زايِد

careful, cautious	*rādid bēlu*	رادِد بالُه
careless	*mūš rādid bēlu*	موش رادِد بالُه
absent-minded	*sēriħ*	سارِح
open	*maħlūl*	محْلول
closed	*msekkir*	مْسكِّر
wet	*meblūl*	مبْلول
dry	*šēyaħ*	شايح
quiet	*hēdi*	هادي
noisy	*ya3mil barše ħiss*	يعْمِل برْشا حِسّ
rough	*xšīn*	خْشين
smooth	*arţib*	أرْطِب
narrow; tight	*ẓeyyiq*	ضيِّق
wide; loose	*wēsa3*	واسع
dark	*ẓlēm*	ظْلام
bright, light	*ẓāwi* *yiš3il*	ضاوي يِشْعِل
sharp	*mđabbib*	مْذبِّب
blunt	*mūš mađabbib*	موش مْذيِّب
additional	*zēyid*	زايِد
the same __	*nefs il-__*	نفْس الـــ
similar	*kīfkīf*	كيفْكيف
different	*mūš kīfkīf*	موش كيفْكيف
possible	*mumkun*	مُمْكُن
impossible	*mustaħīl*	مُسْتحيل

probable, likely	*mumkun yēsir*	مُمْكُن ياسِر

57 Common Expressions

yes	*eyh* *ey*	أيْه أيْ
no	*leʔ*	لا
Excuse me, ...	*saamaɧni (b-rabbi).*	سامحْني بْربيّ.
Please.	*amān.* *y3ayyšik.* *b-rabbi.*	أمان. يْعيّْشِك. بْربيّ.
Here you are! **Go ahead!** **You first!**	*-tfaẓẓal.*	اتْفَضّل.
Thank you.	*y3ayyšik.* *meɣsī.* *bērk allāh fīk.*	يْعَيّْشِك. مغْسي بارْكَ الله فيك.
I'm sorry.	*dēzolē.*	دازولا.
I apologize.	*sāmaɧni.*	سامحْني.
Hi! **Hello!**	*ahle.* *salü. (fr: salut)* *3asslēme.*	أهْلا. سالو. عالسّْلامة.

Good morning!	*ṣbēḫ -lxīr.* *ṣbā3xīr.*	**صْباح الخير.** **صباعْخير.**
How are you?	*šnaḫwēlik, sāvā? (fr: ça va?)*	**شْنحْوالِك، ساڤا؟**
I'm fine.	*(ḫamdu -llāh) lēbēs/sāvā.*	**(حمدُ لله) لاباس\ساڤا.**
Hi! How are you? It's been a long time since I've seen you!	*3asslēme. šnaḫwēlik, sāvā? 3andi qaddēh mē-šuftikš! / 3andi qaddēh mē-rītikš!*	عالسْلامة. شْنحْوالِك، ساڤا؟ عنْدي قدّاه ما شُفْتِكْش! \ عندي قدّاه ما ريتِكْش!
What's up?	*šfemme jdīd?* *š3andik jdīd?*	**شْفَمّا جْديد؟** **شْعنْدِك جْديد؟**
Goodbye!	*b-isslēme.* *bāy. (eng: bye)* *tšāw. (ital: ciao)*	**بِالسْلامة.** **باي.** **تْشاو.**
Good night!	*tiṣbḫa 3lē xīr.*	**تِصْبْحَ عْلى خير**
Have a nice day!	*nhārik zīn.* *bon jūɣnē. (fr: bonne journée)*	**نْهارِك زين.** **بون جوغنا.**
Hope to see you soon!	*nšē allāh nšūfūk 3lē qrīb.*	**نْشا الله نْشوفوك عْلى قريب.**
See you later!	*nšūfik ba3dīke.* *nšūfik ba3d.*	**نْشوفِك بعْديكا.** **نْشوفِك بعْد.**
Have a good trip!	*rabbi ywaṣṣlik b-issēlim.*	**ربّي يْوَصّْلِك بالسّالِم.**
Take care!	*rud bēlik 3lē rūḫik.*	**رُد بالِك عْلى روحِك.**
Welcome!	*marḫabē.*	**مَرْحْبا.**
May God be with you! (farewell)	*rabbi m3āk.*	**ربّي مْعاك.**
Welcome home! We really missed you!	*marḫabē! twaḫḫašnēk barše!*	مرْحْبا! تْوَحّشْناك برْشا!
I miss you!	*twaḫḫaštik.*	**تْوَحّشْتِك.**

It's nice to meet you.	*nitšarrfu.*	نِتْشَرّْفو.

Congratulations!	*mebrūk.*	مبْروك.
Congratulations on graduating!	*mebrūk injēɧ (w inšē allāh fī mē ahamm.)*	مبروك النّْجاح (و انشا الله في ما أهَمّْ)!
Thank you. (response to congratulations)	*yibērik fīk (y3ayyšik).*	يِبارِك فيك (يْعَيّْشِك).
Congratulations! (on an engagement, marriage, etc.)	*mebrūk w inšē allāh badūw bitmēm.*	مبْروك و اِنْشا الله بدووْ بِتْمام.
Thank you. (response if the congratulater is married)	*yibērik fīk (y3ayyšik).*	يِبارِك فيك (يْعَيّْشِك).
Thank you. (response if the congratulater is single)	*yibērik fīk (y3ayyšik) w il3āqbe līk.*	يِبارِك فيك (يْعَيّْشِك) و العاقْبة ليك.
Congratulations! (on opening a shop)	*mebrūk -lmɧall.*	مبْروك المْحَلّ.
Congratulations! (on having a baby)	*mebrūk min zēdlik, yitrabbe fī 3izzik nšē allāh.*	مبْروك مِن زادْلِك، يِترَبّى في عزِّك نْشا الله.
Thank you!	*y3ayyšik, rabbi yfaẓẓlik.*	يْعَيّْشِك، ربيّ يْفَضّْلِك.
Thank you! (response if the congratulater is single)	*y3ayyšik, il3āqbe līk nšē allāh fī waqtu.*	يْعَيّْشِك، العاقْبة ليك نْشا الله في وَقْتْه.
Good luck!	*rabbi m3āk nšē allāh.*	ربيّ مْعاك نْشا الله.
Thank you. (common response to well wishes in general)	*y3ayyšik, min fummuk l-rabbi.*	يْعَيّْشِك، مِن فُمّْك لْرَبيّ.

(utterance when someone has finishes performing one of the five daily prayers)	*tqabbil allāh.*	تْقَبّل الله.

(response)	*minne w minnik w mila3mēl iṣṣalḥa.*	مِنّا وْ مِنِّك و مِالاعْمال الصّالْحة.
Welcome back from your pilgrimage! (greeting to someone who has recently returned from hajj)	*ḥajje maqbūle.*	حجّة مقْبولة.
My condolences. (to someone who has lost a relative)	*ilbarke fīkum.*	البرْكة فيكُم.
Thank you. (response to condolences)	*t3īš.* *nšē allāh fdēk.*	تْعيش. نْشا الله فداك.
(utterance when hearing that somone has passed away)	*allāhu 2akbar.*	اللهُ أكْبَرَ.
R.I.P. **May he rest in peace!** **May she rest in peace!**	*allāh yarḥmu.* *allāh yarḥamhe.*	الله يرْحْمُه. اللهَ يرْحمْها.
Get well soon!	*nšē allāh lēbēs.*	نْشا الله لاباس.
(greeting to someone who has just had a shower or returned from the hammam)	*ṣaḥḥa (-ddūš).* *ṣaḥḥa (-lḥammēm).*	صحّة (الدّوش). صحّة (الحمّام).
(greeting to someone who has been swimming)	*ṣaḥḥa -l3ūme.*	صحّة العومة.
(response to the above greetings)	*yi3ṭīk iṣṣaḥḥa.*	يِعْطيك الصّحّة.
(utterance before starting to eat)	*b-ismi -llēh.*	بِاسْمِ الله.
(uttereance when after finishing eating)	*-lḥamdu -llēh.*	الحمْدُ الله.
(utterance to someone who has finished eating)	*ṣaḥḥa.*	صحّة.

(uttereance of appreciation to someone who helps or does you a favor)	*yi3ţīk işşaɧɧa, bērk allāh fīk.*	يِعْطيك الصّحّة، بارْك الله فيك.
Thank you! (response)	*min ɣīr mziyye.*	مِن غير مْزِيّة.
(greeting to someone who has just come back home from the hospital)	*-lɧamdi -llēh 3lē slēmtik.*	الحمْدِ الله عْلى سْلامْتِك.
Bless him! (when talking about a child)	*tbērk allāh 3līh.*	تْبارْك الله عْليه.
May God bless you!	*rabbi yaɧfazik.*	ربيّ يحْفظِك.

Notebook

Section	English	Pronunciation	Arabic

Index

Numbers reference the section(s) in which a word or phrase appears.

a few **47**
a lot of **47**
abandon **55**
abdomen **5**
able to **55**
ablution **37**
abortion **11**
about **52**
above **54**
abroad **24, 52**
absent-minded **56**
academy **10**
accelerate **13**
accelerator (UK) **13**
accent **38**
accept **55**
accompany **55**
accomplish **55**
account **16**
accountant **9**
accusation **26**
accuse, accused of **26**
acne **5**
acrobat **21**
across from **54**
act **21**
action movie **21**
actor **9, 21**
adapter **7**
add (up) **48**
additional **56**
address **17**
adhesive tape **18**
adjective **38**
adjust **23, 55**
administration **28**
admire **34**
admit **55**
adolescence **1**
adolescent **1**
adopt(ed) **2**
adoption **2**
adoptive **2**
adult **1**
advanced **38**
adverb **38**
advertisement **19**
advise **55**
aerobics **23**
affect **55**
affix **17**
Afghanistan **39**
afraid **32**
Africa **41**
after **53**
afternoon prayer **37**
again **52**
age (era) **49**
age **1**
Aghlabid Basins **40**
agree with **35**
agreement **35**
agriculture **29**
AIDS **11**
air **41**
air force **30**
air-conditioned **24**
air-conditioner **7**
airfare **24**
airmail **17**
airplane **24**
airport **24**
aisle **21**
aisle seat **24**
alarm clock **7**
alcohol **8**
Algeria **39**
alias **4**
alive **1**
all **47**
all day **49**
Allah **37**
alley **14**
allow **55**
almond **8**
almost **52**
alone **52**
along **54**
alphabet **38**
already **52**
also **52**
altar **37**
always **52**
American **39**
ancestors **2**
ancient **56**
and **53**
angel **37**
angry **32**
animal **43**
aniseed **8**
ankle **5**
anniversary **3**
annoy(ed/ing) **32**
answer **10, 55**
answer the phone **12**
ant **43**
antenna (insect) **43**
antenna (TV) **21**
antibiotics **11**
antler **43**
anus **5**
anyone **50**
anything **50**
anytime **52**
anywhere **52**
apartment **7**
apartment building **15**
apologize **55**
app **12**
appear **55**
applaud, applause **21**
apple **8**
applicant **9**
apply for **9**
appointment **11, 28**
appreciate **55**
approve **55**
apricot **8**
April **49**
Arab **39**
Arab World **39**
Arabic **38**
Arabic classical music **22**
architect **4, 9**
arctic **41**
Argentina **39**
argue **35**
arid **42**
arithmetic **48**
arm **5**
armchair **7**
armpit **5**
army **30**
around **49, 52, 54**
arrange **55**
arranged marriage **3**
arrest **26**
arrival **24**
arrive **24**
art **21**
artery **5**
article **18, 38**
artist **9, 21**
ascend **55**
ashtray **21**
Asia **41**
ask **10, 55**
asleep **7**
asparagus **8**
aspirin **11**
ass **5**

ass hole **5**
assault **26**
asthma **11**
at **54**
at least **52**
atheist, atheism **37**
athlete **9**
Atlantic Ocean **41**
ATM **16**
attack **26, 30**
attempt **55**
attend **10, 55**
aubergine (UK) **8**
audience **21**
auditorium **10, 21**
August **49**
aunt **2**
Australia **39, 41**
Austria **39**
author **18**
automatic **13**
autumn **49**
available **56**
average (height, weight) **5**
average-looking **5**
axe **7**
baby **1**
Bachelor's degree **10**
back **5**
back seat **13**
back up **13**
backache **11**
backgammon **23**
backpack **10**
bad **42, 56**
bad luck **37**
bag **6, 8**
baguette **8**
Bahrain **39**
bait **21**
bake (bread) **7**
baked **8**
baker **9**
bakery **14**
baklava **8**
bald **5**
ball **23**
ballet dancer **22**
ballpoint pen **18**
balls (scrotum) **5**
bamboo **44**
banana **8**
band **22**
bandage **11**
bangs **5**
bank **14, 16**
bank teller **9**
banker **9**
baptism **37**
baptize **37**
barbell **23**
barber **9**
Bardo National Museum **40**
bare **5**
barette **6**
bargain **19**
bark **44**
barn **29**
baseball **23**
baseball cap **6**
basement **15**
basil **8**
basketball **23**
basketball hoop **23**
bath tub **7**
bathrobe **6**
bathroom **7**
battle **30**
bay **41**
be **55**
beach **24**
beach umbrella **24**
beak **43**
bean **8**
beanie **6**
bear **43**
beard **5**
beat (a team) **23**
beat (heart) **5**
beautiful **5**
beaver **43**
because **53**
become **55**
bed **7**
bedroom **7**
bedsheet **7**
bedside table **7**
bee **43**
beef **8**
beehive **43**
beer **8**
bee-sting **43**
beet(root) **8**
beetle **43**
before **53**
beg **55**
begin **55**
beginner's **38**
behave **55**
behind **54**
beige **45**
belch **5**
Belgium **39**
belief **37**
believe **31**
believe in **37**
bell pepper **8**
belly **5**
belly button **5**
belly dancing **22**
belt **6**
beneath **54**
Beni Mtir Dam **40**
berry **8**
bet **55**
between **54**
beverage **8**
Bible **37**
bicycle **13**
big **46**
bikini **6**
bill (bird) **43**
bill **19, 20, 27**
billiards **23**
billion **48**
biology **10**
bird **43**
birth **1**
birth control **11**
birthday **1**
birthmark **5**
bishop **23**
bite **5, 8**
bitter **8**
Bizerte **40**
black **45**
black pepper **8**
blackboard **10**
bladder **5**
blade (razor) **7**
blame __ for **55**
bland **8**
blanket **7**
blemish (skin) **5**
blender **7**
blind **5**
blinds **7**
blink **5**
blood **5**
blood test **11**
blouse **6**
blow **42**
blow one's nose **5**
blue **45**
blueberry **8**
blunt **56**
board (council) **28**
board (embark) **24**
boat **13**
body **1, 5**
boil **7**
boiled **8**
boiled egg **8**
Bolti (Nile perch) **8**
bomb **30**
bone **5**
boner **5**
bonus **9**
boob **5**
book (reserve) **24**
book **18, 21**
bookcase **7**
bookmark **18**
bookstore **18**
boots **6**

border **24**
Borj El Khadhra **40**
born **1**
borrow **16**
bosom **5**
boss **9**
bother **55**
bottle **8**
bottom **5**
bowels **5**
bowl **7**
boxing **23**
boy **1**
boyfriend **3**
bra **6**
bracelet **6**
bracket **38**
braids **5**
brain **5**
brain sandwich **8**
brake **13**
branch **44**
Brazil **39**
bread **8**
break **10, 55**
break a bone **11**
break in **26**
break someone's heart **3**
break the law **26**
break up **3**
breakfast **8**
breast **5**
breastfeed **1**
breath **5**
breathe in/out **5, 23**
brick **15**
bride **3**
bridge **13**
briefcase **6**
bright **56**
bring **55**
broad bean **8**
broad shoulders **5**
broccoli **8**
broken (Arabic) **38**
broken **11**
brooch **6**
broom **7**
brother **2**
brow **5**
brown **45**
bruise **11**
brush one's hair **5**
brush one's teeth **5, 7**
buckle **6**
Buddha, Buddhism, Buddhist **37**
buffalo **43**
bug **43**
build (body shape) **5**
build **15**
building **15**
Bulgaria **39**
bumper **13**
bun **5**
burial **1**
buried **1**
burn **11, 55**
burp **5**
bury **1**
bus **13, 24**
bus driver **9, 13**
bus station **24**
bus stop **13**
bush **44**
business **28**
business class **24**
business trip **28**
business trip **9**
businessman **28**
businesswoman **28**
busy **56**
but **53**
butcher **9**
butcher shop **14**
butt **5**
butter **8**
butterfly **43**
buttocks **5**
button **6**
button up **6**
buy **19**
buy a ticket **24**
by **54**
by the time **53**
cabbage **8**
cabinet **7, 25**
cactus **44**
Caesar salad **8**
café **14**
Café des Délices **40**
cafeteria **10**
cage **43**
cake **8**
calculate **48**
calculation **48**
calculator **48**
calendar **49**
calf **5**
call **4, 12**
call to prayer **37**
called (named) **4**
calligraphy **38**
calories **23**
camel **29**
camera **21**
camp **24**
camping **24**
campus **10**
can **8, 55**
Canada **39**
canal **41**
canary **43**
cancel **24, 28**
cancer **11**
candidate **9**
candle **7**
candy **8**
cap **6**
Cap Blanc **40**
Cap Bon **40**
capital city **25**
capital punishment **26**
capsicum **8**
car **13**
car insurance **13**
car park **13**
cardinal number **48**
cardio exercise **23**
cardiologist **11**
cards **23**
care **55**
career **9**
careful **56**
careless **56**
carnation **44**
carpenter **9**
carpet **7**
carrot **8**
carry **55**
Carthage **40**
carton **8**
cartoon **21**
case **38**
cash **19**
cashier **9, 19**
casserole dish **7**
cassette (tape) **21**
cast **11**
cat **43**
catch **23**
Cathedral of St. Vincent de Paul **40**
cattle **29**
cauliflower **8**
cautious **56**
cavity **11**
CD (player) **21**
ceiling **7**
celery **8**
cell phone **12**
cemetary **1**
centimeter **46**
Central Tunisia **40**
century **49**
cereals **29**
ceremony **37**
certain **35**
certificate **10**
chain **13**
chair **7**
chairperson **28**

chalk **10**
champion **23**
change (coins) **27**
change (money back) **19**
change **27, 55**
change gears **13**
change lanes **13**
change money **24**
change one's clothes **23**
change one's clothes **6**
change planes **24**
change the oil **13**
change trains **24**
changing room **23**
channel **21**
chapped lips **5**
charge (accusation) **26**
chase **55**
cheap **19**
cheat **55**
Chebika **40**
check **10, 16**
check in/out **24**
Check! (in chess) **23**
Checkmate! **23**
check-up **11**
cheek **5**
cheer **55**
Cheers! **8**
cheese **8**
cheetah **43**
chef **9, 20**
chemistry **10**
cherry **8**
chess **23**
chess piece **23**
chest **5**
chew **5, 8**
chew gum **8**
chick **29**
chicken **8, 29**
chickpea **8**
child **1**
childhood **1**
childish **1**
children's program **21**
Chile **39**
chili pepper **8**
chin **5**
China **39**
Chinese **38**
Chinese characters **38**
chipped tooth **11**
chives **8**
chocolate **8**
choir **37**
choke on **5, 8**
choose **55**
chop (wood) **7**
Chott El Djerid **40**
Christ **37**
Christian(ity) **37**
chrysanthemum **44**
chubby **5**
church **37**
church service **37**
cigar **21**
cigarette **21**
cigarette butt **21**
cinema **21**
cinnamon **8**
circle **46**
circular **46**
circus **21**
citizen **25**
citizenship **39**
city **14**
city hall **14**
civil servant **9**
class **10**
Classical Arabic **38**
classical music **22**
classroom **10**
claw **43**
clean **56**
clean up **7**
cleaner **9**
clean-shaven **5**
clear **56**
clear the table **7**
clever **31**
click on **12**
client **9**
cliff **41**
climate **42**
climb **55**
clinic **11**
clock **7**
close **12, 55**
close one's eyes **5**
close one's mouth **5**
close to **54**
closed **56**
cloth **6**
clothes dryer **6**
clothes line **6**
clothing **6**
cloud **42**
clove **8**
clown **21**
clutch **13**
coach (economy class) **24**
coal **21**
coast **24**
coat **6**
cobra **43**
Coca Cola **8**
cock (slang) **5**
cock (UK) **29**
cockroach **43**
coconut **8**
coffee **8**
coffee beans **8**
coffee maker **7**
coffee shop **14**
coffin **1**
coin **27**
Coke **8**
cola **8**
cold (sickness) **11**
cold **56**
cold water **7**
coldness **42**
collar **6**
colleague **9**
college **10**
college student **10**
colloquial language **38**
Colombia **39**
colon **38**
color **45**
colorful **45**
Colosseum of El Djem **40**
column **18**
comb one's hair **5**
come **55**
comedy program **21**
comet **41**
comfortable **24**
comic book **21**
comma **38**
command **55**
commerce **28**
commercial **28**
commercial venture **28**
commit a crime **26**
committee **28**
company **9, 28**
company representative **9**
compare **55**
compartment **24**
compass **41**
complain **34**
complaint **34**
complete **55**
complexion **5**
composition (essay) **10**
computer **12**
computer program **12**
concrete **15**
condiments **8**
condom **11**
condor **43**
conference **28**
congested **11**

congestion **11**
conjugation **38**
consciousness **31**
consonant **38**
constipated **11**
constitution **25**
construction **15**
construction worker **15**
contact **55**
contact lenses **6**
contagious **11**
contagious **11**
continent **41**
continue **55**
continue **55**
convict **26**
cook **7, 9, 20**
cook book **7**
cookie **8**
cooking **7**
cool **56**
coolness **42**
coop **29**
copy **10**
copy machine **18**
corn **29**
corner **14**
corpse **1**
corral **29**
correct (edit) **55**
correct **10**
correct a test **10**
cosmos **41**
cost **19**
cotton **6**
cotton candy **8**
couch **7**
cough **5, 11**
council **28**
count **48**
counter **7, 17**
country **39**
couple **3**
couple of **47**
coupon **19**
courgette (UK) **8**
courier bag **6**
court **26**
courtyard **7**
cousin **2**
cow **29**
coworker **9**
crab **8**
cracker **8**
craft **9**
crash **13**
crazy **31**
cream **8**
cream soup **8**
credit card **19**
cremate **1**
cremation **1**
cricket **43**
crime **26**
criminal **26**
criticism **34**
criticize **34**
crochet **21**
crocodile **43**
crooked (nose) **5**
cross the street **13**
cross-eyed **5**
crow **43**
crowd **21**
cruel **33**
cry **5, 32**
cubic meter **46**
cucumber **8**
culture **39**
cumin **8**
cup **8**
cupboard **7**
cure **11**
curly hair **5**
currency **27**
curriculum **10**
curry (powder) **8**
curtain **7**
cushion **7**
customer **19**
customer service representative **9**
customs **24**
customs officer **24**
cut (wound) **11**
cut **7**
cut in half **7**
cute **5**
cuttlefish **8**
cyclist **13**
cyclone **42**
Czech **39**
dad **2**
dairy products **8**
daisy **44**
dance **22**
dancer **22**
Dar Cherait **40**
dark **42, 45, 56**
dark red **45**
darkness **42**
dark-skinned **5**
darling **3**
darn (socks) **21**
dashboard **13**
date (go out) **3**
date **8**
date palm **44**
dating **3**
daughter **2**
dawn prayer **37**
day **49**
day after tomorrow **49**
day before yesterday **49**
day off **21**
day shift **9**
dead **1**
deaf **5**
death **1**
death sentence **26**
debt **16**
decade **49**
deceased **1**
deceive **55**
December **49**
decide **31**
decision **31**
declare **24**
declare war on **30**
declension **38**
decline **55**
decrease **55**
deep **56**
deep sleep **7**
deer **43**
defecate **5**
defend **30**
defense **26, 30**
definite **38**
degree **10**
delayed **24**
delete **12**
delicious **8**
deliver **17**
demand **55**
democracy **25**
democratic **25**
demolish **15**
demon **37**
demonstrate, demonstration, demonstrator **25**
demonstrator **25**
Denmark **39**
dent **13**
dental floss **7**
dentist **9, 11**
dentistry **10**
deny **55**
depart **24**
department **10**
departure **24**
deposit **16**
descend **55**
descendents **2**
describe **55**
desert **41, 55**
design **55**
desire **36**
desk **7, 10**
destroy **13**
devil **37**
diabetes **11**
diabetic **11**
diagnose **11**

diagnosis **11**
dialect **38**
diamonds **6**
diaper **1**
diarrhea **11**
dice **7, 23**
dick **5**
dictator(ship) **25**
dictionary **38**
die **1**
diet **23**
Diet Coke **8**
Diet Pepsi **8**
differ **55**
different **56**
difficult **56**
dig **7**
diligent **33**
dining room **7**
dining table **7**
dinner **8**
diploma **10**
dirty **56**
disagree **35**
disappear **55**
discount **19**
discussion **35**
disease **11**
dish **7**
dishes **7**
dishwashing liquid **7**
dissertation **10**
distance **46**
disturb **55**
dive **24**
divided by **48**
divorce **3**
divorcee **3**
dizziness **11**
dizzy **11**
do **55**
doctor **9, 11**
doctor's office **11**
Doctorate **10**
documentary **21**
dog **43**
dog collar **43**
doll **23**
dollar **27**
dolphin **43**
donkey **29**
door **7**
doorman **7**
dormant **41**
dormitories **10**
Douz **40**
dove **43**
down from **54**
download **12**
downstairs **15, 52**
downtown **14**
doze off **7**
Dr. **4**
dragon-fly **43**
drama **21**
draw **21**
draw blood **11**
drawer **7**
drawing **21**
dream **7**
dress **6**
dresser **7**
drink **8**
drink and drive **8**
drive **13**
driver **13**
driver's license **13**
drizzling **42**
drop **55**
drop off **13**
drought **42**
drowsy **7**
drum **22**
drunk **8**
dry **6, 42, 56**
dry off **7**
dryer **6**
dual **38**
duck **29**
Duha prayer **37**
dumbbell **23**
dusk **41**
dust **7**
dust devil **42**
dust storm **42**
dustbin (UK) **7**
dustman (UK) **9**
dusty **7**
Dutch **38**
duvet **7**
dye **5**
eagle **43**
ear **5**
ear wax **5**
earlobe **5**
early **49**
earn (money) **9**
earn interest **16**
earphones **21**
earrings **6**
earth **41**
earthquake **41**
east **41**
eastern **41**
easy **56**
eat **8**
economics **10**
economy class **24**
edit **55**
editor **9**
educated **10**
education **10**
egg **8**
egg white **8**
eggplant **8**
Egypt **39**
Egyptian Arabic **38**
Egyptian pound **27**
Eid prayers **37**
eight **48**
eighteen **48**
eighth **48**
eighty **48**
El Djem **40**
El Kef **40**
El Mansoura Beach **40**
elbow **5**
elect **25**
elections **25**
electric razor **7**
electrical outlet **7**
electrician **9**
elementary school **10**
elephant **43**
elevator **15**
eleven **48**
elliptical trainer **23**
e-mail **12**
embarrassed **32**
embroider **21**
emeralds **6**
emergency brake **13**
Emirates **39**
emotion **32**
emperor **25**
empire **25**
employ **9**
employed **9**
employee **9**
employer **9**
empress **25**
empty **56**
encourage **55**
end **55**
engaged **3**
engagement **3**
engagement ring **6**
engineer **9**
England **39**
English **38**
enjoy **34**
enjoyable **21**
enlist **30**
enough **52**
enroll **10**
enrollment **10**
entertain guests **21**
entrance exam **10**
entrepreneur **28**
envelope **17**
envious **33**
Epiphany **49**
episode **21**
equal **48**

equator **41**
era **49**
erase **18**
eraser **18**
erection **5**
erupt(ion) **41**
escalator **15**
escape from **26**
especially **52**
espresso **8**
essay **10**
Ethiopia **39**
euro **27**
Europe **41**
evade **27**
evangelical **37**
even **48**
evening prayer **37**
every **47**
every day **49**
every other day **49**
everyone **50**
everything **50**
everywhere **52**
evil **37**
exam **10**
exam results **10**
examination **11**
examine **11**
exchange **19**
exchange office **24**
exchange rate **24**
excited about **32**
exciting **32**
exclamation mark **38**
excrement **5**
exercise (practice) **38**
exercise **23**
expect **31**
expenses **27**
expensive **19**
experience **9**
expiration date **8**
expire **24**
explode **30**
explosion **30**
express **24, 55**
expressway **13**
extension cord **7**
extinct **41**
extra-large **6**
eye **5**
eye doctor **11**
eyebrow **5**
eyelash **5**
eyelid **5**
eyesight **5**
fabric **6**
face **5**
Facebook **12**
factory **28**
faculty **10**
fail a test **10**
faint **11**
fair **42**
fair-skinned **5**
fairy tale **18**
faith **37**
falafel **8**
falcon **43**
fall (autumn) **49**
fall **55**
family **2**
famous **56**
fantasy **21**
far from **54**
farm **29**
farmer **9, 29**
Farsi **38**
fart **5**
fast **52, 56**
fast food **20**
fast food **8**
fat **5, 8**
fateer **8**
father **2**
faucet **7**
fava bean **8**
fax **12**
fear **32**
feathers **43**
February **49**
feces **5**
fed up **32**
fee **19**
feed **43**
feel **32**
feeler **43**
feeling **32**
felucca **21**
feminine **38**
fence **7**
fender **13**
fender-bender **13**
fertilize **44**
fever **11**
few **47**
few **47**
fiancé(e) **3**
field **29**
fifteen **48**
fifth **48**
fifty **48**
fig **8**
file **12**
filling **11**
final exam **10**
finance **16**
financial **27**
finch **43**
find **55**
finger **5**
finger nail **5**
finger print **5**
finger tip **5**
finish **55**
Finland **39**
fire **9**
fire fighter **9**
fire station **14**
first **48**
first class **24**
first name **4**
fiscal **27**
fish **8, 43**
fish bone **8**
fisherman **9**
fishing **21**
fist **5**
fit **6**
fitness **23**
five **23**
five **48**
fix **55**
fixed price **19**
flashcard **38**
flat **41**
flat tire **13**
flat-chested **5**
flea **43**
flight **24**
flight attendant **9, 24**
float **55**
flood **42**
floor (story) **7, 15**
floor **7**
floss (teeth) **5, 7**
flour **8**
flower **44**
flower vase **7**
flu **11**
fluently **38**
flush the toilet **7**
flute **22**
fly **24**
fly **43**
fog **42**
foggy **42**
folder **12**
folk music **22**
food **8**
foot **5, 46**
football **23**
for **49**
forefathers **2**
forehead **5**
foreign language **38**
foreign(er) **39**
forest **41**
forget **31**
forgetful **31**
fork **7**
forty **48**
fountain **14**
four **23, 48**

fourteen **48**
fourth **48**
fox **43**
fraction **48**
France **39**
freckles **5**
free **19, 25, 56**
free weights **23**
freedom **25**
freeze **41**
freezer **7**
freezing **42**
freight **13**
French **38, 39**
fresh **8**
Friday **49**
Friday prayer **37**
Friday sermon **37**
fried **8**
fried egg **8**
friend **21**
friendly **33**
frog **43**
from **54**
front door **7**
front seat **13**
front teeth **5**
frown **5, 32**
fruit **8**
fry **7**
fuck **3**
ful (refried fava beans) **8**
full **8, 56**
full name **4**
full-time **9**
fun **21**
funds **27**
funeral **1**
funny **33**
fur **43**
furnished **7**
furniture **7**
fuse **7**
fuse box **7**
fushia **45**
future **49**
future tense **38**
Gabes **40**
Gafsa **40**
gain weight **23**
galabeya **6**
gall-bladder **5**
game **23**
game show **21**
garbage **7**
garbage can **7**
garbage collector **9**
garden **7**
garden hose **7**
gardener **7, 9**
gargle **7**
garlic **8**
gas **13**
gas gauge **13**
gas pedal **13**
gas pump **13**
gas station **13**
gate **7, 24**
gazelle **43**
gear **13**
gender **38**
generous **33**
genie **37**
geography **10**
geology **10**
geometry **10**
German **38**
Germany **39**
get **55**
get along with **35**
get off **13**
get off work **9**
get out of **13**
get up **7**
ginger **8**
giraffe **43**
girl **1**
girlfriend **3**
give **55**
give birth **1, 11**
gland **5**
glass **8, 15**
glasses **5, 6**
glove **6**
glove compartment **13**
go **55**
goal **23**
goat **29**
goatee **5**
god **37**
God **37**
goddess **37**
gold **6**
golf **23**
golf ball **23**
golf club **23**
golf course **23**
good **42, 56**
good at **10**
good luck **37**
good-looking **5**
goose **29**
gorge **41**
govern **25**
government **25**
grade **10**
graduate from **10**
grain **29**
gram **46**
grammar **38**
grammatical **38**
grammatical rule **38**
grandchildren **2**
granddaughter **2**
grandfather **2**
grandma **2**
grandmother **2**
grandpa **2**
grandparents **2**
grandson **2**
grape **8**
grapefruit **8**
graphic novel **21**
grasshopper **43**
grasslands **41**
grateful **32**
grave **1**
gravestone **1**
graveyard shift **9**
gravy **8**
gray **45**
gray hair **5**
graze **29**
greasy **8**
Great Britain **39**
Great Mosque of Uqba Ibn Nafe **40**
Great Synagogue of Tunis **40**
great-grandfather **2**
greedy **33**
Greek **38**
green **45**
green eyes **5**
green light **13**
green onion **8**
green salad **8**
greet **55**
grenade **30**
grilled **8**
grip **5**
grocery store **14**
groom **3**
ground **41**
ground floor **15**
group **22**
grow **44**
grow old **1**
grow up **1**
grown-ups **1**
guess **31**
guitar **22**
guitar strings **22**
gulf **41**
Gulf Arabic **38**
Gulf of Gabes **40**
Gulf of Hammamet **40**
Gulf of Tunis **40**
gums **5**
gym **23**
gymnasium **10**
Habib Bourguiba Avenue **40**
Habib Bourguiba Mausoleum **40**

Hadith **37**
haggle **19**
hail **42**
hail a taxi **13**
hailing **42**
hair **5**
hair clip **6**
hair dryer **7**
hair ribbon **6**
haircut **5**
hairdresser **9**
half **48**
half-brother **2**
half-sister **2**
Halloween **49**
ham **8**
hamburger **8**
Hammamet **40**
hammer **7**
hand **5**
hand brake **13**
handbag **6**
handicapped **11**
handsome **5**
handsome **5**
handwriting **38**
hang **7**
hang out the laundry **6**
hang out with **21**
hang up (the phone) **12**
hang up on **12**
hanged (to death) **26**
hanger **7**
happen **55**
happy **32**
Happy Birthday! **1**
hard **56**
hard of hearing **5**
hard-on **5**
hardwood floor **7**
hard-working **33**
harsh **33**
harvest **29**
hat **6**
hate **34**
have **55**
hawk **43**
hay **29**
hazelnut **8**
he **50**
head **5**
head office **28**
head quarters **28**
headache **11**
headboard **7**
headlight **13**
headline **18**
headphones **21**
headscarf **6**
headstone **1**
heal **11**
healing **11**
health **11**
health club **23**
healthful **8**
healthy **8, 11**
hear **5**
heart **5**
heart beat, pulse **5**
heat **42**
heat up **7**
heater **7**
heatwave **42**
Heaven **37**
heavy **56**
Hebrew **38**
heel **5**
height **5, 46**
Hell **37**
Hello? (on phone) **12**
helmet **13**
help **55**
hen **29**
herbs **8**
here **52**
high heels **6**
high school **10**
high-rise building **15**
highway **13**
hijab **6**
hiking **24**
hill **41**
hilly **41**
Hindi **38**
Hindu(ism) **37**
hippopotamus **43**
hips **5**
history **10**
hit **23**
hit **55**
hitchhike **24**
HIV **11**
hobby **34**
hockey **23**
hold **5**
holiday **49**
Holland **39**
home loan **16**
homework **10**
honey **8**
honeymoon **3**
hood **13**
hook **21**
hook nose **5**
hookah **21**
hope **36**
horn **43**
horror movie **21**
horse **29**
hose **7**
hospital **11**
hot **56**
hot dog **8**
hotel **24**
Hotel Africa **40**
hour **49**
house **7**
housekeeper **7**
housework **7**
how **51**
how big **51**
how far **51**
how often **51**
how old **51**
humid **42**
Hungary **39**
hunger **8**
hungry **8**
hunt **21**
hunter **21**
hunting **21**
hurricane **42**
hurt **11**
husband **2**
I **50**
ice **8**
ice cream **8**
idiocy **31**
if (whether) **53**
if **53**
ill **11**
illegal **26**
illegible **38**
illiteracy **10**
illiterate **10**
illness **11**
imagination **31**
imagine **31, 55**
imam **9, 37**
immature **1**
immediate family **2**
important **56**
impossible **56**
imprisoned **26**
in front of **54**
in gear **13**
in love **3**
in order to **53**
in tune **22**
in(to) **54**
incentive **9**
inch **46**
income **27**
incorrect **10**
indefinite **38**
Independence Day **49**
independent **56**
index finger **5**
India **39**
Indian Ocean **41**
indigestion **11**
Indonesia **39**

industry **28**
infant **1**
infection **11**
inflection **38**
injection **11**
injured **11**
ink **18**
insane **31**
insect **43**
inside **52, 54**
insomnia **7**
installment **16**
instant coffee **8**
instrument **22**
intelligence **31**
intelligent **31**
intend to **55**
intention **36**
interest **16**
interested in **34**
intermediate **38**
intermission **21**
internal organs **5**
international **39**
Internet **12**
interrogate **26**
intersection **13**
interview **9**
intestines **5**
Intnernet **12**
Iran **39**
Iraq **39**
Ireland **39**
iris **5**
iron **6, 15**
ironing board **6**
irrigate **29**
Islam **37**
Islamic **37**
island **41**
Island of Djerba **40**
Island of Kerkennah **40**
issue a visa **24**
it **50**
Italian **38**
Italy **39**
itch **5**
jacket **6**
jam **8**
January **49**
Japan **39**
Japanese **38**
jar **8**
Jar of Nabeul **40**
jaw **5**
jazz **22**
jealous **33**
jeans **6**
jellyfish **43**
Jesus **37**
Jew's mallow **8**
jewelry **6**
Jewish **37**
jinn **37**
job **9**
jobless **9**
jog **23**
Jordan **39**
journey **24**
jovial **33**
Judaism **37**
judge **9, 26**
judgment **26**
juice **8**
July **49**
jump **55**
jump rope **23**
June **49**
jungle **41**
junior (3rd year) **10**
junk food **8**
just **52**
just now **49**
justice **26**
Kairouan **40**
kangaroo **43**
Kasserine **40**
keep (doing) **55**
Kelibia **40**
kennel **43**
ketchup **8**
kettle **7**
key **7**
keyboard **12**
kick **23**
kidney **5**
kill **26**
kilogram **46**
kilometer **46**
kind **33**
kindergarten **10**
king **23, 25**
kingdom **25**
kiss **3**
kitchen **7**
kite **21**
knee **5**
knife **7**
knight **23**
knit **21**
knitting needle **21**
know **31**
knowledge **31**
knuckles **5**
koala **43**
Korean **38**
koshari **8**
kunafeh **8**
Kuwait **39**
laboratory **10**
laborer **9**
lake **41**
lamb **8**
lamp **7**
land **24, 41**
landlady **7**
landlord **7**
lane **13**
language **38**
language academy **10**
laptop **12**
large **6, 46**
larynx **5**
last (week) **49**
last **48**
last name **4**
late **49**
later **49**
laugh **32**
laughter **32**
laundry **6**
laundry basket **6**
lava **41**
law **10**
law **26**
lawn **7**
lawyer **9, 26**
lay an egg **29**
lay off **9**
lazy **33**
leaf **44**
learn **10, 38**
leash **43**
leather **6**
leave **55**
Lebanon **39**
lecture **10**
lecture hall **10**
lecturer **10**
left **13**
leg **5, 43**
legal **26**
legible **38**
lemon **8**
lemon-yellow **45**
lend money to **16**
length **46**
leopard **43**
letter **17**
letter **38**
Levantine Arabic **38**
level **38**
liberate **30**
liberation **30**
library **10, 18**
Libya **39**
lice **43**
license plate **13**
lie **55**
life **1**
lift (elevator) **15**
lift **23, 55**
lift weights **23**
light (a cigarette) **21**
light **45, 56**
light **7**

light switch **7**
lighter **21**
lightning **42**
like **34**
likeable **33**
likely **56**
line **12**
linen **6**
linguistics **10**
lion **43**
lip **5**
liquor **8**
listen to **22, 38**
listen to the radio **21**
listening **38**
literate **10**
literature **10**
little **46**
little **47**
live **1, 55**
lively **33**
liver **5**
liver sandwich **8**
living room **7**
lizard **43**
loaf of bread **8**
loan **16**
lobby **24**
lobster **8**
lock **55**
locker **23**
locker room **23**
locust **43**
long **46, 56**
long johns **6**
long-sleeved **6**
loofah **7**
look **55**
look for a job **9**
look forward to **36**
looks **5**
loose **6, 56**
lose (a game) **23**
lose **55**
lose to (a team) **23**
lose weight **23**
louse **43**
love **3, 34**
lover **3**
lower **23**
lunch **8**
lunch break **9, 10**
lung **5**
lute **22**
ma'am **4**
magazine **21**
Mahdia **40**
maid **7, 9**
mail **17**
mail carrier **17**
mailbox **17**
major **10**
major in **10**
majority **25**
make **55**
make one's bed **7**
Malaysia **39**
mall **19**
mammal **43**
man **1**
manager **9**
mango **8**
Mansoura **40**
manual **13**
manufacture **28**
map **10, 41**
march **25**
March **49**
margarine **8**
market **19**
marriage **3**
married **3**
marry **3**
masculine **38**
masjid **37**
Master's degree **10**
matches **21**
mathematics **10**
Matmata **40**
mattress **7**
mature(-acting) **1**
Mawlid **49**
May **49**
mayonnaise **8**
meagre (fish) **8**
meal **8**
mean **55**
measure **46**
measurement **46**
meat **8**
mechanic **9**
medicine **10, 11**
Medina of Tunis **40**
Mediterranean Sea **40**
medium **6**
medium-sweet **8**
Medjerda River **40**
meet **28**
meet up with **21**
meeting **9, 28**
melt **41**
member **23**
member of parliament **25**
membership **23**
memory **31**
merchant **28**
merry **33**
messenger **37**
metal **15**
meteorite **41**
meter **46**
metro **13**
metro station **13**
Mexico **39**
microwave **7**
microwave oven **7**
middle class **27**
middle finger **5**
middle school **10**
midnight **49**
mid-term **10**
migraine **11**
mile **46**
military **30**
milk **8, 29**
millennium **49**
millimeter **46**
million **48**
minced meat **8**
mind **5, 31**
mine **30**
mineral water **8**
minister **25, 37**
ministry, department **25**
minor **10**
minority **25**
minus **48**
minute **49**
Minya **40**
mirror **7**
mischievous **1**
miserable **42**
miss **4**
miss the bus **13**
missile **30**
mistake **10**
mixer **7**
mizmaar **22**
Modern Standard Arabic **38**
modest **33**
molar **5**
mole **5**
mom **2**
monarchy **25**
Monastir **40**
Monday **49**
monetary **27**
money **27**
monitor **12**
month **49**
moon **41**
mop **7**
Moroccan Arabic **38**
Morocco **39**
mortgage, home loan **16**
mosque **37**
mosquito **43**
mosquito bite **43**
moss **44**
most **47**
moth **43**
mother **2**

motorcycle **13**
Mount Chaambi **40**
mountain **41**
mountain range **41**
mountainous **41**
mourn **1**
mourning **1**
mouse **12, 43**
mouth **5**
mouth wash **7**
mouthful **8**
mouth-piece (of shisha) **21**
move **23, 55**
movie **21**
movie star **21**
movie theater **21**
movie ticket **21**
mow the lawn **7**
MP3 (player) **21**
Mr. **4**
Mrs. **4**
mug **8**
Muhammad **37**
mule **29**
mullet (fish) **8**
multi-colored **45**
multiply by **48**
Municipal Theater of Tunis **40**
murder **26**
murderer **26**
muscle **5**
museum **14**
mushroom **8**
music **22**
musical instrument **22**
musician **9, 22**
Muslim **37**
mussel **8**
mustache **5**
mustard **8**
Nabeul **40**
nail **7**
naked **5**
name **4, 55**
nape of the neck **5**
napkin **7**
narrow **56**
nation **25, 39**
nationality **39**
native language **38**
naughty **1**
nausea **11**
navel **5**
navy **30**
navy blue **45**
near **54**
nearly **52**
necessary **56**
neck **5**
neck tie **6**
necklace **6**
negotiate **13**
nerve **5**
Netherlands **39**
neuter **38**
never **52**
new **56**
New Testament **37**
New Year's Day **49**
New Year's Eve **49**
New Zealand **39**
newlyweds **3**
news **21**
newspaper **18, 21**
next (week) **49**
next to **54**
ney **22**
nice **33, 42**
nickname **4**
Nigeria **39**
night shift **9**
nightgown, teddy **6**
nightmare **7**
nine **48**
nineteen **48**
ninety **48**
ninth **48**
nipple **5**
niqab **6**
no (none) **47**
no one **50**
No smoking **21**
noisy **56**
nominate **25**
nomination **25**
none of **47**
non-express train **24**
non-smoker **21**
noon **49**
noon prayer **37**
north **41**
North America **41**
north pole **41**
northeast **41**
northern **41**
Northern Tunisia **40**
northwest **41**
Norway **39**
nose **5**
nostril **5**
notebook **10**
notes **10**
nothing **50**
noun **38**
novel **18, 21**
November **49**
now **49**
nowhere **52**
number **48**
numeral **48**
nun **37**
nurse **9, 11**
nut **8**
nutmeg **8**
nuts (scrotum) **5**
nylon **6**
o'clock **49**
oak tree **44**
oasis **41**
object **38**
obtain **55**
obtain employment **9**
obvious **56**
occupation **30**
occupy **30**
ocean **41**
October **49**
octopus **8**
odd **48**
off work **9**
offer **55**
office **9, 28**
office building **15**
office worker **9**
often **52**
oil **8**
oily **8**
okay **35**
okra **8**
old **1, 56**
old age **1**
olive (complexion) **5**
olive **8, 45**
Oman **39**
omelet **8**
on(to) **54**
one **23, 48**
one day **49**
one-way ticket **24**
Ong El Jemel **40**
onion **8**
online **12**
open **55, 56**
open one's eyes **5**
open one's mouth **5**
operation **11**
ophthalmologist **11**
opinion **35**
opposite **54**
or **53**
oral exam **10**
orange **8, 45**
orange juice **8**
orchard **29**
orchestra **22**
order **55**
ordinal number **48**
organize **55**
orphan **2**
orphanage **2**
orzo soup **8**
ostrich **43**

oud **22**
ounce **46**
out of **54**
outer space **41**
outside **52**
outside of **54**
oval **46**
oven **7**
over **54**
overpass **13**
overseas **52**
overtake (a car) **13**
overtime **9**
overweight **5**
oyster **8**
P.E. **10**
Pacific Ocean **41**
pack **24**
package **17**
pagan **37**
paganism **37**
page **18**
page number **18**
pain **11**
paint **21**
painter **9**
painting **7, 21**
pajamas **6**
Pakistan **39**
Palestine **39**
palm **5**
palm tree **44**
palpitate **5**
pan **7**
pant leg **6**
panties **6**
pants **6**
panty hose **6**
paper **18**
paperclip **18**
Paradise **37**
paragraph **38**
parcel **17**
parentheses **38**
parents **2**
park **13, 14**
parking garage **13**
parking lot **13**
parliament **25**
parrot **43**
parsley **8**
part-time **9**
pass (a car) **13**
pass (by) **55**
pass a test **10**
pass away **1**
passenger **13**
passing **1**
passion **3**
passport **24**
password **12**
past **49, 54**
past tense **38**
pasta **8**
pastor **37**
pastrami **8**
pastries **8**
patch **21**
patient **11**
pause **21**
pavement (UK) **13**
paw **43**
pawn **23**
pay for **19**
pay off (a debt) **16**
pay raise **9**
pay the bill **20**
payday **9**
payment **16**
pea **8**
peace **30**
peach **8**
peacock **43**
peanut **8**
peanut butter **8**
pear **8**
pedal **13**
pedestrians **13**
pee **5**
pen **18, 29**
pencil **18**
penguin **43**
peninsula **41**
penis **5**
penmanship **38**
pension **9**
penthouse apartment **7**
people **1, 25**
pepper **8**
peppermint **8**
Pepsi **8**
percent **48**
percentage **48**
period (class) **10**
period (era) **49**
period (punctuation) **38**
period piece **21**
person **1**
personal trainer **23**
personality **33**
pet **43**
pet food **43**
petal **44**
petrol (UK) **13**
pharmacist **9**
Philippines **39**
philosophy **10**
phone **12**
phone number **12**
photo(graph) **21**
photocopy **18**
photocopy machine **18**
photographer **21**
photography **21**
physical education **10**
physics **10**
piano **22**
piano keys **22**
piastre **27**
pick one's nose **5**
pick up **13**
pick up **55**
pickled vegetables **8**
pickpocket **26**
pick-up truck **13**
picture **7**
pie **8**
pierced ears **5**
pig **29**
pigeon **43**
pill **11**
pillow **7**
pillow case **7**
pilot **9, 24**
pimple **5**
pin **18**
pine tree **44**
pineapple **8**
pink **45**
pinky **5**
pipe **21**
piss **5**
pita bread **8**
pizza **8**
plains **41**
plan **31**
plan on **31**
planet **41**
plant **29, 44**
plant pot **44**
plastic bag **19**
plastic surgery **11**
plate **7**
plateau **41**
platform **24**
play (a game) **21**
play (a movie) **21**
play (an instrument) **22**
play a game **23**
play against **23**
player **23**
playground **10**
plead **55**
pleasant **33**
plough (UK) **29**
plow **29**
plug **7**
plum **8**
plumber **9**
plump **5**
plural **38**
plus **48**

pocket **6**
poem **18**
poet **18**
poetry **18**
point to **5**
pointy **5**
Poland **39**
polar bear **43**
police officer **9**
police station **14**
polish **6**
political **25**
political party **25**
political science **10**
politician **9, 25**
politics **25**
polo shirt **6**
pomegranate **8**
pony-tail **5**
poo, poop **5**
poor **27**
pop music **22**
popcorn **21**
pope **37**
pork **8**
Port El Kantaoui **40**
Port La Goulette **40**
porter **24**
Portugal **39**
Portuguese **38**
possible **17**
post office **14**
postcard **17**
poster **7**
posterior **5**
postman (UK) **17**
postpone **28**
pot **7**
potato **8**
potato chips **8**
potato salad **8**
pound **46**
pound sterling **27**
pouring **42**
poverty **27**
practice **38**
praise **34**
pray **37**
prayer **37**
preach **37**
predict(ion) **31**
prediction **31**
prefer **34**
prefix **38**
pregnancy **11**
pregnant **11**
prepare **55**
preposition **38**
preschool **10**
prescribe **11**
prescription **11**
present **49**
present tense **38**
president **25**
presidential term **25**
pretty **5**
price **19**
priest **9, 37**
primary school **10**
prime minister **25**
prince **25**
princess **25**
principal **10**
print **12, 18**
prison **26**
prisoner **26**
private parts **5**
private sector **9**
probable **56**
problem **11**
professor **10**
professor **9**
prohibit **55**
promoted **9**
promotion **9**
pronounce **38**
pronunciation **38**
prophet **37**
Prophet Muhammad **37**
proposal **28**
propose **55**
prose **18**
prosecutor **26**
protein **8**
protest, protester **25**
proud of **32**
province **25**
pseudonym **4**
psychology **10**
public sector **9**
publish **18**
pull **23**
pulpit **37**
pulse **5**
punctuation **38**
punctuation mark **38**
pungent **8**
punish **55**
punishment **26**
pupil **5**
puppet **23**
purple **45**
purse **6**
pursue **55**
push **23**
pushpin **18**
push-ups **23**
pussy **5**
put (set) **55**
put in **6**
put on **5**
Qatar **39**
quarter **48**
queen **23, 25**
question **10**
question mark **38**
quick **56**
quickly **52**
quiet **56**
quilt **7**
quit **55**
quit one's job **9**
quit smoking **21**
quotation mark **38**
Quran **37**
rabbit **43**
radio **21**
radio station **21**
radish **8**
railroad **24**
rails **24**
railway **24**
rain **42**
rainbow **42**
raise **9**
raise one's hand **10**
Ramadan **49**
rap **22**
rape **26**
rash **11**
raspberry **8**
rat **43**
raven **43**
ravine **41**
razor (blade) **7**
read **21, 38**
reading **38**
reading glasses **6**
ready **56**
real estate agent **9**
reality TV show **21**
rear view mirror **13**
receipt **19**
receive **55**
receiver **12**
recess **10**
recipe **7**
recite the Quran **37**
recommend **55**
record **21**
recovery **11**
recruit **30**
rectangle **46**
red **45**
red hair **5**
red light **13**
reduce **55**
redundant **9**
reference book **18**
reform **25**
refrigerator **7**
refund **19**
related to **2**
relative **2**

relax(ation) **21**
religion **37**
religious **37**
remarry **3**
remember **31**
remind __ about **31**
rent **7**
rent an apartment **7**
renter **7**
rep **23**
repairman **9**
repeat **38**
repetition **38**
reply **55**
report card **10**
reptiles **43**
republic **25**
request **55**
reservation **24**
reserve **24**
residence permit **24**
resign **9**
respond **55**
rest (relax) **21**
restaurant **14, 20**
retire **9**
retirement **9**
return **19**
reverse (gear) **13**
review **10**
revise **10**
revolution **25**
rhinoceros **43**
rib **5**
Ribat of Monastir **40**
rice **8**
rice pudding **8**
rich **27**
ride a bicycle **13**
right (correct) **10**
right (person) **56**
right **13**
right away **49**
right now **49**
right of way **13**
ring **6, 12**
ring finger **5**
ringing in one's ear **5**
ringtone **12**
river **41**
roast **8**
rob **26**
rock music **22**
romance **3**
Romania **39**
romantic comedy **21**
roof **7, 13**
rook **23**
room **7, 24**
rooster **29**
rose **44**
rosemary **8**
rot **8**
rough **56**
round-about **13**
round-trip ticket **24**
rouse **7**
royalty **25**
ruby **6**
rule over **25**
ruler **18**
run **23**
running machine **23**
runny nose **5**
rush hour **13**
Russia **39**
Russian **38**
sad **32**
sailor **9, 30**
Sakiet Sidi Youssef **40**
salad **8**
salad dressing **8**
salary **9**
sale **19**
sales tax **27**
salesperson **9**
saliva **5**
salmon **8**
salsa **8**
salt **8**
salty **8**
same **56**
sand **24**
sand castle **24**
sand dunes **41**
sandals **6**
sandstorm **42**
Satan **37**
satellite dish **21**
satiated **8**
Saturday **49**
sauce **8**
Saudi Arabia **39**
sausage **8**
save (put aside) **16**
save **12**
savings **16**
savings account **16**
saw **7**
say **55**
scale **23**
scan **12**
scanner **12**
scar **5**
scarf **6**
scholarship **10**
school **10**
school bus **10**
school year **10**
science **10**
science fiction **21**
scissors **18**
sclera **5**
score **23**
score a goal **23**
scorpion **43**
Scotland **39**
scowl **5**
scrambled egg **8**
screen **12, 21**
screw **7**
screwdriver **7**
scrotum **5**
scuba diving **24**
sea **41**
seafood **8**
seagull **43**
seal **43**
sealion **43**
seaside **24**
seaside resort **24**
season **21, 49**
seat **21**
second **48, 49**
second class **24**
secondary school **10**
secretary **25**
secretary **9**
secular **37**
see **5**
seed **44**
sell **19**
semester **10**
seminar **28**
send **17**
senior (4th year) **10**
sentence **26, 38**
September **49**
series **21**
serious **33**
sermon **37**
servant **9**
serve **19**
service **20**
set (down) **55**
set (of reps) **23**
set the table **7**
settle (a debt) **16**
seven **48**
seventeen **48**
seventh **48**
seventy **48**
several **47**
sew **21**
sewing machine **21**
sewing needle **21**
sex **3**
sexual organs **5**
Sfax **40**
shade **45**
shallow **56**
shampoo **7**

shape **46**
shark **8, 43**
sharp **56**
sharpen a pencil **18**
shave **5, 7**
shaving cream **7**
she **50**
sheep **29**
sheet (of paper) **18**
shelf **7**
shellfish **8**
shepherd **29**
shin **5**
ship **13**
shipping **13**
shirt **6**
shisha **21**
shit **5**
shoe **6**
shoe polish **6**
shoe size **6**
shoelaces **6**
shoes **6**
shop (store) **19**
shop (store) **28**
shop assistant **19**
shop assistant **9**
shop keeper **19**
shopkeeper **9**
shopping **19**
shopping mall **19**
short **5, 46**
short **56**
short hair **5**
shorts **6**
short-sleeved **6**
shot (injection) **11**
shot (injection) **11**
shoulder **5**
shoulder-length **5**
shovel **7**
show (a movie) **21**
show **55**
shower **7**
shrimp **8**
shrub **44**
shutters **7**
shy **33**
siblings **2**
sick **11**
sickness **11**
side view mirror **13**
sideburns **5**
sidewalk **13**
Sidi bou Said **40**
Sidi Bouzid **40**
sign **16**
signature **16**
silent mode **12**
silk **6**
silver **6**
similar **56**
sin **37**
since **49**
sing **22**
singer **22**
singing **22**
single **3**
singular **38**
sink **7, 55**
sip **8**
sir **4**
sister **2**
sitcom **21**
sit-ups **23**
six **23, 48**
sixteen **48**
sixth **48**
sixty **48**
size **46**
size **6**
skeleton **5**
sketch **21**
ski **23**
skin **5**
skinny **5**
skirt **6**
skull **5**
skull cap **6**
skunk **43**
sky **41**
sky **42**
skyscraper **15**
sleep **7**
sleep with **3**
sleepwalk **7**
sleepy **7**
sleeve **6**
slice **7**
slice of bread **8**
slippers **6**
Slovakia **39**
slow **56**
slow down **13**
slowly **52**
small (clothing) **6**
small **46**
smell **5**
smile **5, 32**
smoke **21**
smoker **21**
smoking **21**
smooth **56**
smuggle **24**
snack **8**
snail **43**
snake **43**
snake eyes **23**
sneeze **5**
snore **7**
snorkel **24**
snot **5**
snow **42**
snowing **42**
so **53**
so that **53**
soap **7**
soccer **23**
soccer jersey **6**
soccer match **21**
sociable **33**
social **25**
social studies **10**
society **25**
socket **7**
socks **6**
soda **8**
sofa **7**
soft **56**
soil **41**
soldier **9, 30**
sole **5**
Somalia **39**
some **47**
some day **49**
somehow **52**
someone **50**
something **50**
sometime **52**
sometimes **52**
somewhere **52**
son **2**
song **21, 22**
soon **49**
sophomore **10**
sore throat **11**
soul **37**
soup **8**
sour **8**
Sousse **40**
south **41**
South Africa **39**
South America **41**
South Korea **39**
south pole **41**
southeast **41**
southern **41**
Southern Tunisia **40**
southwest **41**
soy sauce **8**
space **41**
Spain **39**
Spanish **38**
spare tire **13**
sparrow **43**
speak **38**
speakers **21**
speaking **38**
spearmint **8**
specialist **11**
spectator **21**
speech **38**
speed **13**
speed limit **13**
speed up **13**
speedometer **13**
spell **38**
spelling **38**

spices **8**
spicy **8**
spider **43**
spider web **43**
spinach **8**
spine **5**
spit **5**
spit **5**
splint **11**
sponge **7**
spoon **7**
sport **23**
sporting event **21**
sports program **21**
spot (UK) **5**
sprained **11**
spring **49**
square **14, 46**
square meter **46**
squid **8**
squirrel **43**
stable **29**
stage **21**
stairs **15**
stale **8**
stalk **44**
stamp **17**
staple **18**
stapler **18**
star **41**
start **55**
start a car **13**
start work **9**
state **25**
stationary bicycle **23**
stationery **18**
stationery store **18**
stay **55**
stay late at the office **9**
stay up all night **7**
stay up late **7**
steak **8**
steal **26**
steel **15**
steer **13**
steering wheel **13**
stem **44**
stepbrother **2**
stepdaughter **2**
stepfather **2**
stepmother **2**
stepsister **2**
stepson **2**
stereo **21**
stick shift **13**
stick-shift **13**
still **52**
stitch **11**
stitches **11**
stomach **5**
stomachache **11**
stop **13**
stop **21**
store (shop) **19, 28**
storey (UK) **7, 15**
stork **43**
storm **42**
story (floor) **7, 15**
story **18**
stout **5**
stove **7**
straight **13**
straight hair **5**
strange **33**
strawberry **8**
stream **41**
street **14**
street musician, busker **22**
strong **56**
structure **15**
stubble **5**
student **10**
student loan **10**
studies **10**
study **10**
stupid(ity) **31**
subject **10, 38**
subtract **48**
subway **13**
succeed **55**
suckle **1**
Sudan **39**
suffix **38**
sugar **8**
suggest **55**
suit **6**
suit jacket **6**
suitcase **24**
summer **49**
summer vacation **10**
summit **25**
sun **41, 42**
sun umbrella **24**
sunbathe **24**
sunburn **24**
Sunday **49**
sunflower **44**
sunglasses **6**
sunlight **41**
Sunnah **37**
sunny **42**
sunrise **41**
sunset **41**
sunset prayer **37**
supermarket **14**
supermarket **19**
superstition **37**
superstitious (person) **37**
sura **37**
sure **35**
surface area **46**
surgeon **11**
surgery **11**
surprise **32**
surprised **32**
surprising **32**
surrounding **54**
swallow **43**
swallow **5, 8**
swamp **41**
swan **43**
sweat **5**
sweater **6**
sweatshirt **6**
sweaty **5**
Sweden **39**
sweep **7**
sweet **8, 33**
sweet potato **8**
sweets **8**
swim **24**
swimming **24**
swimming pool **24**
swimsuit **6**
swimsuit, bathing suit **6**
Switzerland **39**
sycamore tree **44**
syllable **38**
Syria **39**
Tabarka **40**
table **7**
table manners **8**
tahini salad **8**
tail **43**
Taiwan **39**
take (a bus, taxi, etc.) **13**
take **55**
take a bath **7**
take a break **9**
take a nap **7**
take a photo of **21**
take a selfie **21**
take a shower **7**
take a test **10**
take a vacation **24**
take off **24**
take off **6**
take out **6**
take out the garbage **7**
take the bus **24**
take the train **24**
talk in one's sleep **7**
talk on the phone **12**
talk show **21**
talk with one's mouth full **8**
tall **5**
talon **43**
tan **24**

tangerine **8**
tank **13, 30**
tanned **24**
tape **18**
task **9**
taste **5**
taste **8**
tasty **8**
tattoo **5**
tax **27**
taxes **27**
taxi **13**
taxi driver **9**
tea **8**
teach **10**
teacher **9, 10**
team **23**
tear **5, 55**
technician **9**
technology **12**
teddy **6**
teddy bear **23**
teenager **1**
teknonym **4**
telephone **12**
television **7, 21**
tell **55**
temperature **42**
ten **48**
tenant **7**
tennis **23**
tense **38**
tent **24**
tenth **48**
test **10**
testicles **5**
text **12**
text book **10**
Thailand **39**
thank **55**
thankful **32**
Thanksgiving **49**
that **50, 53**
theater **10, 21**
theft **26**
there **52**
these **50**
thesis **10**
they **50**
thief **26**
thigh **5**
thimble **21**
thin **5**
thin lips **5**
think about **31**
third **48**
thirst **8**
thirsty **8**
thirteen **48**
thirty **48**
this (week) **49**
this **50**
those **50**
thread **21**
three **23, 48**
thriller **21**
throat **5**
through **54**
throw **23**
throw away **7**
throw up **11**
thumb **5**
thunder **42**
Thursday **49**
thyme **8**
thyroid gland **5**
ticket **24**
tidy up **7**
tie **6, 55**
tiger **43**
tight **6, 56**
tights **6**
tiles **7**
time **49**
times **48**
tip **20**
tipsy **8**
tire (car) **13**
tired **32**
tiring **24, 32**
title **4**
to **54**
toast **8**
toaster **7**
tobacco **21**
today **49**
toddler **1**
toe **5**
toilet (bowl) **7**
toilet paper **7**
toilet seat **7**
tomato **8**
tomato sauce **8**
tomato soup **8**
tomorrow **49**
tomorrow evening **49**
tomorrow morning **49**
ton **46**
tongue **5**
tonight **49**
tonsils **5**
too many **52**
too much **52**
tool **7**
tooth **5**
tooth paste **7**
toothache **11**
toothbrush **7**
topaz **6**
tornado **42**
tortoise **43**
touch **55**
toupee **5**
tour **24**
tour guide **24**
tourism **24**
tourist **24**
tourist police **24**
tourist visa **24**
toward **54**
towel **7**
towel oneself off **7**
towel rack **7**
tower **15**
town **14**
toy **23**
Tozeur **40**
track **21, 24**
tractor **29**
trade (craft) **9**
trade **28**
traffic **13**
traffic jam **13**
traffic light **13**
train **24, 43**
train station **24**
training session **23**
transfer **24**
transportation **13**
travel **24**
travel agent **9**
tray **7**
treadmill **23**
treat **11**
treatment **11**
tree **44**
triangle **46**
trim **5**
trip **24**
triplets **2**
tropical **42**
tropics **41**
truck **13**
trumpet **22**
trunk **13, 44**
try **55**
t-shirt **6**
Tuesday **49**
tuition **10**
tuk-tuk **13**
tulip **44**
tuna **8**
tune (a guitar, piano) **22**
Tunis **40**
Tunisia **39**
Tunisian Coast **40**
Tunisian Desert **40**
tunnel **41**
turban **6**
turkey **29**
Turkey **39**
Turkish **38**
Turkish coffee **8**
turn __ years old **1**
turn **13, 23**

turn down **21**
turn off **7, 12, 21**
turn on **7, 12, 21**
turn signal **13**
turn up **21**
turnip **8**
turquoise **45**
turtle **43**
twelfth **48**
twelve **48**
twenty **48**
twilight **41**
twin **2**
Twitter **12**
two **23, 48**
typewriter **18**
typhoon **42**
udder **43**
ugly **5**
Ukraine **39**
Umm Ali **4**
unbutton **6**
uncle **2**
unclear **56**
uncomfortable **24**
under **54**
undergraduate student **10**
undergraduate studies **10**
undershirt **6**
understand **31**
understanding **31**
underwear **6**
undressed **6**
unemployed **9**
unemployment **9**
unhealthy **8**
uniform **6**
United States **39**
universe **41**
university **10**
unmarried **3**
unpack **24**
unplug **7**
untie **6**
until **49, 53**
unzip **6**
upload **12**
upper class **27**
upset **32**
upstairs **15, 52**
urinate **5**
urine **5**
use **55**
useful **56**
useless **56**
username **12**
usually **52**
vacation **10, 24**
vacuum **7**
vagina **5**
Valentine's Day **49**
valid **24**
valley **41**
vandalism **26**
vandalize **26**
vanilla **8**
vase **7**
VAT **27**
vegetable **8**
vegetable oil **8**
vegetable soup **8**
vein **5**
Venezuela **39**
verb **38**
verse **37**
very **52**
veterinarian **9**
vibration **12**
vice president **25**
Vietnam **39**
village **14**
vine **44**
vinegar **8**
vinyl record **21**
violet **44, 45**
violin **22**
visa **24**
vision **5**
visit **21**
vocabulary **38**
volcano **41**
volleyball **23**
volume (loudness) **21**
volume (size) **46**
vomit **11**
vote **25**
voter **25**
vowel **38**
vulture **43**
wafer **8**
wages **9**
waist **5**
wait **55**
waiter **9, 20**
waiting room **24**
waitress **9, 20**
wake up **7**
Wales **39**
walk **21, 55**
wall **7**
wallet **6**
walnut **8**
want **36**
war **30**
wardrobe **7**
warm **56**
warmth **42**
wash one's face **5, 7**
wash the windows **7**
washing machine **6**
washing up (UK) **7**
wasp **43**
watch **6**
watch TV **7, 21**
water (a plant) **44**
water **8, 41**
water heater **7**
waterfall **41**
water-pipe **21**
wave **24**
wavy **5**
we **50**
weak **56**
wealth **27**
weather **42**
weather forecast **42**
weather report **21**
web page **12**
web site **12**
wed **3**
wedding **3**
wedding anniversary **3**
wedding ring **6**
Wednesday **49**
weed (a garden) **44**
week **49**
weekday **49**
weigh **46**
weigh oneself **23**
weight **5, 46**
weight machine **23**
welcome **55**
well **52**
well-behaved **1**
west **41**
western **41**
wet **56**
whale **43**
what **51, 53**
what time **49, 51**
wheat **29**
wheelchair **11**
when **49, 51, 53**
where **51, 53**
whether **53**
which **51**
while **53**
white **45**
whiteboard **10**
whitened **11**
who **51, 53**
whole **48**
why **51, 53**
wide **56**
widow **3**
widower **3**
width **46**
wife **2**
wifi **12**
wig **5**
willow tree **44**
win (a game) **23**
wind **42**

window **7, 13, 17**
window seat **24**
windshield **13**
windy **42**
wine **8**
wing **43**
wink **5**
winter **49**
wish **36**
with **54**
withdraw **16**
without **54**
wolf **43**
woman **1**
wood **15**
wool **6, 21**
word **38**
word order **38**
work **9**
work day **49**
work out **23**
work permit **24**
working class **27**
workout **23**
worldwide **39**
worm **43**
wound (cut) **11**
wrap **19**
wrench **7**
wrinkled **6**
wrinkles **5**
wrist **5**
write **38**
writer **18**
writer **9**
writing **38**
wrong (incorrect) **10**
wrong (person) **56**
wrong number **12**
x-ray **11**
yard **7**
Yasmine Hammamet **40**
yawn **5**
year **1, 49**
yeast **8**
yellow **45**
yellow light **13**
Yemen **39**
yesterday **49**
yet **52**
yield to **13**
yoga **23**
yoghurt **8**
yolk **8**
you **50**
young **1**
youth **1**
zero **48**
zip up **6**
zipper **6**
zip-up sweater **6**
zucchini **8**

www.ingramcontent.com/pod-product-compliance
Lightning Source LLC
Chambersburg PA
CBHW051937290426
44110CB00015B/2007
* 9 7 8 0 6 9 2 4 8 2 6 7 4 *